Staats- und völkerrechtliche Abhandlungen
der Studiengruppe für Politik und Völkerrecht

Band 6

Das deutsche Volk und seine staatliche Gestalt

Herausgegeben von
Dieter Blumenwitz und Gottfried Zieger

Verlag Wissenschaft und Politik

Berend von Nottbeck, Köln
Umschlaggestaltung Rolf Bünermann
Gesamtherstellung Werbedruck Zünkler, Bielefeld 11
Printed in Germany · ISBN 3-8046-8710-5

Die in dieser Reihe veröffentlichten Beiträge
geben ausschließlich die Ansicht der Verfasser wieder.

Inhaltsverzeichnis

Vorwort

Das in der Präambel des Grundgesetzes enthaltene Gebot, die »nationale und staatliche Einheit zu wahren« sowie »die Einheit und Freiheit Deutschlands zu vollenden«, war Anlaß, sich auf der Jahrestagung der Studiengruppe für Völkerrecht und Politik im Februar 1987 mit dem Rahmenthema »Das deutsche Volk und seine staatliche Gestalt« zu befassen. In einer Reihe von Referaten wurde der Frage nachgegangen, welche staatlichen Formen dem deutschen Volk in der Vergangenheit zur Verfügung gestanden haben, welche Bilanz für die Gegenwart zu ziehen ist und welche künftigen Möglichkeiten sich politischer Gestaltung eröffnen.

Klaus *Schwabe,* Aachen, gab den zahlreich erschienenen Hörern einen Überblick über den »Staat der Deutschen im Wandel der Geschichte des 19. Jahrhunderts«. Gerade im vorigen Jahrhundert ist um »den Staat der Deutschen« nachhaltig gerungen worden. Das 1806 zum Ende gekommene Heilige Römische Reich Deutscher Nation war zu einer eher völkerrechtlich als staatsrechtlich zu definierenden Vereinigung von Fürstentümern und Freien Reichsstädten geworden, so daß der Wiener Kongreß nicht eine staatliche Kontinuität fortführen konnte, sondern mit dem Deutschen Bund eine vorwiegend völkerrechtlich zu deutende Organisationsform für die Deutschen geschaffen hat, unter Hereinnahme fremder Fürsten und Ausklammerung deutscher Volksteile. Erst über die Entwicklungsstufen des Deutschen Zollvereins und des Norddeutschen Bundes konnte es 1871 in Versailles zur kleindeutschen staatlichen Lösung kommen, welche jedoch die in der österreichisch-ungarischen Doppelmonarchie lebenden Deutschen von diesem neuen Deutschen Reich ausschloß. Das Anschlußbegehren Deutsch-Österreichs 1918 und dessen Einlösung 20 Jahre später führten zur Bildung des »Großdeutschen Reiches«, das die Siegermächte des Zweiten Weltkrieges aus eigener Machtvollkommenheit auf den territorialen Stand des Friedensvertrages von Versailles (zuzüglich des Saargebietes) unter der Formel »Deutschland in den Grenzen vom 31. Dezember 1937« reduziert haben.

Georg-Christoph *von Unruh,* Kiel, übernahm es, »Volk und Nation in deutschen Verfassungen« und den für die Gesamtverwaltung Deutschlands maßgebenden Nachkriegsdokumenten nachzuzeichnen. Die Beiträge von Otto *Luchterhandt,* Köln, Gottfried *Zieger,* Göttingen, und Georg *Brunner,* Köln, dienten dazu, die gegenwärtige Lage des in die staatlichen Körper der Bundesrepublik Deutschland und der Deutschen Demokratischen Republik gespaltenen deutschen Volkes zu skizzieren. Das geschah durch das Gegenüberstellen der Staats- und Verfassungsordnungen der beiden Staaten in Deutschland, unter der Herausarbeitung der Gegensätze und Parallellinien. Besonders zur Darstellung kam die gegensätzliche Rolle der Staatsgewalt: in der westdeutschen Ordnung eingebunden in die Schranken der vom Bundesverfassungsgericht kontrollierten vertikalen und horizontalen Gewaltenteilung des demokratischen und sozialen Rechtsstaates, in Mitteldeutschland in Form des zentralistischen, alle Lebensbelange mehr oder weniger umgreifenden Staatsapparates unter dem Kommando der Staatspartei. In Bezug auf Grundrechte und Grundpflichten konnte diese Divergenz exemplarisch verdeutlicht werden. Für die Interpretation der Besonderheiten der Staats- und Verfassungsordnung der DDR

bildete der Vortrag über den »Staatsbegriff aus der Sicht der Sowjetunion und der DDR« von Boris *Meissner,* Köln, eine wertvolle Grundlegung.
Dieter *Blumenwitz,* Würzburg, und Felix *Ermacora,* Wien, fiel die anspruchsvolle Aufgabe zu, über künftige Wege und Möglichkeiten der Wiedergewinnung staatlicher Gestalt für einen gesamtdeutschen Staat nachzudenken, verknüpft mit Erwägungen über strukturelle Lösungen eines nationalen Ausgleichs in umstrittenen Gebieten.
Die auf drei Tage verteilten vier Arbeitssitzungen führten zu lebhaften Aussprachen mit Kritik und Anregungen für die Referenten. Der hiermit vorgelegte Band mit den Referaten soll der Öffentlichkeit Einblick in die Überlegungen dieser Tagung geben und zur weiteren Beschäftigung mit der Frage nach der staatlichen Gestalt des deutschen Volkes anregen.

Im März 1988 *Die Herausgeber*

Klaus Schwabe

Der Staat der Deutschen im Wandel der Geschichte des 19. und 20. Jahrhunderts

I.

Wer über den Staat der Deutschen seit 1815 sprechen will, dem stehen zwei Wege zur Bewältigung dieses wahrhaft komplexen Themas offen: Der eine Weg führt zum deutschen Staat aus dessen »Innenansicht« und wirft die Frage nach seiner inneren Struktur auf. Er müßte sich mit der vergleichsweise fest verwurzelten liberal-rechtsstaatlichen Tradition des deutschen Staates ebenso befassen wie mit dessen bis 1945 weit weniger intensiven Berührungen mit dem Gedankengut von Parlamentarismus und Demokratie. Der andere Weg führt an den deutschen Staat von außen heran. Er stellt die Frage nach der Stellung des deutschen Staates bzw. der Staaten der Deutschen im Kreise der übrigen Mächte.

Im Rahmen der Thematik »Das deutsche Volk und seine staatliche Gestalt« erscheint es geboten, den zweiten der genannten Wege einzuschlagen, das heißt nach den Formen von Staatlichkeit zu fragen, welche die Deutschen als Volk in der Mitte Europas mit der großen Zahl von Nachbarvölkern, die sie umgeben, gefunden haben – zeitweise in Übereinstimmung, zeitweise im Konflikt mit einem oder mehreren von ihnen. Die Frage nach der historisch gewordenen Staatlichkeit der Deutschen soll also in der Form eines knappen Überblicks über die Geschichte der »deutschen Frage« im 19. und 20. Jahrhundert beantwortet werden[1].

Dabei sind drei Perspektiven zu unterscheiden: erstens eine europäische, die die Konstellationen der europäischen Mächte in den Blick nimmt und die Rolle, welche der Staat (oder die Staaten) der Deutschen in diesen Konstellationen gespielt haben; zweitens eine nationale, in deren Mittelpunkt die Frage steht, inwieweit die deutschen Staaten von 1815 bis in die Gegenwart hinein beanspruchen durften, das ganze deutsche

[1] Um die ursprüngliche Form dieses am 19. 2. 1987 gehaltenen Vortrages zu wahren, hat der Verf. auf Einzelbelege verzichtet. Folgende Veröffentlichungen dienten ihm u. a. als Materialgrundlage: *Wolf D. Gruner,* Die deutsche Frage. Ein Problem der europäischen Geschichte seit 1800, München 1985; *Josef Becker, Andreas Hillgruber,* Hrsg., Die deutsche Frage im 19. und 20. Jahrhundert, München 1983; *Klaus Hildebrand* und *Reiner Pommerin,* Hrsg., Deutsche Frage und europäisches Gleichgewicht. Festschrift für Andreas Hillgruber zum 60. Geburtstag, Köln 1985; *Andreas Hillgruber,* Deutschland und die Deutschen – »Gescheiterte Großmacht« – gescheiterte Nation? In: *ders.,* Die Last der Nation. Fünf Beiträge über Deutschland und die Deutschen, Düsseldorf 1984, S. 11–31; *Josef Foschepoth,* Hrsg., Kalter Krieg und Deutsche Frage. Deutschland im Widerstreit der Mächte. 1945–1952, Göttingen 1985; *Hagen Schulze,* Die Deutschen und ihre Nation, in: *ders.,* Wir sind, was wir geworden sind. Vom Nutzen der Geschichte für die deutsche Gegenwart, München 1987, S. 167–178; *David P. Calleo, Roger Morgan, Raymond Poidevin, Michael Voslensky,* Geteiltes Land – halbes Land? Essays über Deutschland, eingeleitet von *Richard Löwenthal,* Berlin 1986; *Walter Hofer,* Hrsg., Europa und die Einheit Deutschlands, Köln 1970; weitere bibliographische Hinweise in: *Wolfgang Michalka,* Hrsg., Die Deutsche Frage in der Weltpolitik, Neue Politische Literatur, Beihefte, Bd. 3, Stuttgart 1986.

Volk zu vertreten, bzw. dies auch in Wirklichkeit taten. Eine dritte Perspektive richtet sich auf das Rollenverständnis der Deutschen im Kreise der übrigen Mächte, das heißt die Art und Weise, wie maßgebende deutsche Zeitgenossen – Politiker und Vertreter der Öffentlichkeit – die Rolle und die Funktion gesehen und definiert haben, die ihrer Meinung nach das deutsche Volk und sein Staat im Kreise der übrigen Mächte übernehmen sollten.

Alle drei Perspektiven sind jeweils für die Hauptepochen der deutschen Geschichte seit 1815 zu berücksichtigen – für die Zeit des Deutschen Bundes, für den bismarckischen und den wilhelminischen deutschen Nationalstaat, für die Epoche der Weimarer Republik und des Hitlerregimes und schließlich für die jüngste Vergangenheit seit dem Ende des Zweiten Weltkrieges.

Bei alledem ist eine begriffliche Klärung nötig: Es ist stets im Sinne von Friedrich Meinecke zwischen Kulturnation und politischer Nation zu unterscheiden – zwischen der Kulturnation einerseits, die sich als Gemeinschaft eines durch gemeinsame Sprache und Kultur vereinten Volkes versteht, nicht jedoch gleichzeitig nach einer politischen Zusammenführung ihrer Angehörigen in einem Staate strebt (man könnte dabei an die Deutschschweizer oder die Luxemburger denken), und der politischen Nation andererseits, in welcher der Wille zu staatlicher Einigung der Kulturnation vorherrscht. Der kurze Weg durch die Geschichte der deutschen Staatlichkeit im Kreise der übrigen Mächte, der im folgenden zurückgelegt werden soll, wird zur Beantwortung zweier Fragen verhelfen, die auch im Mittelpunkt der gegenwärtigen Diskussion um die deutsche Frage (oder auch den »deutschen Sonderweg«) stehen: Welches waren die Gründe für die Kurzlebigkeit des deutschen Nationalstaates, den Bismarck begründet hatte, und: Wieweit besitzt unsere heutige Situation – das Bestehen dreier Staaten im Bereich der einstigen politischen Nation der Deutschen – Analogien in der Geschichte des 19. und des 20. Jahrhunderts?

II.

Beginnen wir mit dem Deutschen Bund! Der Wiener Kongreß regelte die deutsche Frage in einer Weise, die den Interessen der beiden kontinentalen Hauptgegner Napoleons und Hauptgaranten des Friedens, der Habsburger Monarchie und des Zarenreiches, am stärksten entgegenkam: Der Deutsche Bund neutralisierte die Mitte Europas in dem Sinne, daß diese Mitte sich dank des politischen Gegensatzes zwischen Österreich und Preußen selbst im Gleichgewicht hielt und zugleich eine Zusammenfassung ihres Potentials mit aggressiven Zielen unmöglich machte; bekanntlich verpflichteten sich die verbündeten deutschen Staaten faktisch nur zu gegenseitiger Verteidigung und verzichteten gleichzeitig auf kriegerische Mittel zur Lösung eines Konfliktes zwischen Mitgliedern des Bundes. Dieses Verteidigungspotential reichte allerdings aus, um seine aus russischer und österreichischer Sicht entscheidende Aufgabe zu erfüllen: Frankreich in Schach zu halten und damit als Glacis für die beiden konservativen Mächte zu dienen.

Aus der nationalen Perspektive war der Deutsche Bund eine Enttäuschung: Nicht nur, daß er weit davon entfernt war, die starke Zentralgewalt zu stellen, auf die deutsche Patrioten gehofft hatten, und daß er den Bundesstaaten weitgehende Souveränitätsrechte beließ; die Grenzen des Deutschen Bundes deckten sich auch nicht mit denen der deutschsprachigen Bevölkerung: Im Norden (Schleswig) und im Osten (preußische Ostprovinzen) ließ er eine erhebliche Zahl von Deutschen außerhalb seiner Grenzen; auf der anderen Seite schloß er die tschechische Sprachinsel in Böhmen und mit dem Trentino italienisches Sprachgebiet mit ein.

Da der Deutsche Bund nicht nur nationale, sondern auch liberale Regungen unterdrückte, stellte er sich den eigentlich zukunftweisenden Tendenzen seiner Zeit in den Weg und verlor bei der gebildeten deutschen Öffentlichkeit immer mehr an Ansehen, bis er während der Revolution von 1848 vorerst ganz von der Bildfläche verschwand.

Diese Revolution von 1848 verdient es, als Intermezzo in der Epoche des Deutschen Bundes gesondert beachtet zu werden. Schienen doch mit ihr die Hoffnungen der nationalen und zugleich liberalen (oder demokratischen) Patrioten mit einem Schlag in Erfüllung zu gehen: Nach der siegreichen Revolution in Wien und Berlin konnte man für einen Moment sogar den Traum von einer geeinigten deutschen Republik für realisierbar halten. Diese Illusion war schnell zerronnen. Das »tolle Jahr« hatte jedoch lange genug gedauert, um die ganze Problematik eines national geeinten Deutschland im Herzen Europas schlaglichtartig zu beleuchten: Die achtundvierziger Revolution ist ja nicht nur aus innen-, sondern auch aus außenpolitischen Gründen gescheitert! Indem sie auf der einen Seite den vom Deutschen Bund umfaßten geographischen Raum als deutsch reklamierte (obwohl er es in Böhmen und Trient nicht war), auf der anderen Seite jedoch die Wünsche der deutschen Irredenta jenseits der Grenzen des Bundes sich zu eigen machte, steuerte sie das Deutschland der Paulskirche in eine gefährliche Isolierung. In der Schleswigfrage standen schließlich alle europäischen Großmächte geschlossen gegen die von der Nationalitätenkarte her auf jeden Fall teilweise begründeten Ansprüche der Paulskirche. Es blieb nur der schmähliche Rückzug. In den außenpolitischen Debatten der Paulskirche klangen aber noch weitere Expansionswünsche an, die u. a. ganz Holland umfaßten, auf eine europäische »Supermacht« Großdeutschland hinzielten und die übrigen europäischen Großmächte zusätzlich aufhorchen ließen. Es hatte sich gezeigt, daß die nationalen Ambitionen der Deutschen sich gegen das übrige Europa, das ja den Deutschen Bund in seiner ursprünglichen Form zu garantieren hatte, nicht durchboxen ließen.

Aus der damaligen deutschen Sicht wog freilich die Erkenntnis noch schwerer, daß ein geeinter deutscher Nationalstaat unter Mitwirkung der deutschen Teile der Habsburger Monarchie keine Realisierungschancen besaß. Der Bismarcksche Ausweg der kleindeutschen Lösung unter komplettem Ausschluß der Habsburger Monarchie zeichnete sich schon 1849 als einzige Möglichkeit einer deutschen Nationalstaatsbildung ab, wollte sich die Doppelmonarchie nicht selbst aufgeben. An dem Veto des wieder stramm absolutistischen Wien und Petersburg ist dann der erste Anlauf auch auf eine solche kleindeutsche Lösung gescheitert.

Daß Bismarck den Weg der kleindeutschen Einigung bis zum schließlichen Erfolg zu Ende gehen konnte, war alles andere als selbstverständlich. Im Gegenteil! Bismarcks Erfolg läßt sich nur aus der in vieler Hinsicht einmaligen Weltsituation nach dem Krimkrieg (1853–56) erklären. Mit diesem war nicht nur das außenpolitische System des Wiener Kongresses, das Europa immerhin über beinahe vierzig Jahre den Frieden gewährleistet hatte, in sich zusammengestürzt; auch die Solidarität der konservativen Mächte, die die Eindämmung des Nationalismus und Liberalismus ermöglicht hatte, war zerbrochen, weil Österreich sich in der Endphase des Krieges auf die Seite der Westmächte geschlagen und damit zur Isolierung Rußlands beigetragen hatte. Die Niederlage Rußlands drängte dessen Einfluß auf die Mitte Europas zurück; in einer inneren Reformpolitik engagiert, blieb es außenpolitisch in der Defensive bei gleichzeitig wohlwollender Rückendeckung für die Politik Preußens, das sich im Krimkrieg als relativ verläßlichster Neutraler erwiesen hatte. Im ganzen hatte sich das eingestellt, was Bismarck später im Blick auf das Deutsche Reich als günstigste »Gesamtsituation« bezeichnet hatte: eine Situation, in der die europäischen Spannungen vom Zentrum auf die Peripherie abgeleitet wurden, die außerdeutschen Mächte auf das Wohlwollen der deutschen Staaten angewiesen waren und dadurch den deutschen Politikern größerer Spielraum verblieb. Vor diesem Hintergrund gelang Bismarck, was der Paulskirche mißlungen war – die Lösung der Schleswig-Holstein-Frage zugunsten der deutschen Interessen. Weil infolge des Krimkrieges die Solidarität der konservativen Mächte zerbrochen war, sah sich Österreich 1866 in der Verteidigung des Deutschen Bundes von den übrigen Großmächten im Stich gelassen. Der Weg zur kleindeutschen Reichsgründung war frei – oder doch fast frei: Das Ja Frankreichs zu dem neuen deutschen Nationalstaat konnte schließlich erst auf kriegerischem Wege erzwungen werden. Das neue Bismarckreich, dem Frankreich das Elsaß und Teile von Lothringen abtreten mußte, war damit von Anfang an mit der Feindschaft seines westlichen Nachbarn belastet.

III.

Für den britischen Staatsmann Disraeli war diese Umgestaltung der Machtverhältnisse auf dem europäischen Kontinent nichts weniger als eine Revolution. In der Tat: Aus der Mitte Europas, die sich bisher machtpolitisch neutralisiert hatte, wurde mit einem Schlage ein eigenständiger Machtfaktor von erheblichem Gewicht. Das Bismarckreich gewann eine »halbhegemoniale« Stellung (Hillgruber) – ein Gewicht, das Hand in Hand mit der Industrialisierung Deutschlands noch zunahm. Diese neue Großmacht mußte bei den übrigen europäischen Großmächten Abwehrreaktionen hervorrufen und konnte damit Gefahr laufen, in der Mitte Europas isoliert zu werden. Bismarck hat diese enorm exponierte Position des neuen deutschen Nationalstaates klar erkannt und seine Außenpolitik entsprechend orientiert. Das hieß u. a., daß er jeden Gedanken an eine Fortführung der nationalen Einigung aller Deutschen von vornherein ausschloß.

Denn dieser deutsche Nationalstaat war in der Tat nicht der Staat aller Deutschen. Er selbst umschloß einige Minderheiten – Polen, Dänen und Franzosen vor allem – und beließ andererseits an die zehn Millionen deutschsprachiger Untertanen des Habsburger Reiches außerhalb seiner Grenzen. Gerade von diesen Deutschen der Habsburger Monarchie ist der unvollendete Charakter der deutschen Einigung lebhaft und schmerzhaft empfunden worden. Sie gerieten in einen Identitätskonflikt, dessen Härte nur durch den Umstand gemildert wurde, daß Österreich-Ungarn ein immer engerer Verbündeter des Deutschen Reiches wurde. Doch galt dies nicht für alle Deutschösterreicher: Es gab dort (wie auch im Reich) eine extreme Rechte – die Alldeutschen –, die das Auseinanderfallen der Habsburger Monarchie und die Schaffung eines Großdeutschlands aus dessen Trümmern und dem Bismarckreich geradezu ersehnte. Diesem politischen Milieu entstammte bekanntlich auch Hitler.

Bismarck besaß ein anderes Verständnis von der Rolle Deutschlands in Europa. Er stand den extrem nationalistischen Strömungen fern. Er hat zwar für den äußersten Notfall eine Teilung des Habsburger Reiches zwischen dem Reich und Rußland erwogen, doch in praxi wurde die Erhaltung der Donaumonarchie für ihn ein außenpolitisches Grundprinzip. Dieses entsprach seiner diplomatischen Grundorientierung, das Erreichte zu erhalten, aber nicht weiter auszugreifen. Dieses ist hinsichtlich Europas auch die Meinung der Mehrheit seiner Zeitgenossen gewesen.

IV.

Seit den achtziger Jahren änderte sich dies. Die bloße Erhaltung der einmal gewonnenen internationalen Stellung des Reiches ist auch nicht mehr die Leitlinie der deutschen Außenpolitik unter Wilhelm II. gewesen. Gewiß ließ auch diesen die Agitation der österreichischen Alldeutschen unberührt. Dafür verschrieb er sich, im Einklang mit einer starken Strömung in der deutschen Öffentlichkeit und gewissermaßen als Ersatz für das Fehlen weiterer nationaler Expansionsmöglichkeiten in Europa, mehr und mehr einem kolonial-maritimen Imperialismus, der Deutschland in Auseinandersetzungen mit den übrigen Kolonialmächten verwickelte und die Ausnutzung derartig peripherer Konflikte zugunsten Deutschlands unmöglich machte, eben weil sich Deutschland selbst jetzt an der Peripherie engagierte. Dies alles war ein Ausfluß der Selbstüberschätzung Deutschlands, das vor dem Ersten Weltkrieg immerhin die zweitstärkste Industriemacht der Welt geworden war – was aber an seiner exponierten Lage in Mitteleuropa nichts änderte. Auch das deutsche Kalkül in der Julikrise 1914 – wie immer man es bewertet – gründete auf einer solchen Selbstüberschätzung, verbunden allerdings mit Ängsten, daß Deutschlands außenpolitische Lage sich drastisch weiter verschlechtern könnte. Im Ersten Weltkrieg vollzog sich dann sehr rasch ein Wechsel im deutschen Rollenverständnis: Nicht mehr nur als Seemacht, sondern mit Hilfe einer irgendwie verstärkten kontinentaleuropäischen Basis sollte Deutschland künftig seinen Rang als Weltmacht neben den anderen Weltmächten erringen und wahren.

Wie das geschehen sollte, war die große Frage, um die sich der Kriegszielstreit drehte. *Eine* Variante lautete »Mitteleuropa«, das heißt ein noch engerer Verbund mit der Donaumonarchie. Hier tauchten zum ersten Male auch auf reichsdeutscher Seite großdeutsche Vorstellungen auf. Eine andere Variante, für die sich die Alldeutschen mit ihrem wachsenden Anhang stark machten, lief auf eine deutsche Hegemonialstellung in Europa unter tunlichster Ausdehnung des deutschen Siedlungsraumes, vor allem in Osteuropa, hinaus. In diesem Zusammenhang tauchte unter Anlehnung an russische Vorbilder auch zum ersten Male die fatale Formel vom »Ausräumen« nichtdeutscher Gebiete von deren nichtdeutscher Bevölkerung auf – eine gedankliche Vorwegnahme der Unmenschlichkeit, deren Opfer nach 1939 zahlreiche nichtdeutsche Bevölkerungen wurden und am Ende die Deutschen selbst. Der Ausgang des Ersten Weltkrieges hat derart extreme Wünsche, denen u. a. kein Geringerer als Ludendorff nahestand, vereitelt und nur die eine deutsche Hoffnung erfüllt, daß Rußland – jetzt als Sowjetrußland – vom Zentrum Europas abgedrängt wurde.

V.

Eben aus diesem Grunde blieb auch das Deutschland, das aus dem Versailler Vertrag hervorging, eine Großmacht. Trotz aller Gebiets- und Bevölkerungsverluste, die es erlitt (mehr als 1,1 Millionen Deutsche allein fielen dem polnischen Staate zu), hatte sich seine geostrategische Lage im Vergleich zum Bismarckreich sogar eher verbessert. War es doch von dem Doppeldruck eines übermächtigen Rußland und eines feindseligen Frankreich befreit. Statt dessen lagerte sich an den Osten Deutschlands eine Kette von Klein- und Mittelstaaten, die unter sich viel zu zerstritten waren, um Deutschland in Schach halten zu können. Darüber hinaus kristallisierte sich eine Interessengemeinschaft mit dem neuen Rußland heraus, das seine Verdrängung aus Europa – nicht ganz mit Recht – dem Diktat der Westmächte in ähnlicher Weise zuschrieb wie Deutschland seine vermeintliche außenpolitische Degradierung.

Machtpolitisch gesehen war diese Degradierung tatsächlich nur scheinbarer Art. Aus der Sicht der Zeitgenossen fiel das freilich nicht ins Gewicht, denn es ist eine fundamentale Tatsache, daß die Zeitgenossen der Weimarer Republik bis in die Linke hinein die Chancen, die der Versailler Vertrag mindest mittelfristig bot, nicht erkannt haben. Sie starrten – viel mehr noch als die Generation Bismarcks – wie gebannt auf die Verstümmelung des deutschen Nationalstaates. Unvollendet war der deutsche Nationalstaat nach Versailles allerdings geblieben, und zwar in einem akuteren Sinn als 1871: Jetzt stand dem Willen der deutschen Bewohner der auseinandergebrochenen Habsburger Monarchie, doch in den neuen deutschen Nationalstaat, die deutsche Republik, integriert zu werden, nämlich nur noch das Diktat der Siegermächte im Wege, nicht mehr Schwierigkeiten an Ort und Stelle. Für das Veto der Alliierten gegen einen solchen Anschluß, das in den Friedensverträgen von Versailles und St.-Germain verankert wurde, besaßen die Deutschen im ehemaligen Österreich noch weniger Verständnis als die Reichsdeutschen. Und doch: War es vorstellbar, daß die Gegner Deutschlands – nicht zuletzt Frankreich – nach dem blutig erkauften Sieg über das Bismarckreich bereit sein könnten, das Entstehen eines Deutschland zu dulden, dessen europäische Machtbasis um einige zehn Millionen Deutschösterreicher erweitert worden wäre?

Der repräsentative Außenpolitiker der Weimarer Republik, Stresemann, hat das erkannt und die Rolle der Weimarer Republik primär im Sinne der Rechtsnachfolge des Bismarckreiches verstanden. Dementsprechend hat er auch eine Revision des Versailler Vertrages angestrebt, das heißt im Rheinland und gegenüber Polen. Stresemann sah gleichfalls ein, daß eine solche Revision nur im Einvernehmen mit den Westmächten möglich sei. Die Isolierung Deutschlands vom Westen im weitesten Sinne war in seinen Augen zum Kardinalfehler der wilhelminischen Diplomatie geworden. Seiner geschickten Außenpolitik verdankte das neue Deutschland seine phänomenal schnelle Rückkehr in den Kreis der anerkannten und geachteten europäischen Großmächte. Hitler noch zog den Gewinn aus den Erfolgen dieses bedeutendsten Repräsentanten der Weimarer Republik. Dazwischen lag der Versuch der Regierung Brüning, mit dem Projekt eines deutsch-österreichischen Zollverbandes im großdeutschen Sinne voranzukommen. Der Widerstand Frankreichs machte dieses Projekt zunichte, das sich im Vergleich zu Hitlers späteren Plänen gewiß relativ harmlos ausnimmt, dennoch aber einen definitiven Bruch mit der Politik Stresemanns darstellt.

VI.

Hitler hat die Politik einer Revision des Versailler Vertrages zunächst an derselben Stelle fortgesetzt, wo Stresemann sie begonnen hatte (weil hier die besten Chancen vorlagen): im Westen, wo die Rückkehr des Saarlandes ohnehin anstand und die Remilitarisierung des Rheinlandes noch mit national-defensiven Argumenten verteidigt werden konnte. Daß ihm der Anschluß Österreichs und der Sudetendeutschen gelang, verdankte er einer erneut einmaligen internationalen Konstellation: der Abwendung Englands von Europa im Zeichen des Appeasement, der Bindung der Seemächte durch den Abessinienkonflikt mit Italien und der Niederlage der spanischen Republik. Dieser Sieg Francos bestätigte nicht nur die Verdrängung der UdSSR aus Europa, er belastete auch das ohnehin kühle Verhältnis zwischen ihr und den Westmächten. Noch mehr galt dies für das Münchener Abkommen, an dem die Sowjetunion bekanntlich nicht beteiligt wurde.

Halten wir einen Moment inne: Mit dem Anschluß Österreichs und des Sudetenlandes an das neue »Großdeutschland« Hitlers hatten sich die nationalen Träume der

Paulskirche und der großdeutschen Bewegung nahezu erfüllt. Es gab zwar noch die deutsche Irredenta in Polen; doch war wirklich zu erwarten, daß die Westmächte für den polnischen Wunsch, an diesen umstrittenen Gebieten – vor allem dem Korridor – ohne jede kleinste Konzession festzuhalten, in den Krieg ziehen würden, wenn Deutschland seine Forderungen nur mit friedlichen Mitteln geltend machte?

Es kam anders – mußte anders kommen, weil die Vollendung der nationalen Einigung aller Deutschen, ungeachtet aller seiner Beteuerungen, nicht Hitlers eigentliches außenpolitisches Ziel gewesen ist. Die Unterwerfung der sogenannten »Rest-Tschechei« im März 1939 bewies dies aller Welt.

Es stellt sich damit die Frage, ob Hitler in den Kategorien des Nationalismus überhaupt verstanden werden kann. Gewiß redete er von den Deutschen als zukünftigem »Herrenvolk«. Das waren aber nicht alle Deutschen; denn den deutschen Juden erkannte er ihre Zugehörigkeit zum deutschen Volke ab. Dafür hoffte er während des Krieges, Holländer, Skandinavier und »rassisch geeignete« Tschechen zu Deutschen machen zu können. Letzten Endes ließ das Großreich, auf das er hinarbeitete und dessen Umrisse sich in den Jahren 1941 bis 43 abzeichneten, die Kriterien eines traditionellen Nationalstaates weit hinter sich. War doch das entscheidende Kriterium, das über die Zugehörigkeit zu einem Volke entschied, jetzt nicht mehr wie bisher bei allen nationalen Bewegungen die Sprache, sondern die Rasse – ein historisch gar nicht greifbares Phänomen. Also biologisch definiert, sollte das deutsche Großreich auch nicht mehr einen Staat neben anderen darstellen, sondern eine universale Hegemonialmacht, die neben sich – jedenfalls nördlich der Alpen – keinen eigenständigen Nationalstaat mehr dulden durfte.

VII.

Dieser pervertierte Nationalismus und seine Folgen sind dennoch ganz auf das deutsche Volk als Nation zurückgefallen. Das ganze deutsche Volk als Nation wurde für Hitlers Eroberungspolitik und seine Verbrechen verantwortlich gemacht, mit dem einen Vorbehalt, daß Österreich als erstes Opfer Hitlerscher Aggression aus dieser Kollektivhaftung entlassen wurde. Als befreites Land mußte es alles Interesse daran haben, mit seinen großdeutschen Traditionen nicht mehr in Verbindung gebracht zu werden. Tatsächlich hatten sich noch unter Hitler, als Reaktion auf die nationalsozialistischen Verfolgungen in der damaligen »Ostmark«, Ansätze zu einem genuin österreichischen Nationalgefühl entwickelt. Nach Kriegsende gab es sogar Bemühungen, das neue Österreich aus seinem Verbund mit der deutschen Kulturnation zu lösen. Davon ist man im Laufe der Jahre wieder abgekommen; aber der Gedanke einer politischen Verbindung mit dem übrigen Deutschland, die großdeutsche Tradition, besitzt in Österreich keine nennenswerten Anhänger mehr. Nur bei den Westmächten soll in den Jahren vor dem Abschluß des österreichischen Staatsvertrages der Gedanke einer Verbindung des westlichen Österreichs mit dem westlichen Deutschland ventiliert worden sein.

An einer Stelle gelang es freilich nicht, das großdeutsche Erbe und gleichzeitig die Verantwortung für die Hinterlassenschaft Hitlers abzuschütteln: bei den 3,5 Millionen vormaligen sudetendeutschen Untertanen des Habsburger Reiches. Soweit diesen nicht die Flucht nach Österreich gelang (es waren dies nur etwa 350 000), kehrten sie zwar endgültig »heim ins Reich« zurück, zahlten dafür aber den Preis der Vertreibung aus ihrer Heimat.

Vergegenwärtigen wir uns zunächst die geostrategische Lage Mitteleuropas nach der Kapitulation des Hitlerreiches! Wie nach 1815, nur noch unmittelbarer, reichte jetzt der

Einfluß der europäischen Flügelmächte bis unmittelbar nach Mitteleuropa hinein, auf der westlichen Seite lediglich mit dem Unterschied, daß die Rolle, die Großbritannien im 19. Jahrhundert gespielt hatte, jetzt in vieler Hinsicht von der neuen westlichen Flügelmacht, den Vereinigten Staaten, übernommen wurde. Das bolschewistische Rußland hatte noch mehr erreicht als das Rußland Alexanders I., der Europa von der Vorherrschaft des napoleonischen Frankreich befreit hatte. Denn es standen jetzt nicht nur russische Truppen im Herzen Europas, auch ganz Osteuropa war der russischen Vorherrschaft unterworfen, und die Staaten, auf die es hier ankam, nämlich Polen, Rumänien und Bulgarien, waren von Anfang an über die Bande zwischen den herrschenden kommunistischen Parteien dem sowjetrussischen Einfluß viel unmittelbarer ausgesetzt als etwa die deutschen Staaten im 19. Jahrhundert, die wie Preußen wegen verwandtschaftlicher Verbindungen dem Zarenreich verpflichtet waren. Zu jener Zeit wie nach 1945 waren die Rollen, die Rußland jeweils übernahm, insofern miteinander identisch, als diese osteuropäische Großmacht sich beide Male als Hüter des rechten politischen Glaubens verstand – nach 1815 im Sinne des konservativen Legitimismus, nach 1945 im Sinne der kommunistischen Parteidoktrin.

Von den Siegermächten besetzt, hatte Mitteleuropa als eigenständiger politischer Faktor auf jeden Fall zu existieren aufgehört. In den einzelnen deutschen Besatzungszonen setzte alsbald eine auf die jeweilige Zone beschränkte Sonderentwicklung ein. Aus diesen gingen dann 1949 die beiden deutschen Nachfolgestaaten hervor. Während im 19. Jahrhundert der große ideologische Gegensatz zwischen konservativer Restauration und Liberalismus jeweils innerhalb der einzelnen deutschen Staaten, mit unterschiedlichem Erfolg für die eine bzw. die andere Seite, ausgefochten wurde, identifizierten sich die beiden deutschen Nachfolgestaaten nach 1949 jeweils ganz mit dem einen bzw. dem anderen der beiden ideologischen Lager, die der »kalte Krieg« zwischen den beiden ehemaligen Weltkriegsverbündeten, USA und UdSSR, hatte entstehen lassen: Das westliche Deutschland gab, von wenigen, rasch an Bedeutung verlierenden Nebenströmungen abgesehen, den Gedanken eines deutschen Sonderweges zwischen Ost und West auf, das östliche verschrieb sich vorbehaltlos seiner Mitgliedschaft im »sozialistischen« Lager. Die Aufrüstung der beiden Supermächte und die Einbeziehung der DDR und der Bundesrepublik in diesen Prozeß vertieften die deutsche Spaltung, die Berliner Mauer von 1961 besiegelte sie.

Blicken wir auf die Nationalitätenkarte von 1945, so können wir feststellen, daß die Sieger hier (mit einiger Brutalität) klare Verhältnisse geschaffen hatten. Eine deutsche Irredenta in der Nachbarschaft der beiden deutschen Staaten gab es so gut wie gar nicht mehr (allenfalls könnte man das von Frankreich zunächst beanspruchte Saarland als eine solche bezeichnen), dafür um die 12 Millionen Vertriebene, in ihrer Mehrzahl aus dem neuen Polen.

Auch das Problem der nichtdeutschen Minderheiten hatte sich in den beiden deutschen Nachfolgestaaten praktisch erledigt, die damit eindeutiger rein deutsch waren als das Deutsche Reich vor 1945. Die auch nach allen Kriegsverlusten verbleibende kompakte Masse von an die 70 Millionen Deutschen ließ nach wie vor die Bevölkerungszahl jedes der deutschen Nachbarländer weit hinter sich. Schon deshalb konnten diese nach dem Schock der Hitlerherrschaft das Wiedererstehen eines einzigen deutschen Staates in den Grenzen von 1937 gar nicht wünschen. Selbst daß der westliche und der östliche deutsche Teilstaat in den fünfziger Jahren so bald wieder zu internationalem Ansehen aufstiegen – die Bundesrepublik noch vor der DDR –, ist eine für die europäischen Nachbarn Deutschlands psychologisch nicht leicht zu verkraftende Tatsache gewesen.

Wenn es für das Fortbestehen des einen deutschen Staates nach der Kapitulation (wenn auch nicht östlich von Oder und Neiße) noch eine Chance gegeben hat, so lag dies paradoxerweise an den beiden Supermächten. Beide hatten mit dem Ende des Hitlerregimes langfristige Pläne für eine Teilung Deutschlands mindestens zurückgestellt. Die Potsdamer Konferenz sah die Erhaltung der Verwaltungseinheit des neuen Vier-Zonen-Deutschland vor. Tatsächlich verwies die Interessenlage sowohl der UdSSR als auch der USA auf ein Fortbestehen eines irgendwie gearteten gesamtdeutschen Staates. Beide Supermächte wollten ihren Einfluß in Mitteleuropa ja nicht auf ihre jeweiligen Besatzungsgebiete beschränkt sehen – am wenigsten die UdSSR, die ja den wirtschaftlich weniger interessanten Teil Deutschlands erhalten hatte. Auch Reparationen waren von einem einzigen deutschen Staat mehr zu erwarten als von zwei Teilstaaten. So offenbarten die 1945 getroffenen Vorkehrungen über die Verwaltung Deutschlands ein gemeinschaftliches Interesse der beiden Supermächte, einen einheitlichen deutschen Staat vorerst zu erhalten. Nie hätten sich sonst die Amerikaner darauf eingelassen, einen Sektor im zerstörten Berlin inmitten der sowjetischen Zone zu übernehmen; nie hätten die Sowjets andererseits die westlichen Verbündeten so weit in ihre Zone hineingelassen.

Daß alles anders kommen würde, war bei den sonst divergierenden Interessen der beiden Supermächte zu erwarten; es war von diesen aber nicht so vorausgeplant. Ihre gesamtdeutschen Verantwortlichkeiten und Ansprüche haben sie denn auch bis heute nicht aufgegeben – jedenfalls juristisch nicht, und sie haben die gesamtdeutsche Ausrichtung ihrer Deutschlandpolitik an die unter ihrem Protektorat gegründeten beiden deutschen Staaten weitergegeben – siehe die Präambel des Grundgesetzes, siehe die gesamtdeutschen Hoffnungen, die aus kommunistischer Perspektive z. B. während des Koreakrieges erneut angemeldet wurden.

Ein Offenhalten der deutschen Frage entsprach der amerikanischen Europapolitik auch nach dem Beginn des »kalten Krieges«, betrachteten doch alle amerikanischen Regierungen von Roosevelt bis zu Reagan das Schicksal Osteuropas insgesamt als noch nicht definitiv geregelt. Die 1945 in Jalta von allen drei beteiligten Mächten gebilligte Erklärung über das befreite Europa brachte diese Haltung ebenso zum Ausdruck wie die vom amerikanischen Außenminister Dulles 1952 geprägte Formel vom »Zurückrollen des Eisernen Vorhanges«. Damit ist nie ein Eroberungskrieg gemeint gewesen, wohl aber verband sich mit diesem Schlagwort die Hoffnung, daß Osteuropa ähnlich wie seit 1948 Jugoslawien eine von der UdSSR mehr und mehr unabhängige Entwicklung nehmen könnte. Auf westdeutscher Seite nährte die politisch und rhetorisch offensiv angelegte Europapolitik der USA unter Eisenhower die Illusion, als ob die feste Vertretung des deutschen Anliegens nach Wiedervereinigung, verbunden mit der wirtschaftlichen Überlegenheit des Westens, ausreichen könnte, um ein Aufgehen der DDR in der Bundesrepublik über kurz oder lang gegenüber der UdSSR durchzusetzen.

Tatsächlich konnte die UdSSR allenfalls an der Wiedererrichtung eines neutralen gesamtdeutschen Staates interessiert sein, das heißt an einer der Wiedervereinigung vorausgehenden Beseitigung aller Bindungen nach Westen, welche die Bundesrepublik bereits eingegangen bzw. wie im Falle der Europäischen Verteidigungsgemeinschaft einzugehen entschlossen war. Ob die sowjetische Führung ein derartig neutralisiertes Deutschland je ernsthaft gewollt hat – etwa zur Zeit der vieldiskutierten Stalin-Noten vom Frühjahr 1952 –, ist bis heute endgültig nicht zu klären. Auf jeden Fall konnte die UdSSR nach dem Beitritt der Bundesrepublik zur NATO (1955) ein Offenhalten der deutschen Frage nicht mehr wünschen und hat dies auch kundgetan; denn jede Veränderung der Lage in Mitteleuropa konnte nach der endgültigen Bindung der Bundesrepublik an den Westen nur auf eine Schwächung der sowjetischen Bastion im Herzen Europas hinauslaufen. Deshalb das sowjetische Drängen nach Abschluß eines Friedensvertrages mit beiden deutschen Staaten, womit die Existenz der DDR auch völkerrechtlich untermauert worden wäre. Wegen der Schwäche ihrer Position in Berlin haben die

Westmächte im Gefolge der zweiten Berlin-Krise von 1958 ihre Politik eines Offenhaltens der deutschen Frage, sehr zur Enttäuschung Adenauers, nicht in vollem Umfange aufrechterhalten können. Die faktische Hinnahme der Berliner Mauer zeigte dies ebenso deutlich wie das Plazet zu der späteren Ostpolitik Brandts, mit der die DDR als selbständiger Staat anerkannt wurde, auch wenn die Westmächte und die Bundesregierung ihre Rechtspositionen nicht ausdrücklich geräumt haben.

Hatte mit der in Ost und West anerkannten Existenz zweier deutscher Staaten auch die eine politische deutsche Nation in den 1945 erzwungenen Grenzen zu bestehen aufgehört? Es muß hier an die eingangs gegebene Definition des Begriffes (politische) Nation erinnert werden. Die Fortexistenz einer Nation setzt den klaren Wunsch nach politischer Zusammengehörigkeit bei den Angehörigen dieser Nation voraus. An diesem Wunsch haben bis 1955 die Regierungen der beiden deutschen Staaten festgehalten, bei der Bevölkerung war er selbstverständlich und fand z. B. bei dem Aufstand in der DDR am 17. Juni 1953 Ausdruck. Wenn es zudem ein Band gab, das Deutsche in Ost und West in ihrem Bewußtsein miteinander verknüpfte, war es die gemeinsame Erfahrung der Hitlerherrschaft und des Krieges und der Verantwortung, die aus der Verwicklung aller vor 1945 erwachsenen Deutschen in dieses düstere Kapitel der deutschen Geschichte herrührte. Hitlerregime, Krieg und Niederlage, wenn irgend etwas, hatten aus den Deutschen eine Schicksalsgemeinschaft werden lassen – auch eine Voraussetzung für die Existenz einer Nation, die sich aus dem Bewußtsein der Deutschen seit 1945 nicht einfach tilgen ließ. Auch in der DDR erwies sich dies als unmöglich, selbst wenn diese zunächst vorgab, einen absoluten Neuanfang zu verkörpern, der mit der vorausgegangenen deutschen Geschichte nur insofern etwas zu tun hatte, als diese Vorgeschichte für den ersten sozialistischen Staat auf deutschem Boden war. Heute wird dieses selektive Geschichtsbewußtsein in der DDR mehr und mehr aufgegeben. In West und Ost ist der Gedanke an die eine deutsche Nation, die eines Tages wieder in einem Staat zusammengeführt werden könnte, nicht aufgegeben worden. In der Bundesrepublik gibt es nur wenige Politiker, die es wagen, sich prinzipiell von dieser Zukunftsperspektive zu distanzieren. In der DDR hat der dortige Staatsratsvorsitzende Honecker in einer aufsehenerregenden Erklärung im Jahre 1981 eine Wiedervereinigung unter »sozialistischen« Prämissen in Zukunft für durchaus möglich und wünschenswert erklärt. Weder die eine deutsche Regierung in Bonn noch die andere in Ost-Berlin betreiben ihre Außen- und Deutschlandpolitik auch ohne nachdrückliche Seitenblicke auf deren Wirkung in dem jeweils anderen deutschen Staat. Insofern unterscheidet sich das Verständnis von Regierung und Öffentlichkeit in der Bundesrepublik und in der DDR über die Rolle ihrer jeweiligen Staaten im Rahmen der deutschen Nation nicht grundsätzlich. Beiden Staaten ist auch gemeinsam, daß sie den Verpflichtungen, die sie in dem Bündnissystem, dem sie jeweils angehören, übernommen haben, gegenüber langfristigen deutschlandpolitischen Perspektiven eindeutig den Vorrang einräumen. Beide deutsche Staaten verstehen sich auch als hic et nunc saturierte Mittelmächte, sind sich dabei gleichzeitig aber ihrer Schlüsselrolle in dem jeweiligen Bündnissystem durchaus bewußt. Trotz alledem: Auch der neue starke Mann in der UdSSR, Gorbatschow, möchte, wie er gerade erklärt hat, das weitere Schicksal der deutschen Nation der Zukunft überlassen. Die deutsche Nation, wie sie heute in den beiden Staaten existiert, ist also mehr als lediglich eine Kulturnation; sie besitzt, auf die fernere Zukunft gerichtet, nach wie vor eine politische Dimension.

VIII.

Blicken wir zurück! Weshalb hat sich der (klein)deutsche Nationalstaat als so kurzlebig erwiesen? Welche Analogien zur heutigen Situation – dem Bestehen dreier Staaten im Bereich der einstigen politischen Nation der Deutschen – liefert die deutsche Geschichte vom Wiener Kongreß bis zum Zweiten Weltkrieg?

Was die Kurzlebigkeit des deutschen Nationalstaates anlangt, so ist sie natürlich in erster Linie das Ergebnis von Hitlers Abenteurerpolitik des »alles oder nichts« gewesen. Aber nicht nur das: Wie Andreas Hillgruber gezeigt hat, ist es das Problem jeder politischen Einigung aller Deutschen in *einem* Staat, daß diesem, allein wegen der Zahl der deutschen Bevölkerung und der zentralen Lage Deutschlands, im Vergleich zu den übrigen europäischen Völkern fast mit Notwendigkeit eine Vormachtstellung zufallen würde. Das war schon 1848 deutlich geworden, und auch Bismarck und Stresemann haben dies erkannt – beide haben außenpolitisch entsprechend vorsichtig operiert und ihre Ziele auf das für Europa Zumutbare beschränkt. Besonders bei Bismarck ist das Bewußtsein noch lebendig geblieben, daß selbst Kleindeutschland seine Existenz einer besonders günstigen außenpolitischen Lage verdankte, einer Ausnahmesituation, und daß die Fortexistenz dieses deutschen Nationalstaates, sobald sich die außenpolitische »Normalsituation« in Europa wieder einstellte, höchst prekär wurde.

Dieses Gespür für die Exponiertheit eines deutschen Nationalstaates in der Mitte Europas ist unter Bismarcks Nachfolgern verlorengegangen. Sie glaubten, daß Europa auch eine deutsche Weltmacht zugemutet werden könnte, während Hitler die deutschen Mittel für ausreichend hielt, um schließlich der ganzen Welt eine deutsche Hegemonialmacht aufzwingen zu können. Beide Male zog Deutschland die Gegnerschaft einer Vielzahl von Staaten auf sich und stand am Ende isoliert und gedemütigt da – verfolgt »wie ein räudiger Hund«, wie der Reichskanzler Bethmann Hollweg während des Ersten Weltkrieges einmal prophezeit hat.

So ist die Einigung der großen Mehrzahl aller Deutschen, weltgeschichtlich gemessen, nur in einer kurzen Sekunde gelungen. Die deutsche Geschichte von 1815 bis zum Zweiten Weltkrieg liefert deshalb eine Analogie zu unserer heutigen Situation. Der Normalfall ist in dieser Zeitspanne nur eine staatliche Teileinigung der politischen Nation der Deutschen gewesen, ein unvollendeter Nationalstaat, der erhebliche Volksteile draußen ließ, nach 1918 den in sich homogenen zweiten deutschen Staat Österreich. Trotz der Existenz mehrerer deutscher Staaten seit 1815 haben sich aus diesen keine selbständigen Nationen entwickelt. Auch hier liegt eine deutliche Analogie zu unserer Gegenwart im Zeichen der Zweistaatlichkeit.

Eine andere Analogie liefert die Zeitspanne von 1815 bis zur Reichsgründung. Damals wie heute bildet Mitteleuropa keine eigenständige Macht, die von sich aus imstande wäre, ihre Interessen gegenüber den übrigen europäischen Mächten wahrzunehmen und durchzusetzen. Wie nach 1815 das Zarenreich, so verkörpert seit 1945 das sowjetische Rußland mit seinem – nach den Erfahrungen des Zweiten Weltkrieges verständlichen – Festhalten an den Ergebnissen seines Sieges die Kräfte der Beharrung. Die Rolle des Fürsprechers politischer Veränderung fiel nach 1815 im wesentlichen Frankreich zu, nach 1949 hingegen der neu gegründeten Bundesrepublik, die sich hier durch die USA und im Prinzip auch durch die europäischen Westmächte unterstützt sieht. Die deutschen Staaten nach 1815 waren innerhalb des Deutschen Bundes schließlich zu einer friedlichen Politik untereinander verpflichtet – womit die Wiener Schlußakte mit völkerrechtlichen Mitteln dasselbe außenpolitische Verhalten bei den deutschen Staaten zu erzwingen suchte, wie es heute die Gefahr eines atomaren Vernichtungskrieges erzwingt.

An dieser Stelle hört die Analogie zwischen unserer Gegenwart und der früheren deutschen Geschichte freilich auf: Während der Deutsche Bund sich sicherheitspolitisch selbst neutralisierte, gehören die beiden heutigen deutschen Staaten einander entgegengesetzten Sicherheitssystemen an und gehorchen zudem unterschiedlichen politischen Ordnungsvorstellungen. Und noch in einer anderen Hinsicht gibt es keine Analogie zwischen unserer Gegenwart und dem Deutschland des 19. Jahrhunderts: Damals befanden sich die Deutschen in ihrem Streben nach nationalstaatlicher Einigung im Einklang mit einer zukunftweisenden Bewegung, die schließlich den ganzen europäischen Kontinent erfaßt hat; heute erleben wir das Werden neuer Nationalstaaten nur noch in entlegenen Gegenden der Dritten Welt. Auch im Zeichen europäischer Einigungsbemühungen mochte das Streben der Deutschen nach nationalstaatlicher Einigung bisweilen anachronistisch wirken, und es ist denkbar, daß auf lange Sicht ein auf Westeuropa bezogener Patriotismus die Stelle des traditionellen deutschen Nationalgefühls einnimmt. Ebenso ist ein Rückbesinnen aller Europäer außerhalb der Sowjetunion auf ihr gemeinsames geschichtliches Erbe und in seiner Folge das Entstehen eines gesamteuropäischen »Nationalismus« vorstellbar. In beiden Fällen wäre dies das definitive Ende einer politischen Nation der Deutschen allein. Ob einer der beiden Fälle eines Tages eintreten wird, hängt nicht zuletzt von entsprechenden politischen Bewußtseinsveränderungen bei den Nachbarn der Deutschen ab: Die »deutsche Frage«, die Frage nach der politischen Nation der Deutschen, ist, solange es sie gibt, in letzter Instanz stets auch ein europäisches Problem geblieben.

Georg-Christoph von Unruh

Volk und Nation in deutschen Verfassungen und sie betreffenden Rechtsakten

Von »teutscher nation« ist zum ersten Mal in einem Rechtsetzungsakt am 17. März 1486 die Rede, als *Friedrich III.* den Reichslandfrieden zu Frankfurt verkündete. Der Herrscher bezieht sich auf die Schäden durch »heimische krieg vnd aufrüre«, welche »dem heiligen reiche vnd teutscher nation« Schaden brächten, weshalb man einen »gemeinen beständlichen frieden durch das ganz Römische reich teutscher nation fürgenommen« habe. Zunächst wird in diesem Dokument durch das Wort »und« zwischen dem Herrschaftsbereich sowie seinen Hoheitsträgern und einem Teil der Bewohner dieses Reiches unterschieden, während im weiteren von den Gebieten die Rede ist, welche im Reich von Deutschen bewohnt werden, die neben den Bewohnern von Reichs-Italien und Reichs-Burgund der kaiserlichen Majestät untertan waren. Von den »deutschen lannden« als Teile des Römischen Reiches war jedoch bereits vorher in einer ebenfalls von *Friedrich III.* in Frankfurt erlassenen Landfriedensordnung vom 14. August 1442 die Rede gewesen.[1] Dabei dürfte es sich um die früheste Verwendung der bis 1806 üblichen Formel vom Römischen Reich Deutscher Nation handeln.

Der Ewige Landfriede *Maximilians I.* vom 7. August 1495 war nicht zuletzt aus Sorge vor der Türkengefahr verkündet und erstmals mit hinreichenden Vollzugsregelungen versehen worden, weil die Ungläubigen ihre »Macht und Herrschung bis an die Grenitzen Teutscher Nacion und des heiligen Reichs« bereits erstreckt hätten. Hier wie in der fünf Jahre später erlassenen Ordnung des Reichsregiments zu Augsburg, wo diese Sorge vor den Türken wiederholt wird, werden die Bewohner eines Teiles des Reiches bereits als ein Personenverband, als Nation verstanden. Noch stärker kommt das in § 11 des Augsburger Religionsfriedens von 1555 zum Ausdruck[2], den man um des »Friedens, wie gemeine Ruhe und Sicherheit in deutscher Nation zu erlangen und zu erhalten«, abgeschlossen habe.

Außer den innerhalb der Grenzen des Reiches ansässigen Angehörigen »deutscher Nation« gab es noch andere, so im Osten, im Staat des Deutschen Ordens, später in Preußen, oder im Herzogtum Schleswig, während andererseits Angehörige von anderen Völkern vor allem im Südosten oder im Westen des Reiches lebten, ohne einen eigenen »nationalen«, sprachliche und kulturelle Eigenarten ausdrückenden Status zu besitzen. Sie gehörten vielmehr zur »deutschen Nation« als Bezeichnung der Summe aller Untertanen der Reichsstände.[3]

[1] Frankfurter Reichslandfriede vom 17. März 1486 und vom 14. August 1442, in: *Lorenz Weinrich,* Quellen zur Verfassungsgeschichte des Römischen Reiches im Spätmittelalter (1250–1500), (1983), S. 534 f. und 491 ff. – Im Landfrieden von 1442 (a. a. O., S. 497) wird auch hervorgehoben, daß dem »heiligen Römischen Reiche und Deutschen Lannden« an Gold- und Silbermünzen viel gelegen sei, weshalb man sie auch hier schlagen müsse. Von den »personen der dutschen« spricht der »Abschied der geistlichen Kurfürsten«, wahrscheinlich von 1452 (a. a. O., S. 509).

[2] *Hans-Hubert Hofmann,* Quellen zum Verfassungsorganismus des Heiligen Römischen Reiches Deutscher Nation 1495–1815 (1976), S. 2, 19 und 99.

[3] Von gefährlichen Folgen für das »teutsche Vaterland« spricht ein kaiserliches Mandat an das Di-

Trotz mancher Bemühungen – wie etwa im Bauernkrieg 1525 – gelang es diesen Menschen jedoch nicht, als Nation eigene politische Rechte zu erlangen und ein konstitutives Element des Reiches zu werden. Erst das in Frankreich mit der Revolution von 1789 aufkommende Nationalbewußtsein und die Romantik schufen Voraussetzungen für eine Entwicklung zum »Staatsvolk«.[4]

Nation und Volk sind zwei Bezeichnungen für verschiedenartig charakterisierte Personenverbände. Eindeutige und unbestrittene Kriterien lassen sich zur jeweiligen Bestimmung allerdings nicht feststellen. So ist nicht nur die Nation etwas geschichtlich Gewordenes, weil es sich auch beim Entstehen und Vergehen der Völker um geschichtliche Ereignisse handelt. Allerdings versteht man seit dem Beginn des 19. Jahrhunderts unter Nation vor allem das in einer politischen Einheit »verfaßte« Volk, das ohne diese Bindung vornehmlich nach sprachlichen und kulturellen Beziehungen seiner Angehörigen zueinander beurteilt wird. Tatsächlich überschneidet sich jedoch dauernd die Verwendung beider Begriffe.

»Natio« leitet sich von nasci, d. h. geboren werden, ab und bezeichnet damit eine sich aus gemeinsamer Abstammung ergebende Verbindung. Diese hat man im Mittelalter neben Sitten, Sprache und Rechtsordnung für maßgebliche Kriterien einer Nation gehalten, ohne daß sich doch für sie ein allgemein anerkannter Begriff durchgesetzt hätte.[5]

Das Wort »deutsch« ist als »theodisce« als Bezeichnung für den sich durch seine Sprache von anderen unterscheidenden fränkischen Heeresverband belegt. Einhundert Jahre später wird berichtet, daß die Söhne König *Ludwigs des Deutschen* 876 eine Erbteilung »theutonica lingua« in deutscher Sprache beschworen. Diese bildet auch hinfort ein maßgebliches Kennzeichen dieses Volkes wie der Völker überhaupt, wofür *Johann Gottfried Herder* und die Romantik grundlegende Erkenntnisse gewonnen und verbreitet haben. Zu dieser Zeit kam auch infolge der Französischen Revolution der Gedanke des Nationalstaates auf, der vor allem für die Deutschen zu einem wegen der besonderen geographischen Lage und anderer Schwierigkeiten schwer realisierbaren politischen Leitbild wurde. Allerdings hat sich das idealtypische Verhältnis von Volk, Nation und Staat in der politischen Entwicklung der beiden vergangenen Jahrhunderte nicht auf Dauer verwirklichen lassen.[6]

rektorium des niedersächsischen Kreises mit einer Aufforderung zu einer Reichsexekution in Mecklenburg vom 10. Juni 1717 (a. a. O., S. 299). – Daß um 1500 die »teutsche Nation« durchaus im Sinne der Bevölkerung des Reiches verstanden wurde, geht aus der am 2. Juli 1500 zu Augsburg verkündeten Regimentsordnung hervor, wo es u. a. heißt, daß die Türken »mit merklichen Gewalt teutsche Nation unter sich nöten möchten«, d. h. sich ihrer Herrschaft unterwerfen wollten (a. a. O., S. 19). – Hierzu und zum folgenden: *Otto Kimminich,* Der Selbstbestimmungsgedanke am Ende des Ersten Weltkrieges, in: *Richard Breyer* (Hrsg.), Deutschland und das Recht auf Selbstbestimmung nach dem Ersten Weltkrieg (1985), S. 11 ff.

4 Eine solche hielt aber *Schiller* in den »Xenien« von 1798 für unerreichbar und verwies statt dessen die Deutschen auf ihre kulturelle Aufgabe für die Menschheit.

5 »Teutsche Nation« kann sich deshalb auch nur auf Angehörige des Adels als des Geburtsstandes beschränken, der »das Reich« wegen seiner auf dieses bezogenen »Standschaft« verkörperte. Dann sind mit der Bezeichnung ihre Herrschaftsbereiche gemeint und nicht etwa alle Angehörigen eines im Mittelalter noch gar nicht sich als solches verstehendes deutschen Volkes. Dazu: *Ulrich Matthée,* Europa und Deutschland im Konflikt der großen historischen Parteiströmungen, in: Nation und Nationalität im Selbstverständnis der Deutschen (hrsg. von Walter Bernhardt und Werner Kaltefleiter), 1982, S. 7 ff. – Stichwort »Nation« in: Handwörterbuch zur deutschen Rechtsgeschichte, III. Band, Spalte 862 ff., sowie dieses und das Stichwort »Volk« in: Evangelisches Staatslexikon, 2. Aufl. (1875), Spalte 1590 ff. und 2827 ff.

6 Eine Nation braucht jedoch nicht auf die Bewohner eines Staates beschränkt zu sein. Beispiele dafür bilden die »völkischen Minderheiten« in manchen Staaten, die sich als Irredenta verstehen

»Die Deutschen« wurden erstmals in eine staatsbürgerliche Pflicht genommen, als sie der preußische König und der mit ihm verbündete russische Zar in der »Proklamation von Kalisch« vom 25. März 1813 aufforderten, sich unter der Losung »Ehre und Freiheit« dem gegen *Napoleon I.* vorrückenden Heere der Monarchen anzuschließen. Auf diese sollte »der Wiedergeburt eines ehrwürdigen Reiches wichtiger Schutz und dauernde Gewähr« geleistet werden, womit die Herrscher meinten, »einem längst gehegten, nur mühsam noch in beklommener Brust zurückgehaltenen allgemeinen Volkswunsch zu begegnen«, der nicht nur auf Restitution des vor 1806 in Deutschland bestehenden Zustandes gerichtet war. Es wurde vielmehr ausdrücklich versichert, der russische Kaiser wünsche lediglich »eine schützende Hand über ein Werk zu halten, dessen Gestaltung ganz allein den Fürsten und Völkern Deutschlands anheimgestellt bleiben« solle. Je schärfer dieses »aus dem ureigenen Geiste des deutschen Volkes« sich entwikkeln würde, desto »verjüngter, lebenskräftiger und in Einheit gehaltener« könnte »Deutschland wieder unter Europens Völkern erscheinen«.

Es war – wie *Ernst-Rudolf Huber* sagt – »der Geist des *Freiherrn vom Stein,* der aus der Proklamation von Kalisch sprach«, des Staatsmannes, der seit seiner durch *Napoleon I.* 1808 erzwungenen Entlassung aus dem preußischen Staatsdienst als Berater des Zaren *Alexander I.* wirkte und bei diesem Monarchen wesentlich zum Bewußtsein seiner Verantwortung für die Aufgabe beigetragen hatte, zu deren Verwirklichung die Proklamation »jeden Deutschen, der des Namens noch würdig seyn« wolle, aufgerufen hatte. Bedeutsam beim Inhalt der Proklamation ist die Zusage, daß die Herstellung und Erhaltung von »Freiheit und Einheit« durch eine künftige Verfassung nicht allein eine Angelegenheit der Fürsten, sondern zugleich der »deutschen Völker« und aus dem »ureigenen Geist der Nation« erwachsen sein müsse.[7] Bemerkenswert ist, daß nicht das deutsche Volk, sondern »die Deutschen« mit der Proklamation angesprochen wurden. »Volk« war im konstitutionellen Zeitalter noch kein konstitutives Element des Staatsbegriffes. Es bestanden aber auch vor allem auf gouvernementaler Seite seit der Französischen Revolution wegen des seitdem damit verbundenen »demokratischen« Verständnisses Bedenken, welche allerdings auch die Liberalen meist teilten, für die sich die Bezeichnung Volk auf die wirtschaftlich und sozial unabhängigen Bürger beschränkte.

Der Beitritt Österreichs zur russisch-preußischen Allianz durch den Vertrag von Teplitz vom 9. September 1813 machte bereits die Erwartungen zunichte, welche die Deutschen aus den darin enthaltenen politischen Zusagen hegen durften. Man war in Wien nur zu einer Restauration der vornapoleonischen Verhältnisse von 1805 bereit und vermochte dieses in dem zwischen Rußland, England, Österreich und Preußen am 1. März 1814 geschlossenen Vertrag von Chaumont definitiv durchzusetzen, wonach Deutschland aus souveränen, lediglich föderativ geeinten Gliedstaaten bestehen sollte. In Art. 6 Abs. 2 des Ersten Pariser Friedens vom 30. Mai 1814 fand diese Vereinbarung eine völkerrechtliche Bestätigung.[8]

oder auch nach Gewährung entsprechender Rechte eine loyale Haltung zu ihrem Staat einnehmen. Umgekehrt kann auch eine Nation aus mehrsprachigen Angehörigen bestehen, wie in der Schweiz.

7 *Ernst-Rudolf Huber,* Dokumente zur deutschen Verfassungsgeschichte, Bd. 1, 3. Aufl. (1978), Nr. 28; *ders.,* Deutsche Verfassungsgeschichte seit 1789, 1. Band (1957), S. 478 f.

8 *Martens,* Nouveau recueil, Bd. 1, S. 683, und Bd. 2, S. 1. – »In aller Geschichte ist Volk ein Rätsel, das, kaum gelöst, sich wieder ins Rätselhafte zurückverwandelt. Volk läßt sich um so viel schwerer deuten, weil es nur in seltenen Augenblicken politische Individualität entfaltet, um zumeist schon wenig später in eine Art von anonymem Kollektiv zurückzufallen« (Rudolf Ibbeken, Preußen 1807–1813 [Staat und Volk als Idee und Wirklichkeit], 1970, S. 439).

Diesem Konzept entsprechend, fand auch das deutsche Volk in der Deutschen Bundesakte vom 8. Juni 1815 als solches keine Erwähnung. Die »souveränen Fürsten und freien Städte Deutschlands« brachten in der Präambel lediglich ihre Überzeugung von den Vorteilen zum Ausdruck, »welche aus ihrer festen und dauerhaften Verbindung für die Sicherheit und Unabhängigkeit Deutschlands und die Ruhe und das Gleichgewicht Europas hervorgehen« würden. Nur indirekt und unausgesprochen fanden die politischen Ansprüche der Deutschen Berücksichtigung, wenn in Art. 13 der Bundesakte bestimmt wurde: »In allen Bundesstaaten wird eine landständische Verfassung stattfinden«, eine Regelung, die bereits alsbald Meinungsverschiedenheiten über ihren Inhalt auslöste. Außerdem wurden allerdings »den Unterthanen der deutschen Bundesstaaten Rechte« zugesichert, welche den Erwerb von Grundeigentum und ihre Mobilität im Bereich des Staatenbundes betrafen, womit jedoch nicht im mindesten die Erwartungen erfüllt wurden, welche die Deutschen aus den zu Kalisch proklamierten Zusagen hatten erwarten dürfen. Das galt auch für die aus diesem Dokument zu schließende Gewähr für politische Freiheit der Deutschen im Sinne einer Beteiligung an der Erledigung von staatlichen Aufgaben. Diese Möglichkeit ließ sich lediglich in den einzelnen Staaten verwirklichen, in denen zwar eine »landständische Verfassung« vom Bund gewährleistet wurde, jedoch unter dem in Artikel 57 der Wiener Schlußakte vom 15. Mai 1820 enthaltenen Vorbehalt des monarchischen Prinzips, wonach das Oberhaupt eines jeden Staates als Souverän durch eine landständische Verfassung »nur in Ausübung bestimmter Rechte an die Mitwirkung der Stände gebunden werden« könne. Im übrigen bot die in Artikel 56 der Schlußakte enthaltene Bestimmung nur eine geringe Garantie für die Erhaltung einer »landständischen Verfassung«, die nur für den Fall, daß sie »in anerkannter Wirksamkeit« bestanden hatte, auch auf »verfassungsmäßigem Wege abgeändert werden« durfte. Die Auslegung dieser Bestimmung sollte bald die Bundesversammlung, das einzige Organ des völkerrechtlichen Vereins, beschäftigen, als die Ritterschaft des Herzogtums Holstein in einem von *Christoph Friedrich Dahlmann* ausgearbeiteten Antrag den Bund aufforderte, den dänischen König als Monarchen der »Elbherzogtümer« zu verfassungsmäßigem Verhalten anzuhalten, was jedoch erfolglos blieb. Die rechtlichen Schwierigkeiten lagen allerdings darin, daß die holsteinischen Stände auf die Beachtung der 1460 zu Riepen erteilten Zusage als einem Bestandteil der »landständischen Verfassung« Schleswig-Holsteins drängten, wonach beide Lande »ewig ungeteilt zusammen« bleiben sollten. Problematisch war dabei, ob diese Verfassung »in anerkannter Wirksamkeit« geblieben war, weil seit der letzten Hälfte des 17. Jahrhunderts keine allgemeinen Landtage mehr abgehalten worden waren, wohl aber, nach *Dahlmanns* wohlbegründeter Ansicht, die »Ständige Deputation der Ritterschaft« als Kontinuitätsträger ständischer Stellung und Befugnisse fortbestanden hatte. Eine weitere Schwierigkeit lag darin, daß – wie schon im Römischen Reich Deutscher Nation – nur das Herzogtum Holstein, nicht aber Schleswig, zu den Mitgliedstaaten des Bundes gehörte, wiewohl nach herrschender Meinung, auf der Zusage von 1460 fußend, eine staatliche Gemeinschaft der Lande nördlich und südlich der Eider bestand.[9]

Die Erwähnung der dem Namen Schleswig-Holstein verbundenen Probleme ist thematisch gerechtfertigt, weil sich hinfort das »meerumschlungene« Land als ein starker Integrationsfaktor für das sich entfaltende Nationalbewußtsein der Deutschen erwies. Es dauerte allerdings noch bis zum 9. März 1848, daß darüber hinaus auch ein »äußeres Symbol« für das »Bewußtseyn« der Einheit der Nation geschaffen und anerkannt wurde, welches dieser »lebendig und klar vorschweben« sollte: der »alte deutsche

[9] *Georg-Christoph von Unruh*, Dahlmann und die Schleswig-Holstein-Frage, in: Freiheit verpflichtet (Hrsg. W. Bürklin und W. Kaltefleiter), 1985, S. 23 ff.

Reichsadler mit den Farben des ehemaligen deutschen Reichspaniers – schwarz, roth, gold –«, die durch Beschluß der Bundesversammlung vom 9. März 1848 zu »Wappen und Farben des Deutschen Bundes« erklärt wurden.[10]

In diesem Beschluß fand zum ersten Mal im 19. Jahrhundert nach der Proklamation von Kalisch das deutsche Volk, wieder als »Nation« bezeichnet, eine auf den Staat bezogene Erwähnung. Bald darauf wählte dieses deutsche Volk dann seine Vertreter in die Nationalversammlung, welche einen Reichsverweser erwählte und nach einem Reichsgesetz über die Grundrechte des deutschen Volkes vom 27. Dezember 1848 eine Verfassung des Deutschen Reiches am 28. März 1849 verabschiedete. Diese erlangte jedoch wegen des Ausbleibens der Anerkennung des Entwurfes durch die maßgebenden deutschen Staaten keine Rechtskraft. So war der erste Versuch von gewählten »Vertretern des deutschen Volkes«, diesem eine ihm gemäße Verfassung zu schaffen, gescheitert. Immerhin blieb der Wunsch zu einer nationalen Einigung in freiheitlicher Ordnung stark genug, um die weitere Entwicklung zu bestimmen.

»Das deutsche Volk« hatte im Reichsverfassungsentwurf von 1849 nur in Abschn. VI, »die Grundrechte des deutschen Volkes« betreffend, Erwähnung gefunden und wurde hier auch definiert. Nach § 131 besteht »das deutsche Volk aus den Angehörigen der Staaten, welche das Deutsche Reich bilden«. »Abgeordnete« dieses deutschen Volkes bildeten gem. § 93 das Volkshaus, welches neben dem Staatenhaus den Reichstag bilden sollte, der gem. § 102 Ziff. 1 ERV über »die Erlassung, Aufhebung, Abänderung oder Auslegung von Reichsgesetzen« zu beschließen haben sollte.

Bemerkenswert ist, daß diese Grundrechte nicht ihrem Wesen nach individuell, sondern zunächst allgemein »dem deutschen Volke« als solchem gewährleistet wurden und erst in den folgenden Bestimmungen auf Einzelfälle konkretisiert und personalisiert wurden. Dieser inhaltliche Aufbau entspricht den die bürgerliche Gesellschaft bestimmenden Vorstellungen, welche ihre Distanzierung zum Staat auf diese Weise sowohl allgemein wie individuell zum Ausdruck zu bringen vermochte und zu konstituieren suchte. Diesen Vorstellungen entsprechend konnten auch jeder Gemeinde »bestimmte Grundrechte ihrer Verfassung« in § 184 gewährleistet werden, wozu neben der »Wahl ihrer Vorsteher« im Rahmen der »selbständigen Verwaltung ihrer Gemeindeangelegenheiten« auch die »Ortspolizei« gehören sollte, was nach wie vor einen Streitgegenstand der Meinungen und der politischen Kräfte bildete. Darüber hinaus wurde aber auch die Gewähr einer gewählten Volksvertretung in den deutschen Staaten in Art. XII, § 186 f. mit ihren Kompetenzen vorgeschrieben: Sie sollte »eine entscheidende Stimme bei der Gesetzgebung, bei der Besteuerung, bei der Ordnung des Staatshaushaltes« sowie das »Recht des Gesetzesvorschlags und der Anklage der Minister« haben.

Gewährleistet wurden schließlich »den nicht deutsch redenden Volksstämmen Deutschlands« ihre kulturelle Eigenart und insbesondere der Schutz ihrer Sprache. Der Status activus der Staatsbürger wurde schließlich durch einen Anspruch auf den Schutz des Reiches festgestellt, sofern er sich »in der Fremde« befände.

Da sich der Grundrechtskatalog nicht auf »Abwehrrechte« des einzelnen gegen mögliche Übergriffe der hoheitlichen Gewalt beschränkte, handelt es sich bei den in Abschnitt VI gewährleisteten Grundrechten[11] tatsächlich um eine institutionelle Regelung des Staatsbürgertums und insoweit als solche »des deutschen Volkes«.

[10] *Ernst-Rudolf Huber,* Dokumente, a. a. O., Nr. 76.

[11] Der Grundrechtskatalog war bereits durch ein Reichsgesetz vom 27. Dezember 1848 »im ganzen Umfang des Deutschen Reiches« in Kraft gesetzt worden. Es wurde durch Bundesbeschluß vom 23. August 1851 aufgehoben. Einer solchen Maßnahme bedurfte es hinsichtlich des Entwurfes der Reichsverfassung nicht, da sie keine Rechtskraft erlangt hatte.

Nur eine einzige legislative Maßnahme der Nationalversammlung erlangte – wenn auch nicht unmittelbar – staatsrechtliche Wirkung: Das am 12. April 1849 verabschiedete »Reichsgesetz über die Wahlen der Abgeordneten zum Volkshause« wurde in dem am 18. August 1866 zwischen Preußen und den übrigen norddeutschen Staaten geschlossenen Bündnisvertrag ausdrücklich zur Verfahrensregelung für ein »Parlament« bestimmt, das eine Bundesverfassung beschließen sollte, dessen Inhalt Preußen bereits der Bundesversammlung am 9. April 1866 vorgeschlagen hatte.[12] Das Reichswahlgesetz von 1849 wurde lediglich durch das von den Landtagen der deutschen Staaten verabschiedete »Wahlgesetz für den konstituierenden Reichstag des Norddeutschen Bundes« – für Preußen vom 15. Oktober 1866 – insoweit modifiziert, als § 11 II des Gesetzes die Wahrung des Wahlgeheimnisses bestimmte, das, liberalen Vorstellungen entsprechend, in der ursprünglichen Fassung gefehlt hatte. Im übrigen entsprachen die inhaltlich übereinstimmenden Landesgesetze von 1866 vollständig dem des Reichswahlgesetzes: »Jeder unbescholtene Deutsche, welcher das 25. Lebensjahr zurückgelegt hat«, war aktiv und passiv wahlberechtigt. Lediglich Personen, welche unter Kuratel standen, über deren Vermögen Konkurs eröffnet worden war, »welche eine Armenunterstützung aus öffentlichen oder Gemeindemitteln beziehen oder im letzten der Wahl vorhergegangenen Jahr bezogen haben« und denen schließlich »der Vollgenuß der staatsbürgerlichen Rechte entzogen« worden war, waren nicht teilnahmeberechtigt. Die Wahlhandlung sollte öffentlich sein und »in Person durch Stimmzettel ohne Unterschrift ausgeübt« werden.

Vor möglichen politischen Beeinflussungen von sich sozial abhängig empfindenden Wählern diente zur Wahrung der Kundmachung ihrer eigenen Überzeugung das erst 1866 eingeführte Wahlgeheimnis: »Das Wahlrecht wird in Person durch verdeckte, in eine Wahlurne niederzulegende Stimmzettel ohne Unterschrift ausgeübt«, mithin das Wahlgeheimnis gewährleistet.

Ein derartig demokratisches und die sozioökonomischen Verhältnisse berücksichtigendes Wahlverfahren war damals in Europa ohne Beispiel, um so mehr, als die Volksvertretung, der Reichstag, als Gesetzgebungsorgan besonders durch das Budgetrecht eine einflußreiche Stellung besaß.

Der nach den Grundsätzen des Reichswahlgesetzes von 1849 gewählte norddeutsche Reichstag beschloß am 16. April 1867 mit 230 gegen 53 Stimmen die Verfassung des Norddeutschen Bundes, die am 1. Juli des Jahres in Kraft trat. Da dieser Bundesstaat, wie der Name sagte, nur einen Teil der Deutschen als Angehörige besaß, ist vom deutschen Volk in der Verfassung auch nicht die Rede. Wohl heißt es in Art. 29, daß die Mitglieder des Reichstages »Vertreter des gesamten Volkes und an Aufträge und Instruktionen nicht gebunden« seien, aber dieses Volk konnte nur als Bezeichnung für die Summe der Staatsangehörigen verstanden werden.

Wenn man den Norddeutschen Bund als »den unbekannten Staat« zu apostrophieren beliebt, so gab es in der neueren deutschen Verfassungsgeschichte auch ein »unbekanntes Parlament«, wiewohl es keine geringe Bedeutung besaß: Das aufgrund eines Vertrages zwischen dem Norddeutschen Bund und den süddeutschen Staaten vom 8. Juli 1867 neben einem Zollbundesrat eingesetzte Zollparlament, das aus den Mitgliedern des norddeutschen Reichstages und den nach dem Reichswahlgesetz gewählten süddeutschen Abgeordneten bestand und von 1868 bis 1870, gleichsam als ein Vorläufer

[12] Reichswahlgesetz, in: *Huber*, Dokumente, Bd. 1, Nr. 108a. Das Wahlgesetz von 1866: a. a. O., Bd. 2, Nr. 186. Die zitierten Bestimmungen finden sich in §§ 1, 2 und 13 bzw. §§ 2, 3, 4, 11 und 12 des Gesetzes von 1866.

des deutschen Reichstages, in Berlin tagte. Mit diesem Vertrag hatten die Bemühungen Preußens um eine wirtschaftliche Einheit Deutschlands ihren Abschluß gefunden, die seit 1828 zur Bildung des Deutschen Zollvereins geführt hatten. Ursprünglich ein »Zoll-Staatenbund«, war der »Verein« seit 1867 ein »Zoll-Bundesstaat«. Die 1868 durchgeführten Wahlen zum Parlament gaben nach 1848 zum ersten Mal allen Deutschen in diesem Staatswesen Gelegenheit zu politischer Aktivität. War bereits der Zollverein – von *Metternich* stets beargwöhnt als eine letztlich dem Deutschen Bund gefährliche Institution – ein entscheidendes Mittel auf dem Weg zur politischen Einheit, so trat seine Bedeutung vor allem im Zollparlament in Erscheinung, dessen Aufgaben 1871 dem Reichstag zufielen. Deshalb darf nicht außer acht bleiben, daß »nicht durch Blut und Waffen allein, sondern auch durch Kohle und Stahl sich in Deutschland der Durchbruch zur staatlichen Einheit« in den Jahren vor der Gründung des Deutschen Reiches vollzog.

Dem »unbekannten Staat« folgte nach Anschluß der südlich des Main gelegenen ehemaligen Mitglieder des Deutschen Bundes – außer Österreich – durch die Verträge vom November 1870 und die Vereinbarung vom 8. Dezember 1870 am 1. Januar 1871 das Deutsche Reich. Der norddeutsche Reichstag hatte am 10. Dezember 1870 diese Bezeichnung beschlossen und zugleich »das Präsidium des Bundes« gebeten, hinfort den Titel »Deutscher Kaiser« zu führen. Den »entschlossenen Willen der Nation« zu dieser Entwicklung drückte das Parlament in einer Adresse an den Monarchen aus, die *Eduard von Simson* am 18. Dezember 1870 dem Monarchen, König *Wilhelm I.* von Preußen, überbrachte. In seiner Ansprache wies der Parlamentspräsident auf das »Verlangen des deutschen Volkes« hin, das immer auf eine Wiederherstellung eines deutschen Staates mit der historischen Bezeichnung gerichtet gewesen sei.

In der Erwiderung des Königs hob dieser hervor, der norddeutsche Reichstag sei »berufen gewesen, zu dem Werk der Einigung Deutschlands entscheidend mitzuwirken«, wofür der König dankte, weil durch die »fast einmütige Zustimmung zu den mit den Südstaaten abgeschlossenen Verträgen der Einheit der Nation ein organischer Ausdruck« gegeben worden sei. In diesem Sinne hieß es auch in der am 18. Januar 1871 vom Reichskanzler verlesenen Proklamation des Kaisers an das deutsche Volk, er hoffe, »daß es der deutschen Nation gegeben sein werde, unter dem Wahrzeichen ihrer alten Herrlichkeit das Vaterland einer segensreichen Zukunft entgegen geführt zu sehen«. Auch möge es, fuhr der Monarch fort, »dem deutschen Volke vergönnt sein, den Lohn seiner heißen und opfermutigen Kämpfe in dauerndem Frieden und innerhalb der Grenzen zu genießen«.[13]

Der Monarch durfte von dem durch gewählte Abgeordnete repräsentierten deutschen Volk sprechen, da außer dem norddeutschen Reichstag auch die Landtage von Baden, Hessen, Württemberg und Bayern durch die Ratifizierung der November-Verträge der Staatsgründung zugestimmt hatten, wiewohl das der Wahl dieser Parlamente zugrundeliegende Verfahren nicht dem weitreichenden Gleichheitsprinzip für die Aktivwähler des norddeutschen Reichstages entsprach.[14] Trotzdem besaß das am 1. Januar 1871 gegründete Deutsche Reich ein demokratisches Substrat wie damals kein anderer europäischer Staat, die französische Republik nicht ausgenommen.

[13] Die Zitate in: *Ernst-Rudolf Huber,* Dokumente, Bd. 2, Nr. 187 (Verfassung des Norddeutschen Bundes), 198–205, 210–214, 216b.

[14] Die bayerische Zweite Kammer des Landtages stimmte allerdings den Verträgen erst in einer Kampfabstimmung (mit 102 gegen 48 Stimmen) am 21. Januar zu, doch setzte König *Ludwig II.* die Verträge auch für seine Monarchie rückwirkend auf den 1. Januar 1871 in Kraft.

Das »Gesetz betreffend die Verfassung des Deutschen Reiches«, der revidierte Text der Verfassung des Norddeutschen Bundes, wurde am 14. April 1871 mit allen gegen sieben Stimmen des Reichstages angenommen und trat nach Verkündung durch den Monarchen am 4. Mai 1871 in Kraft. In seiner Präambel wird der »ewige Bund« ausdrücklich als »zur Pflege der Wohlfahrt des deutschen Volkes« geschlossen bezeichnet. Im weiteren Text wird hingegen schlechthin vom Volk als der Summe der Staatsangehörigen gesprochen, so, wenn Artikel 29 – wie bereits im früheren Verfassungstext – die Stellung der Mitglieder des Reichstages als »Vertreter des gesamten Volkes« charakterisiert.[15] Die Stellung des »aus allgemeinen und direkten Wahlen mit geheimer Abstimmung« gemäß Artikel 20 RV hervorgehenden Reichstages entsprach diesem Verfahren zur Repräsentation des Staatsvolkes: Dieses Parlament übte nach Artikel 5 I RV zusammen mit dem Bundesrat die Reichsgesetzgebung aus, worauf »das Präsidium des Bundes« nur indirekt Einfluß zu nehmen vermochte, indem es den Reichskanzler zu ernennen hatte, welcher den Vorsitz im Bundesrat und die Leitung der Geschäfte führte. Außerdem stand ihm »die Ausfertigung und Verkündung der Reichsgesetze und die Überwachung der Ausführung derselben« zu, wie er den Bundesrat und den Reichstag berufen, eröffnen, vertagen und schließen, nicht jedoch auflösen durfte. Dazu bedurfte es vielmehr nach Artikel 24 RV eines Beschlusses des Bundesrates, zu dem der Kaiser allerdings seine Zustimmung erteilen mußte.

Starke Einflußmöglichkeiten standen dem Reichstag durch das Budgetrecht zu Gebote, da gemäß Artikel 96 RV jährlich der Reichshaushalts-Etat durch ein Gesetz festgelegt werden mußte. Außerdem hatte der Kanzler dem Parlament wie dem Bundesrat »über die Verwendung aller Einnahmen des Reiches« gemäß Artikel 72 zur Entlastung jährlich Rechnung zu legen. Auch zur Reichsverteidigung konnte der Reichstag wichtige Bestimmungen treffen, wurde doch »die Friedens-Präsensstärke des Heeres im Wege der Reichsgesetzgebung« gemäß Artikel 60 RV festgestellt. Im übrigen mußten die Ausgaben für die Reichsverteidigung im Haushaltsplan veranschlagt und genehmigt werden.

Im Hinblick auf den Inhalt der Reichsverfassung kann man das Deutsche Reich sowohl als einen Bund seiner 25 Gliedstaaten als auch als einen »Staat der deutschen Nation« qualifizieren[16] und feststellen, daß, »nur weil das Reich die staatliche Verwirklichung der in ihm lebendigen und aktiven Nation war«, es Träger »einer selbständigen Reichsgewalt« werden konnte.

Zwischen dem mittelalterlichen Reich und dem 1870 gegründeten bestand ein beträchtlicher Wesensunterschied. Trotz des Beiwortes »deutscher Nation« war das aus dem Mittelalter stammende Reich kein Nationalstaat. »Die Führungsaufgabe, die der deutschen Nation in ihm zukam, beeinträchtigte die Gleichberechtigung der anderen im Reich vereinten Nationen zu keiner Zeit.« Das Reich von 1870 beruhte hingegen auf dem Herrschaftsanspruch einer einzigen Staatsnation, deren durch Sprache und kulturelle Traditionen miteinander verbundenen Angehörigen eine starke Mehrheit innerhalb des »Staatsvolkes« bildeten. Problematisch entwickelte sich hinfort das Verhältnis zu den völkischen Minderheiten, von denen die Polen bei der Reichstagswahl 1871 4,5 % und die Dänen 0,5 % der Stimmen erhielten. Das Verhältnis der polnischen Stimmen verminderte sich allerdings bis 1887 auf 2,8 %, doch erhielten dafür die Elsaß-Lothringer 3,1 % der Stimmen, so daß – ungeachtet tiefgreifender konfessioneller und politischer Differenzen der Wähler – sich mehr als 6 % von ihnen nicht zum deutschen

[15] Ansprache des Kaisers am 21. Oktober 1918, *Ernst-Rudolf Huber*, Dokumente, Bd. 2, Nr. 347, wo der Monarch auch ausdrücklich den Reichstag als »Volksvertretung« bezeichnet.
[16] *Ernst-Rudolf Huber*, Verfassungsgeschichte, Bd. 3, S. 791.

Volkstum bekannten und sich darüber hinaus als eine Irredenta verstanden.[17] Ihr Stimmenanteil verringerte sich allerdings bis zur Reichstagswahl 1912 auf 5 %, ohne daß sich Volkstumsgegensätze wesentlich entschärft hatten.

Der Weg zur Verfassunggebenden Nationalversammlung und ihrem Werk der Reichsverfassung vom 18. August 1919 war nicht ohne beträchtliche Schwierigkeiten verlaufen, zu denen sowohl die Gefahr einer Räterepublik als auch eines Auseinanderbrechens des Reiches gehörten, Gefahren, die allerdings auch in den folgenden Jahren immer wieder die Republik bedrohten.

Zum ersten Mal in der deutschen Geschichte lautete die Präambel eines Grundgesetzes: »Das deutsche Volk, einig in seinen Stämmen und von dem Willen beseelt, sein Reich in Freiheit und Gerechtigkeit zu erneuern und zu festigen, dem inneren und dem äußeren Frieden zu dienen und den gesellschaftlichen Fortschritt zu fördern, hat sich diese Verfassung gegeben.« Obwohl das Reich als Republik immer noch seinen föderativen Charakter behielt und die Stellung der deutschen Länder im jetzt Reichsrat genannten Organ konstituiert wurde, fanden diese – im Unterschied zur Verfassung des Kaiserreichs – nunmehr in der Präambel keine Erwähnung mehr. Der unitarische Gedanke kam in dem Zusammenhang zwischen dem deutschen Volk und »seinem Reich« zum Ausdruck, wobei es offenblieb, wie die »Stämme« zu definieren waren, weil ihre Erwähnung ausdrücklich auf eine mögliche Entwicklung in der Zukunft hinwies, den föderativen Charakter nach ethnischen Grundlagen zu verändern und dadurch den immer noch vorhandenen staatlichen Charakter der Länder des Reiches mit der Zeit zu liquidieren.

Eine schwere Belastung für die weitere Entwicklung bedeutete der von den Siegermächten durch Artikel 80 des Vertrages von Versailles vom 28. Juni 1919 erzwungene Verzicht auf den Artikel 61 II RV: »Deutschösterreich erhält nach seinem Anschluß an das Deutsche Reich das Recht der Teilnahme am Reichsrat mit der seiner Bevölkerung entsprechenden Stimmenzahl.« Durch Gesetz vom 12. November 1918 hatte sich Deutschösterreich als ein »Glied der deutschen Republik« erklärt und diesen Beschluß im Verfassungsgesetz bestätigt. Deshalb bildete das Verbot des »Anschlusses« einen eindeutigen Verstoß gegen das vom US-amerikanischen Präsidenten *Wilson* als eine der Grundlagen für einen Friedensschluß proklamierte »Selbstbestimmungsrecht der Völker«.[18] Es wurde auch noch gegenüber anderen Teilen des deutschen Volkes mißachtet, wie durch die Abtretung des überwiegend deutsch besiedelten Tirols südlich des Brenner ohne vorherige Volksabstimmung an Italien oder die auf dieselbe Weise erzwungene Aufnahme der Sudetendeutschen in die tschechoslowakische Republik. Ebensowenig fanden Volksabstimmungen über durchgeführte Änderungen der hoheitlichen Verhältnisse in Elsaß-Lothringen, in Eupen-Malmedy und in den Provinzen Westpreußen und Posen statt, wobei sich allerdings für letztere gewiß eine politische Majorität

17 Das lag teilweise daran, daß vor allem in den katholischen Gebieten des Ostens viele sich nicht zur deutschen Nation gehörig fühlende Wähler die Parteien des Zentrums und der Sozialdemokratie wählten. 1912 betrug der Anteil der Elsaß-Lothringer 1,3 %, der Dänen 0,1 % und der Polen 3,6 % der abgegebenen Stimmen. Die Novellierung der Reichsverfassung durch Gesetz vom 28. Oktober 1918, wonach die parlamentarische Verantwortung des nach wie vor vom Kaiser zu ernennenden Reichskanzlers in Artikel 15 bestimmt wurde, blieb Episode, mochte auch der Monarch den nunmehr aus Abgeordneten, darunter solchen der Sozialdemokratie, bestehenden Staatssekretären des Reiches in einer Ansprache seine Überzeugung äußern, er habe durch die Parlamentarisierung der Regierung »den entscheidenden Schritt getan, der das deutsche Volk in neue Verfassungszustände hinüberführt«, wovon er sich eine »neue und breitere Grundlage« für den Bau des Reiches im Innern versprach. Diese neuen Zustände schuf sich dann das deutsche Volk bald darauf ohne monarchische Mitwirkung kraft seiner verfassunggebenden Gewalt.

18 *Jost Delbrück,* Selbstbestimmung und Völkerrecht, Jb. f. Internat. Recht (1967), S. 74 ff.

dem neugebildeten polnischen Staat angeschlossen haben würde, während in Westpreußen andere völkische Verhältnisse bestanden, denen die Siegermächte u. a. dadurch Rechnung zu tragen suchten, daß sie das überwiegend von Deutschen bewohnte Danzig nebst seinem Umland zur »freien Stadt« unter dem Schutz des Völkerbundes erklärten, so daß das verbleibende Gebiet der Provinz, der »polnische Korridor«, überwiegend als polnisch besiedelt gelten durfte. Im Norden schließlich fand eine ursprünglich bereits im Wiener Frieden zwischen Preußen und Österreich 1866 vereinbarte Volksabstimmung statt, welche in drei »Zonen« Schleswig-Holsteins vorgenommen wurde und wo sich die Bevölkerung der ersten Zone mehrheitlich für den Anschluß an Dänemark aussprach. Die daraufhin gezogene Grenze zwischen beiden Staaten entsprach jedoch nicht einwandfrei dem Stimmenverhältnis, benachteiligte vielmehr Orte mit deutscher Majorität, wenn auch, wie sich auch in der Abstimmung in der zweiten Zone zeigte, eine beträchtliche dänische Minderheit südlich der Staatsgrenze angesiedelt war.[19] Weder im deutschen Reichstag noch im preußischen Landtag haben jedoch seitdem nationale Minderheiten eine politische Rolle gespielt.[20]

Seit dem Sommer 1933 vollzog sich dann mit der Auflösung der politischen Parteien, mit Ausnahme der NSDAP, ein Wandel der Verfassung, die man allerdings nicht ausdrücklich aufhob, ebensowenig wie man auf einen vom Volk gewählten Reichstag verzichtete. Sogar das sog. Ermächtigungsgesetz vom 24. März 1933, das auf vier Jahre befristet war, wurde durch Reichstagsbeschluß vom 30. Januar 1937 und vom 30. Januar 1939 jeweils um vier Jahre verlängert, obwohl die im ursprünglichen Gesetz der Reichsregierung erteilte Ermächtigung in Artikel 2 Eingriffe in die »Einrichtung des Reichsrates« verboten hatte, der indessen bereits durch das Gesetz über den Neuaufbau des Reiches vom 30. Januar 1934 aufgehoben worden war. Art. 5 hatte überdies bestimmt, das Gesetz trete »außer Kraft, wenn die gegenwärtige Reichsregierung durch eine andere abgelöst« würde, was bereits im Sommer 1933 nach dem Rücktritt des Ministers *Hugenberg* der Fall gewesen war. Nichtsdestoweniger wurde an der zur Wahrung der Legitimität als erforderlich betrachteten jeweiligen Verlängerung des Ermächtigungsgesetzes festgehalten. Die letzte Maßnahme dieser Art erfolgte durch »Erlaß des Führers über die Regierungsgesetzgebung« vom 10. Mai 1943, wozu er de jure ermächtigt war, da ihm der Reichstag die hierfür notwendigen Befugnisse zu unbeschränkter Herrschaft am 26. April 1942 zuerkannt hatte.

Was 1919 in friedlicher Form der Selbstbestimmung hätte vollzogen werden können, der Anschluß Österreichs und der sudetendeutschen Gebiete an das Reich, führte 1938 zu seiner Stärkung, welche, wäre sie dem Reich als Republik zuteil geworden, gewiß dem Frieden auf der Erde gedient haben würde.[21]

19 Im preußischen Landtag waren bis 1928 noch zwei Vertreter von Minderheiten.

20 Ausführlich: *Richard Breyer* (Hrsg.), Deutschland und das Recht auf Selbstbestimmung seit dem Ersten Weltkrieg (1985).

21 Nachdem aufgrund einer Volksabstimmung das Saargebiet 1935 wieder ein Teil des Deutschen Reiches geworden war, erfolgte die Wiedervereinigung Österreichs durch Gesetz vom 13. März 1938 und die der sudetendeutschen Gebiete durch solches vom 21. November 1938. Durch einen Führererlaß vom 16. März 1939 gehörte seitdem Böhmen und Mähren »zum Gebiet des Großdeutschen Reiches und unter dessen Schutz«. Hingegen wurden das Memelland und die Freie Stadt Danzig durch Gesetze vom 23. März und 1. September 1939 wieder mit dem »Deutschen Reich« vereinigt. Ebenfalls »im Verbande des Deutschen Reiches« wurden durch Führererlaß vom 8. Oktober 1939 die Reichsgaue Danzig-Westpreußen und Wartheland gebildet. Ebenfalls durch Führererlaß wurden Eupen, Malmedy und Moresnet am 18. Mai 1940 mit dem Deutschen Reich vereinigt. Dasselbe geschah 1940 mit Elsaß-Lothringen und Luxemburg, 1941 mit der Untersteiermark und einem Teil von Kärnten. Staatsrechtlich offen blieb die Stellung der Reichskommissariate Ostland und Ukraine.

Als der Staat der Deutschen die Bezeichnung »Großdeutsches Reich« erhielt, konnte es sich bereits gegen die Übermacht seiner Feinde nicht mehr erfolgreich verteidigen. In jenen Jahren hatte man schon viele Angehörige des Deutschen Reichs diskriminiert und schließlich ausgestoßen und am Ende ermordet, die seit Beginn des konstitutionellen Zeitalters ohne rechtliche Zweifel als solche betrachtet wurden: die Juden, für deren Separation von den Deutschen man Rassenunterschiede zur Grundlage heranzuziehen suchte, ohne doch dadurch die Maßnahme selbst wie das folgende Vorgehen gegen diese Minderheit rechtfertigen zu können. Auch eine andere sich volksmäßig von den Deutschen unterscheidende Minderheit, die Zigeuner, wurde Opfer einer rechtlosen Vernichtung. Schließlich wurde auch die bis 1939 im Gebiet des Reiches noch als Minderheit geduldete Volksgruppe der Polen in den dem Deutschen Reich zugeschlagenen Gebieten im Osten diskriminiert und unterdrückt.

Im Jahre 1941 waren erstmals alle Deutschen – mit Ausnahme der in Dänemark und in Südtirol lebenden – in einem staatlichen Verband vereint, dessen Umfang im wesentlichen dem des mittelalterlichen Reiches entsprach, im Osten allerdings beträchtlich und im Norden zu einem Teil darüber hinausreichte. Lediglich der letzte Rest des Deutschen Bundes, das Fürstentum Liechtenstein, blieb außerhalb seiner Grenzen. Hatte das »alte« Reich auch manche Nichtdeutsche problemlos umfaßt, wie in den Ländern der böhmischen Krone oder in den Westgebieten des späteren Belgien, so war jetzt eine Menge von »Fremdvölkischen« sowohl ohne jede Möglichkeit, sich zu entscheiden, in den Reichsverband aufgenommen worden, als auch ohne einen rechtlich gesicherten Minderheitenschutz zu genießen.

Mit der größten Ausdehnung des Reichsgebietes begann aber auch schon der allmähliche Verlust der eigenen Staatlichkeit einzusetzen.

Am 8. Mai 1945 hatten die Truppen der Alliierten das ganze Gebiet des Deutschen Reiches – mit einer kleinen Ausnahme im Norden – besetzt. Durch Kapitulation stellte das Oberkommando der Wehrmacht den aussichtslos gewordenen Kampf ein. Nachdem auch um eine Kontinuität des Reiches bemühte Mitglieder der Regierung an der Ausübung ihres Amtes durch Festnahme verhindert worden waren, fiel die Verantwortung für die politischen Verhältnisse in Deutschland den alliierten Siegermächten zu.

Am 5. Juni 1945 erklärten die Siegermächte, die oberste »Authority« in Deutschland zu übernehmen, da eine deutsche Regierung nicht mehr vorhanden sei, ohne damit Deutschland annektieren zu wollen. Das deutsche Volk fand in dieser Erklärung keine Erwähnung, wohl aber im Potsdamer Abkommen vom 2. August 1945, wo ihm die Verantwortung für die Folgen der Niederlage auferlegt wurde.[22]

In der Präambel des Grundgesetzes für die Bundesrepublik Deutschland wird dann in einem Hoheitsakt am 23. Mai 1949 die Legitimation des deutschen Volkes in den »Ländern« der von den westlichen Alliierten besetzten Zone zum Ausdruck gebracht, in der Wahrnehmung ihrer verfassunggebenden Gewalt auch für »jene Deutschen gehandelt« zu haben, denen »mitzuwirken versagt war«. Seitdem bleibt jedoch das »gesamte deutsche Volk aufgefordert, in freier Selbstbestimmung die Freiheit und Einheit Deutschlands zu vollenden«.

Dieses »deutsche Volk« wird dann noch einmal im Grundgesetz – außer dem letzten Artikel 141 GG – in einem wichtigen Zusammenhang erwähnt: Die Eidesformel in Artikel 56 II GG verpflichtet den Bundespräsidenten und die Mitglieder der Bundesregierung, ihre »Kraft dem Wohle des deutschen Volkes zu widmen, seinen Nutzen zu meh-

[22] Im Abschnitt Politische und wirtschaftliche Grundsätze und Ökonomische Grundsätze (II und B 19), in: Dokumente des geteilten Deutschland, eingeführt von *Ingo von Münch* (1967), S. 19 f. und 32 ff. (36).

ren, Schaden von ihm zu wenden« sowie Verfassung und Rechtsnormen zu beachten. Der Inhalt dieses Gelöbnisses nimmt die Schwörenden in eine Pflicht, die sie zwingt, sich bei der Erfüllung ihrer Aufgaben stets ihrer Verantwortung für alle Deutschen bewußt zu sein.

Der Anspruch auf Ausübung der verfassunggebenden Gewalt des deutschen Volkes wurde bald nach Inkrafttreten des Grundgesetzes auch in der Präambel der ersten Verfassung der Deutschen Demokratischen Republik vom 7. Oktober 1949 erhoben, wo es heißt, es habe »sich das deutsche Volk diese Verfassung gegeben« und in Art. 1 bestimmt wird, »die Republik« entscheide »alle Angelegenheiten, die für den Bestand und die Entwicklung des deutschen Volkes in seiner Gesamtheit wesentlich« seien. Deshalb gibt es, wie es heißt, auch »nur eine deutsche Staatsangehörigkeit«.[23]

Eine gebietliche Einschränkung des Geltungsbereiches enthält dann aber die Präambel der DDR-Verfassung vom 9. April 1968. Die Präambel beginnt zwar noch mit »der Verantwortung, der ganzen deutschen Nation den Weg in eine Zukunft des Friedens und des Sozialismus zu weisen« als Legitimationsgrundlage für den Erlaß der Verfassung, doch heißt es im weiteren, es habe »sich das Volk der Deutschen Demokratischen Republik diese sozialistische Verfassung gegeben«. Dementsprechend beginnt Art. 1 mit dem Satz: »Die Deutsche Demokratische Republik ist ein sozialistischer Staat deutscher Nation.« Art. 6 I DDR-Verfassung nimmt dann noch einmal die »Interessen des deutschen Volkes und der internationalen Verpflichtung aller Deutschen« in Anspruch, denen entsprechend die Republik »auf ihrem Gebiet den deutschen Militarismus und Nazismus ausgerottet« habe.

Art. 8 der DDR-Verfassung schließt dann mit dem Satz, die Republik und ihre Bürger »erstreben die Überwindung der vom Imperialismus der deutschen Nation aufgezwungenen Spaltung Deutschlands, die schrittweise Annäherung der beiden deutschen Staaten bis zu ihrer Vereinigung auf der Grundlage der Demokratie und des Sozialismus«.

Nach der Präambel der geltenden Verfassung der DDR vom 7. Oktober 1974 »hat sich das Volk der Deutschen Demokratischen Republik diese sozialistische Verfassung gegeben«. Der noch in der ersten Verfassung vom 7. Oktober 1949 deutlich hervorgehobene Anspruch, für »das deutsche Volk« oder gar die »ganze deutsche Nation« gehandelt zu haben, wurde dann 1968 auf den Raum der DDR eingeschränkt und auch später nicht wieder aufgenommen. Statt dessen bestimmt Art. 6 der Verfassung vom 7. Oktober 1974, die Republik sei »für immer und unwiderruflich mit der Union der Sozialistischen Sowjetrepubliken verbunden«.

Dementsprechend stellte der Generalsekretär des Zentralkomitees der Sozialistischen Einheitspartei Deutschlands und Staatsratsvorsitzendem der Deutschen Demokratischen Republik, Erich Honecker, am 22. November 1984 fest: »Das Deutsche Reich ist untergegangen«, weshalb nun »zwei deutsche Staaten, deren Hoheitsgewalt jeweils auf sein Staatsgebiet beschränkt ist«, bestünden.[24]

Eine Harmonisierung der von zwei Staaten erhobenen Ansprüche, die Belange der ganzen Nation rechtmäßig zu wahren, ist derzeit um so weniger zu erwarten, als die Prinzipien, auf denen die Verfassung der Bundesrepublik und der Deutschen Demokratischen Republik beruhen, wegen ihrer elementaren Unterschiedlichkeit einen Kom-

[23] Artikel 5 Abs. 4 wurde diesem Verfassungstext durch Gesetz vom 6. Oktober 1955 eingefügt: »Der Dienst zum Schutz des Vaterlandes ist eine ehrenvolle nationale Pflicht der Bürger der Deutschen Demokratischen Republik.« – Verfassungstexte in: *H. Hildebrandt* (Hrsg.), Die deutschen Verfassungen des 19. und 20. Jahrhunderts, 11. Aufl. (1979).

[24] *v. Münch,* a. a. O., S. 461.

promiß nicht erwarten lassen. Auch von den Siegermächten ist bislang nichts unternommen worden, was zu einer wie auch immer gearteten Wiederherstellung einer politischen Einheit der deutschen Nation führen könnte.

Nach jahrelangen erfolglosen Verhandlungen über die staatliche Ordnung Deutschlands schien zwar eine sowjetische Note an die früheren Verbündeten vom 10. März 1952 eine realisierbare Lösung zu eröffnen. Es wurde darin vorgeschlagen, einen Friedensvertrag mit Deutschland abzuschließen, in dem es heißen sollte: »Deutschland wird als einheitlicher Staat wiederhergestellt« (Artikel 1) und »Dem deutschen Volke müssen die demokratischen Rechte gewährleistet sein« (Artikel 3). Da jedoch dieser Vorschlag – ebenso wie ein weiterer vom 10. Januar 1959 – eine Episode ohne politische Wirkung für Deutschland blieb, braucht hier nicht weiter darauf und auf die Gründe für den mangelnden Erfolg eingegangen zu werden.

Ein Stufenplan zur Wiedervereinigung Deutschlands war dann der »Herter-Plan« vom 14. Mai 1959, benannt nach dem damaligen US-amerikanischen Außenminister, der jedoch von der Sowjetunion abgelehnt wurde. Indessen besitzt staats- und völkerrechtliche Bedeutung der »Brief zur deutschen Einheit«, den die Regierung der Bundesrepublik Deutschland anläßlich der Vertragsunterzeichnung mit der UdSSR am 12. 8. 1970 dem sowjetischen Außenministerium übersandte, worin festgestellt wurde, daß der abgeschlossene »Vertrag nicht im Widerspruch zu dem politischen Ziel der Bundesrepublik Deutschland« stehe, das darauf gerichtet sei, daß »das deutsche Volk in freier Selbstbestimmung seine Einheit wiedererlangt«.

Eine gemeinsame Resolution der vier im Deutschen Bundestag vertretenen Parteien zum deutsch-sowjetischen und zum deutsch-polnischen Vertrag vom 17. Mai 1972 hob diesen Grundsatz ebenfalls hervor, daß nämlich die abgeschlossenen »Verträge eine friedensvertragliche Regelung für Deutschland nicht vorweg(nähmen) und keine Rechtsgrundlage für die heute bestehenden Grenzen (schüfen)«.

Im übrigen würde »das unveräußerliche Recht auf Selbstbestimmung durch die Verträge nicht berührt«. Zum Schluß wird hervorgehoben, die Bundesrepublik gehe davon aus, »daß die Prinzipien der Entspannung und der guten Nachbarschaft in vollem Maße auf das Verhältnis zwischen den Menschen und Institutionen der beiden Teile Deutschlands Anwendung finden werden«.[25]

Zum Bericht zur »Lage der Nation« erklärte der Deutsche Bundestag am 9. Februar 1984: »Unser Land ist geteilt, aber die deutsche Nation besteht fort.« Deshalb bekräftigte das Parlament »das dem deutschen Volke zustehende Recht auf friedliche Verwirklichung seines Selbstbestimmungsrechtes«.

Das Staatsoberhaupt der Bundesrepublik Deutschland, Bundespräsident Dr. von Weizsäcker, erläuterte bald darauf »Nation als Ausdruck des Bewußtseins und Willens eines Volkes«, weshalb die Deutschen »in einem menschlichen, historischen und zukunftsverantwortlichen Sinne zusammengehören«.[26]

Die fortdauernde Zusammengehörigkeit hob auch eine Erklärung der SPD-Fraktion des Deutschen Bundestages vom 6. November 1984 hervor, wo es unter Ziff. 12 heißt:

[25] *Wolfgang Marienfeld,* Das Deutschlandproblem in seiner geschichtlichen Entwicklung (1981), Dokumente Nr. 6, 10, 12, 18 und 21. Außerdem (Dokument 12) ein sowjetischer Entwurf eines Friedensvertrages für Deutschland vom 10. Januar 1959, wo Artikel 22 beginnt, die vertragschließenden Mächte »erkennen das Recht des deutschen Volkes auf Wiederherstellung der Einheit Deutschlands an« und bekundeten ihre Bereitschaft, den »beiden deutschen Staaten jegliche Unterstützung zur Erreichung dieses Zieles zu gewähren«.

[26] Interview des Bundespräsidenten am 19. August 1984, in: Texte zur Deutschlandpolitik (hrsg. vom Bundesministerium für innerdeutsche Beziehungen, Reihe III, Bd. 2, 1985, S. 318).

»Die deutsche Nation ist eine von der Teilung unabhängige Realität, die sich in dem Zusammengehörigkeitsgefühl der Menschen in beiden deutschen Staaten ausdrückt.«[27] Es müßten dabei die Wiedervereinigungsbemühungen auf eine Bewahrung der »freiheitlichen Verfassung« gerichtet sein, weil für Sozialdemokraten »Freiheit und Sozialismus zusammengehören«. Deshalb bleibt zunächst die »deutsche Nation eine Klammer für Gesamtdeutschland«, ein »Synonym für das ›deutsche Staatsvolk‹«. Es wäre nach Ansicht des Bundesverfassungsgerichts »die Aufgabe einer unverzichtbaren Rechtsposition«, welche »im Widerspruch zum Gebot der Wiedervereinigung« stünde, wollte man die »Formel ›deutsche Nation‹ nur noch als den Begriff einer im Bewußtsein der Bevölkerung vorhandenen Sprach- und Kultureinheit« verstehen.[28]

»Für das Volk, in dessen Namen« Bundespräsident *Richard von Weizsäcker* sprach, erklärte darum sein Repräsentant: »Auch für uns bleibt die Nation ein unentbehrliches Fundament des menschlichen und politischen Gemeinwesens.«[30]

[27] A. a. O., S. 426 ff.

[28] Bundesverfassungsgericht vom 31. Juli 1973, in: BVerfGE 36, 1 ff.

[29] Bundespräsident *Richard von Weizsäcker* auf dem Weltkongreß der Historiker in Stuttgart am 25. August 1985 (Bulletin 91/85 vom 30. August 1985).

Otto Luchterhandt

Grundrechte und Grundpflichten im geteilten Deutschland*

A. Zum Gegenstand

I. Die Entstehung der Begriffe in Deutschland

Die heute nicht nur im Landesrecht, sondern auch im Völkerrecht verbreiteten Begriffe der »Grundrechte« und »Grundpflichten« sind in besonderer Weise mit der deutschen Verfassungsgeschichte verbunden, denn hier kam ihr staatsrechtlicher Gebrauch zur Entstehung. Beide Ausdrücke fielen erstmals in den Verfassungsberatungen der Paulskirche 1848: Der Kölner Abgeordnete Venedey[1] brachte im Vorparlament einen Antrag »Grundrechte des deutschen Volkes« ein, eine gegenüber den im Vormärz verbreiteten »allgemeinen Rechten« neue Formulierung, die sich rasch durchsetzte und in die Reichsverfassung hineingelangte (Überschrift des VI. Abschnittes). Von »Grundpflicht« wurde – ausweislich der Protokolle – nur einmal, im Zusammenhang mit der Wehrpflicht gesprochen[2]; der Pflichtgedanke wurde, anders als in vielen Verfassungen des Vormärz, nicht zu einer selbständigen Größe neben den Rechten angehoben, sondern insgesamt von einem weiten, eher objektiven Grundrechtsverständnis mitumfaßt.

Die Ausdrucksweise »Grundpflichten und Grundrechte« der Bürger taucht dann erstmals in der Staatsrechtslehre auf, und zwar zur Zeit der Reichsgründung in Hermann Schulzes »Preußischem Staatsrecht«[3], wobei die von ihm absichtsvoll vorgenommene Voranstellung der Pflichten die damalige »realpolitische« Ernüchterung des Zeitgeistes nach der mißlungenen Revolution von 1848/49, seine Wendung zum preußisch-deutschen Machtstaatsdenken widerspiegelt. Schule machte die Formel jedoch nicht, lediglich Philipp Zorn übernahm sie nach der Jahrhundertwende[4].

Unter ganz anderen politischen Umständen und von neuen staatsphilosophischen und staatsrechtlichen Gedanken getragen, entsteht dann die Überschrift des Zweiten

* Die hier vorgelegte theoretisch-dogmatische Skizze ist ein erster Versuch, den Ertrag zweier Monographien des Verfassers über die Grundpflichten in der DDR und in der Bundesrepublik zu einem Vergleich zu verbinden. Ich verzichte auf einen umfangreichen Anmerkungsapparat und verweise statt dessen – auch hinsichtlich der Begründungen und Einzelheiten – auf: Der verstaatlichte Mensch. Die Grundpflichten des Bürgers in der DDR, Köln/Berlin/Bonn/München 1985; Grundpflichten als Verfassungsproblem in Deutschland. Geschichtliche Entwicklung und Grundpflichten unter dem Grundgesetz, Berlin 1988 (Schriften zum öffentlichen Recht).

1 Verhandlungen des deutschen Parlaments, hrsg. von Jucho, 1. Lieferung, Frankfurt a. M. 1848, S. 141.

2 So der preußische Oberst v. Stavenhagen, Abgeordneter aus Berlin, vgl. Wigard, Franz (Hrsg.), Stenographischer Bericht über die Verhandlungen der deutschen Nationalversammlung, Frankfurt a. M. 1848/49, 2. Band, S. 1330.

3 Preußisches Staatsrecht auf der Grundlage des deutschen Staatsrechts. 1. Band, Leipzig 1872, S. 365 ff.; ferner ders.: Lehrbuch des deutschen Staatsrechts. 2. Buch, Leipzig 1886, S. 27.

4 Roenne, Ludwig v./Zorn, Philipp, Das Staatsrecht der preußischen Monarchie, 2. Band, 5. Aufl., Leipzig 1906, S. 79 ff.

Hauptteils der Weimarer Reichsverfassung »Grundrechte und Grundpflichten der Deutschen«, und sie entfaltet als wesentliches Element dieser modernen, ausgeprägt demokratischen und sozialstaatlichen Grundordnung eine erhebliche Ausstrahlung. Der Titel des einschlägigen (X.) Abschnittes der Sowjetverfassung von 1936 beruht wesentlich auf dem deutschen Vorbild, das so vor allem in dem sich nun bildenden Verfassungsrechtskreis der sozialistisch-kommunistischen Staaten weiterwirkt[5] und so, in sozialistischer Brechung, sich heute auch in der DDR-Verfassung wiederfindet.

II. Die Grundrechte: Zentrum des Systemvergleichs

Seit der Existenz der beiden deutschen Staaten stehen die Grundrechte im Mittelpunkt des zwischen ihnen durchgefochtenen Systemvergleichs. In den Grundrechten vor allem materialisiert sich der zwischen ihnen ausgetragene Legitimitätsstreit, ein Streit, der von Anfang an auf beiden Seiten sehr bewußt geführt wurde, in welchem die DDR – nun im Zeichen der internationalen Menschenrechtsauseinandersetzung – jedoch deutlich in die Defensive gekommen ist. Die prominente Rolle der Grundrechte beider Verfassungen in diesem geistigen Bürgerkrieg ist nur allzu verständlich, da sich in den Grundrechten des Grundgesetzes die entschlossene Abkehr vom Totalitarismus jeder Couleur am entschiedensten zeigt.

Noch ganz beherrscht von den leidvollen Erfahrungen mit dem Menschenrechtsnihilismus des »Dritten Reiches« (»Du bist nichts, Dein Volk ist alles!«) und in kritischer Auseinandersetzung mit dem gescheiterten Weimarer Verfassungswerk, suchte der Parlamentarische Rat entschlossen Anschluß an die westliche Verfassungstradition. Zwar übernahm man jenen Art. 1 Abs. 1 des Verfassungsentwurfes von Herrenchiemsee nicht (»Der Staat ist um des Menschen willen da, nicht der Mensch um des Staates willen«), aber die Setzung des Grundrechtsteiles an den Anfang und die der Menschenwürdegarantie an die Spitze des Grundgesetzes ließen an der materiellen Geltung jenes Satzes keinen Zweifel. Starke Impulse empfing diese Rückbesinnung auf den Höchstwert der menschlichen Person aus der Renaissance des humanen Naturrechtsdenkens in jener Zeit, aus der sich damals vollziehenden Erneuerung des Menschenrechtsethos und insbesondere aus den Arbeiten an der Allgemeinen Erklärung der Menschenrechte vom 10. Dezember 1948. Nicht zuletzt aber war es auch die lebendige Gegenwart der stalinistischen Parteidiktatur, die sich gerade jetzt zur Etablierung einer Neuauflage des totalitären Weltanschauungsstaates auf deutschem Boden – in der SBZ/DDR – unter anderer Färbung anschickte.

Die SED stellte ihre politischen Ordnungsvorstellungen als den gründlichsten Neuanfang gegenüber dem NS-Staat (»Antifaschismus«) und sich selbst als die entschiedenste und wahre Vorkämpferin für Menschenwürde und Demokratie in Deutschland hin. Sie dachte bei diesen Begriffen vor allem an eine soziale Revolution, in deren Verlauf die bürgerlich-liberalen Elemente des Verfassungskompromisses von 1949 einer sozialistischen Verfassungstransformation weichen sollten. Sie glaubte, die humanen Grundwerte des demokratischen Verfassungsstaates durch eine tiefgreifende Veränderung der Gesellschaft mit einem neuen, allseits überzeugenden sozialen Inhalt füllen zu können, der ihrer Staatsschöpfung ein höheres Maß an Legitimität vor dem deutschen Volk bescheren würde. Diese Überzeugung spricht jedenfalls aus der Präambel zur ersten gesamtdeutsch konzipierten DDR-Verfassung vom 7. 10. 1949 (mögen hinter ihr teilweise

[5] Zu diesen Zusammenhängen vgl. Luchterhandt, Otto, Der verstaatlichte Mensch, Köln/Berlin/Bonn/München 1985, S. 16 ff.

auch Zynismus und Opportunismus gestanden haben): »Von dem Willen erfüllt, die Freiheit und die Rechte des Menschen zu verbürgen, das Gemeinschafts- und Wirtschaftsleben in sozialer Gerechtigkeit zu gestalten, dem gesellschaftlichen Fortschritt zu dienen, die Freundschaft mit allen Völkern zu fördern und den Frieden zu sichern, hat sich das deutsche Volk diese Verfassung gegeben.«

So konkretisierte sich in den Grund- und Menschenrechten, in ihrer Interpretation und in dem Problem ihrer rechtlich institutionalisierten Geltung bzw. Durchsetzbarkeit der Systemgegensatz zwischen den beiden deutschen Staaten und ein wesentlicher Teil der Systemauseinandersetzung. Das hatte zur Folge, daß die Lage der Menschenrechte im geteilten Deutschland seit der Spaltung zu den am besten und kontinuierlich untersuchten Lebensbereichen gehört.

Für die Verfassungsordnung der Bundesrepublik ist dies angesichts der Möglichkeit der Grundrechtsbeschwerde zum Bundesverfassungsgericht, angesichts seiner reichhaltigen Grundrechtsjudikatur und der sich wesentlich daran anschließenden Grundrechtsdogmatik als einem Kernbereich des Verfassungssystems nicht nur selbstverständlich, sondern hat dazu geführt, daß die heutige Staatsrechtswissenschaft in der Bundesrepublik zu einem beträchtlichen Teil »Grundrechtswissenschaft« geworden ist[6].

Ungleich weniger hat sich die DDR-Staatsrechtswissenschaft mit den Grundrechten befaßt; vor allem aber unterscheidet sich diese Beschäftigung völlig von der in der Bundesrepublik. Das Grundrechtsschrifttum der DDR, das Ende der 50er Jahre überhaupt erst einsetzt, beschränkt sich ganz überwiegend darauf, die zentralen ideologischen Theoreme des Marxismus-Leninismus zum Verhältnis zwischen Individuum, Kollektiven und Staat darzulegen; es ist weitgehend entweder staatsethisch orientierte Erziehungsliteratur und als solche bestenfalls graduell von politischer Massenpropaganda unterschieden oder aber hochgradig abstraktes, rechtstheoretisch ambitioniertes Schrifttum. Charakteristisch ist in beiderlei Hinsicht, daß die Autoren weithin sogar auf einen konkreten positiven Verfassungsbezug verzichten[7]. Die Untersuchung der Frage, welche rechtspraktische Bedeutung die Grundrechtsbestimmungen in der Verfassung für die Staatsorgane – Gesetzgeber, Gerichte und Behörden – und für den Bürger eigentlich haben, wie es mit ihrer Normativität und Verbindlichkeit bestellt ist, spielt bis heute keine oder nur eine gänzlich untergeordnete Rolle. Es gibt – bezeichnenderweise – nur ganz wenige rechtswissenschaftliche Untersuchungen zu einzelnen Grundrechten. Einen erheblichen Stellenwert besitzt durchweg die Polemik gegenüber »dem bürgerlichen« Grundrechtsverständnis, eine Komponente, die den unfruchtbaren Propagandacharakter dieser Literaturgattung unterstreicht[8].

Die Defizite der DDR-Grundrechtsliteratur sind durch eine in der Bundesrepublik fortlaufend betriebene kritische Analyse der Rechtsstellung des einzelnen im SED-Staat weitgehend ausgeglichen worden, auch wenn noch mancherlei Lücken – insbesondere auf dem Gebiet der sozialen Grundrechte – bestehen[9].

6 So Randelzhofer, Albrecht, Die Pflichtenlehre bei Samuel Pufendorf, Berlin/New York 1983, S. 10.

7 Diese Beobachtung machte der Verfasser nahezu durchgehend bei seiner Analyse des DDR-Grundrechtsschrifttums. Vgl. Der verstaatlichte Mensch (Anm. 5), S. 60 ff.

8 Vgl. dazu Kaschkat, Hannes, Die sozialistischen Grundrechte in der DDR. Ihre Funktion und Entwicklung, Dissertation, Würzburg 1976, passim.

9 Am Institut für Ostrecht der Universität zu Köln läuft zur Zeit ein Forschungsauftrag zu diesem Gegenstand.

III. Die wissenschaftliche Vernachlässigung der Grundpflichten

Ein gänzlich anderes Bild zeigt sich bei den Grundpflichten; um sie ist es in beiden deutschen Staaten verhältnismäßig still gewesen.

a) DDR

Die DDR-Staatsrechtslehre hat bis heute keine Monographie über die Grundpflichten hervorgebracht, weder eine allgemeine noch eine Einzeldarstellung. Dies ist um so erstaunlicher, als Grundpflichtenbestimmungen im Verfassungsrecht von Anfang an einen ziemlichen Raum bei der Umschreibung der Rechtsstellung des einzelnen eingenommen haben und einnehmen. Die Verfassung vom 7. 10. 1949 spricht zwar im Unterschied zur Weimarer Reichsverfassung nicht ausdrücklich von Grundpflichten, aber materiell berücksichtigt sie diese durchaus als Aspekte der demokratischen Ordnung, von Wirtschaft, Bildung und Familie. Mitgestaltung der öffentlichen Angelegenheiten, Verfassungsschutz und Widerstand, Steuerzahlung, sozialer Eigentumsgebrauch, Schulbesuch und Kindererziehung wurden zu Bürgerpflichten, überwiegend zugleich auch zu Bürgerrechten erklärt. Die geltende Verfassung von 1968/1974 ist noch darüber hinausgegangen, indem sie auf der Linie der Weimarer Reichsverfassung, der Sowjetverfassung (1936) und des SED-Verfassungsentwurfes vom 14. 11. 1946 die Stellung des einzelnen unter die Überschrift »Grundrechte und Grundpflichten der Bürger« stellt und den Pflichtenkatalog um solche wesentlichen Bereiche wie »Arbeit« und »Landesverteidigung« erweitert[10]. Die Verbindung bzw. »Einheit« von Recht und Pflicht ist dadurch als Aufbau- und Strukturprinzip bei der Ausgestaltung der Grundrechtsstellung des Bürgers nachhaltig unterstrichen worden. Dieses in der kommunistischen Rechtslehre traditionell stark betonte Prinzip führt im DDR-Schrifttum vielfach dazu, daß es dort, wo vordergründig von »Grundrechten« die Rede ist, tatsächlich um Pflichten geht. Das kann nicht sonderlich verwundern, da die durch das Einheitsprinzip verbundenen Rechte und Pflichten auf bestimmte Lebensbereiche oder öffentliche Institutionen verweisen, die vom objektiven Recht geordnet und das heißt: primär von Pflichten bestimmt sind. Dies und die sich aus der propagandistischen Verteidigung des Systems einstellende Fixierung auf die Grund- und Menschenrechte machen es erklärlich, daß in der DDR-Literatur »Grundpflichten« expressis verbis nur wenig in Erscheinung treten.

b) Bundesrepublik

Bis zum Beginn der 80er Jahre spielte die (Grund-)Pflichtenproblematik in der bundesdeutschen Staatsrechtslehre keine Rolle. Zwar wurden in den 50er Jahren noch manches Mal Überlegungen zu den Bürgerpflichten, insbesondere bei der Interpretation des Sozialstaatsprinzips und der Schrankentrias des Art. 2 Abs. 1 GG angestellt, aber letztlich blieben dies periphere, überwiegend im allgemeinen verharrende staatsethische und staatsphilosophische Bemerkungen neben dem alles beherrschenden Bemühen um die

[10] Dafür sind – bezeichnenderweise – Verfassungsschutz und Widerstand herausgenommen worden.

[11] Art. 6 Abs. 2 (elterliche Erziehungspflicht); Art. 14 Abs. 2 (Sozialpflichtigkeit des Eigentums); Art. 12 Abs. 2 (Vorbehalt herkömmlicher Dienstpflichten); Art. 25 Satz 2 (Bindung an die allgemeinen Regeln des Völkerrechts); Art. 33 Abs. 1, Art. 140 i. V. m. Art. 136 Abs. 1 WRV (staatsbürgerliche Pflichtengleichheit).

Grundrechte. Im Unterschied zur DDR war diese Einseitigkeit freilich angesichts des Verfassungstextes durchaus verständlich. Denn in seiner ursprünglichen Fassung berücksichtigt das Grundgesetz die Dimension der Pflichten nur vereinzelt[11]. Der Parlamentarische Rat hatte sich gegen eine breitere Berücksichtigung von Pflichten des Menschen und Bürgers ausgesprochen. Er hielt sie weitgehend für entbehrlich, mit der Begründung, daß sie teils unter die Grundrechtsschranken fielen, teils nur staatsethischer Natur seien und daher einen Fremdkörper in einer Verfassung bildeten, deren Sätze ausnahmslos rechtlich verbindlich sein sollten. Konsequenterweise lehnte er denn auch eine ausdrückliche Hervorhebung von »Grundpflichten« nach dem Vorbild des Zweiten Hauptteils der Weimarer Reichsverfassung und einiger Landesverfassungen ab.

Zwar verstärkte die Einfügung der Wehrverfassung (1954/1956) und der Notstandsverfassung (1968) die Präsenz der Pflichten im Grundgesetz nicht unerheblich, literarisch wurden sie im Zuge dessen von der Staatsrechtslehre allerdings nicht aufgewertet; es blieb still um sie. Daran änderten auch nichts die Landesverfassungen, welche zwar überwiegend – unter dem Einfluß des Weimarer Vorbilds – die Pflichten des Menschen und Bürgers relativ ausführlich normieren, den Akzent dabei jedoch eindeutig auf das Sittliche legten und infolgedessen noch weniger juristisches Interesse fanden als die im Schatten des Grundgesetzes stehenden (Landes-)Grundrechte.

Seit dem Ende der 70er Jahre läßt sich jedoch ein deutliches Ansteigen des Interesses für Grundpflichten in der bundesdeutschen Staatsrechtslehre beobachten. Ob dieser Wandel das Werk eines sich konservativer artikulierenden Zeitgeistes ist, wie verschiedentlich vermutet wurde, erscheint zweifelhaft. Man wird den Grund vielmehr darin zu suchen haben, daß in der Bundesrepublik aktuelle politische Konflikte in zentralen Bereichen staatsbürgerlicher Pflichterfüllung aufgebrochen sind: 1. Den Anfang machte die Diskussion um die Treuepflicht der Beamten und Angestellten im öffentlichen Dienst aufgrund des Ausschlusses sogenannter Radikaler von seinem Zugang; 2. die Jahr für Jahr gestiegenen Kriegsdienstverweigererzahlen, die Auseinandersetzung um die faktische Abschaffung der Gewissensprüfung und die einschlägigen Entscheidungen des Bundesverfassungsgerichts zu Wehr- und Zivildienst; 3. die steigende Verdrossenheit über die an eine Obergrenze stoßende Abgabenbelastung der Bürger, die sich insbesondere in einer tiefer gesunkenen Steuermoral bzw. in bedenklich um sich greifenden Steuerhinterziehungen niederschlug; 4. der von beachtlichen Minderheiten praktizierte »zivile Ungehorsam« und »Widerstand« gegenüber Entscheidungen namentlich in bezug auf den Bau umweltbelastender Großprojekte (Kernkraftwerke, Flughäfen usw.), gegenüber der Aufstellung von Mittelstreckenraketen (»Nachrüstung«). Diese und weitere Vorgänge zeigen, daß sich in unterschiedlichen gesellschaftlichen Gruppen und Schichten ein Protestpotential formiert hat, dessen Motive und Verhaltensweisen erhebliche Legitimitätskonflikte signalisieren. Die Erfüllung zentraler Gemeinschaftspflichten kann seither nicht mehr in gleichem Maße auf Selbstverständlichkeit zählen wie in früheren Jahrzehnten[12].

[12] Auch in der *DDR* deuten viele Anzeichen darauf hin, daß der Konflikt um die Legitimität des SED-Regimes sich offener artikuliert. Der Bürgerprotest entzündet sich auch dort an den globalen Problemen der »Friedenssicherung« und »Umweltbewahrung«, doch geht es dabei in erster Linie um die Durchsetzung der klassischen Grund- und Menschenrechte, um Meinungs-, Versammlungs-, Vereinigungsfreiheit und um echte demokratische Mitbestimmung, um das Problem der Menschenrechtsaktualisierung als solcher bzw. um die Legitimität staatlicher Unterdrückungsmaßnahmen, nicht jedoch um die Legitimität bestimmter staatlicher Sachentscheidungen im Bereich von Frieden und Umwelt. Hier agiert die Opposition, die ihren institutionell-organisatorischen Rückhalt wesentlich in den Kirchen hat, noch ziemlich zurückhaltend, eher in Form von »Anfragen«, »Vorschlägen«. Nur selten kommt es zum zeichensetzenden Protest.

B. Zur methodologischen Vergleichbarkeit der Grundrechte und Grundpflichten im geteilten Deutschland

Es ist eine seit langem zu hörende Feststellung und Beobachtung, daß zwar in den Verfassungen der beiden deutschen Staaten gleichklingend von »Grundrechten« gesprochen werde, hinter dieser sprachlichen Gemeinsamkeit sich aber ganz Verschiedenes verberge und darin eine Quelle von Mißverständnissen und Irrtümern liege. Auf die »Grundpflichten« scheint sich die Klage nicht zu erstrecken; jedenfalls werden sie insofern nicht besonders genannt. Wir befinden uns hier im Bereich der Frage, ob und inwieweit die Grundrechte und Grundpflichten der Bürger in beiden deutschen Staaten methodologisch gesehen überhaupt vergleichbar sind. Im Grunde fällt sie mit der Frage nach der Rechtsnatur, nach der juristischen Qualität, Bedeutung und Wirksamkeit beider Rechtsinstitute zusammen. Die darauf zu gebenden Antworten werden zeigen, daß der Grad der Vergleichbarkeit bei Grundrechten und Grundpflichten durchaus unterschiedlich ist.

I. Zur Vergleichbarkeit der »Grundrechte« im geteilten Deutschland

a) Bundesrepublik

Nach dem Grundgesetz sind die Grundrechte in ihrem Kern Rechte der (in der Bundesrepublik lebenden) Menschen, d. h. Menschenrechte, deren Geltungsgrund auf der allgemein anerkannten historisch gewachsenen, moralischen Überzeugung beruht, daß der – jeder – Mensch eine von seiner Gemeinschaft, von Gesellschaft und Staat nicht abgeleitete Würde besitzt, kraft derer er zu sittlich erfüllter Freiheit und Selbstbestimmung über sein Leben befähigt ist (Art. 1; Art. 2; Art. 3 GG). Die staatliche Gemeinschaft ist unter den modernen Lebensverhältnissen der ebenso natürliche wie unvermeidliche Entfaltungsraum sittlicher Freiheit, weswegen sie ihr zum einen – positiv – eine dafür angemessene, darauf abgestimmte Ordnung – Schutz und Sicherheit – bieten muß (Art. 1 Abs. 1 Satz 2 GG), zum anderen – negativ – als überlegene Ordnungsmacht eben diese Freiheit nicht gefährden, geschweige denn beseitigen darf. Der Staat besitzt neben dem einzelnen zwar seinen eigenen Wert, der aber immer auf die Menschenwürde des einzelnen rückbezogen ist. Daraus ergeben sich für das grundrechtliche Verhältnis zwischen Individuum und Gemeinschaft drei grundlegende Folgerungen: 1. Kein Grundrecht darf in seinem »Wesensgehalt« angetastet werden, andernfalls der Staatszweck – die Sicherung von Menschenwürde und Menschenrechten – verfehlt würde (Art. 1 Abs. 3, Art. 19 Abs. 2 GG). 2. Die Schutzgüter der staatlichen Gemeinschaft genießen keinen unbedingten, absoluten Vorrang vor den Individualrechten, vielmehr muß zwischen ihnen im Prozeß der staatlichen Rechtsetzung und Rechtsanwendung immer abgewogen werden (Güterabwägung: vgl. BVerfGE 7, 198/210 – st. Rspr.). 3. Die Beschränkung der Grundrechte im Interesse kollidierender Rechtsgüter hat durchgängig nach dem Prinzip der Verhältnismäßigkeit (Rechtsstaatsprinzip: Art. 20 Abs. 1, Art. 28 Abs. 1 GG) zu erfolgen.

Auf dieser Grundlage entfalten sich die rechtlichen Wirkungen der Grundrechte in drei Dimensionen: Sie umschreiben *erstens* Höchstwerte im Gemeinwesen, welche insbesondere die Staatsorgane ihrem politischen Handeln leitbildhaft zugrunde zu legen haben; sie sind *zweitens* institutionelle Elemente der objektiven Verfassungs- und Rechtsordnung, indem sie Verfahren sowohl ihrer gemeinschaftsverträglichen Verwirklichung als auch ihrer schützenden Sicherung nach sich ziehen, und sie sind *drittens* subjektiv öffentliche Rechte des Individuums, in seinen Händen liegende rechtliche Instrumente, deren es sich nach seinem Ermessen zur Durchsetzung seiner Interessen bedienen kann. Entschiedenster Ausdruck der normativen Kraft der Grundrechte des Grundgesetzes ist die durch Art. 19 Abs. 4 garantierte Befugnis, im Falle ihrer Verletzung durch die öffentliche Gewalt vor Gericht zu gehen und äußerstenfalls die Grundrechtsbeschwerde zum Bundesverfassungsgericht zu erheben (Art. 93 Abs. 1 Nr. 4a GG). Daran wird deutlich, daß die Grundrechtsbestimmungen als solche nicht lediglich Programmsätze, politische Versprechungen oder feierliche Deklarationen für eine ungewisse Zukunft sind.

b) DDR

Völlig anders verhält es sich mit den Grundrechten der DDR-Verfassung; sie sind nicht »polizeifest«, vielmehr durch offene Verfassungs- und Gesetzesvorbehalte und fehlende gerichtliche Rechtsschutzmöglichkeiten uneingeschränkt zur Disposition der Staatsgewalt gestellt. Das soll an zwei Beispielen aus dem Bereich der politischen Handlungsfreiheiten und der persönlichen Unverletzlichkeitsrechte verdeutlicht werden:

(1) Art. 27 DDR-Verfassung erkennt den »Bürgern« das Recht zu, »den Grundsätzen dieser Verfassung gemäß« ihre »Meinung frei und öffentlich zu äußern«; Art. 28 garantiert die Versammlungsfreiheit »im Rahmen der Grundsätze und Ziele der Verfassung«, und Art. 29 bindet die Verwirklichung der Vereinigungsfreiheit an die »Übereinstimmung mit den Grundsätzen und Zielen der Verfassung«.

Der Garantiegehalt und Freiheitsraum dieser für die gesellschaftlich-politische Ordnung zentralen Grundrechte hängt somit entscheidend davon ab, welchen Sinngehalt der Verfassungsvorbehalt »Grundsätze und Ziele der Verfassung« besitzt. Augenscheinlich verweist er auf die Präambel und den (ersten) Abschnitt über die »Grundlagen der sozialistischen Gesellschafts- und Staatsordnung«, d. h., er ordnet die Ausübung der demokratischen Kommunikationsgrundrechte in die historische Zielperspektive – »den Weg des Sozialismus und Kommunismus« – ein und stellt sie unter »die Führung der Arbeiterklasse und ihrer marxistisch-leninistischen Partei« (Art. 1 Abs. 1). Negativ bedeutet das nach Feststellung des offiziösen Verfassungskommentars[13]: »Die Verfassung duldet keinen Mißbrauch dieses Rechts (sc. Meinungsäußerung) gegen die Interessen der Werktätigen und ihres Staates, gegen Frieden und Sozialismus. Für antisozialistische Hetze und Propaganda, im besonderen für die vom imperialistischen Gegner betriebene ideologische Diversion, kann es in der sozialistischen Gesellschaft keine Freiheit geben, sind diese doch gegen die Freiheit gerichtet, die sich die Werktätigen im Sozialismus errungen haben.«

Ausdrücklich erinnert der Kommentar an die einschlägigen Bestimmungen des politischen Strafrechts, dessen konturenlose Tatbestände – namentlich der »öffentlichen Herabwürdigung« (§ 220 StGB) und der »staatsfeindlichen Hetze« (§ 106 StGB) – den politischen Instanzen gestatten, jede ihnen unliebsame Meinungsäußerung und Bürgeraktion ins kriminelle Abseits zu stellen, und dies ist, wie die Strafpraxis zeigt, keine graue Theorie.

Aus alledem folgt, daß die Bürger von den besagten Verfassungsbestimmungen nur das Recht erhalten, die obrigkeitlich markierten Ziele in gelenkten Veranstaltungen

[13] Sorgenicht, Klaus/Weichelt, Wolfgang/Riemann, Tord/Semler, Hans-Joachim (Hrsg.), Verfassung der Deutschen Demokratischen Republik. Dokumente. Kommentar, Bd. 2, Berlin (Ost) 1969, S. 107.

oder durch affirmative Beiträge (Eingaben) zu unterstützen[14]. Ein wirklich eigenständiger, rechtlich geschützter Freiheitsbereich wird durch jene Grundrechtsbestimmungen nicht anerkannt.

(2) Art. 30 DDR-Verfassung erklärt »die Persönlichkeit und Freiheit jedes Bürgers« der DDR für »unantastbar«. Einschränkungen sollen nur im Zusammenhang mit strafbaren Handlungen oder einer Heilbehandlung zulässig sein, und sie müssen ferner »gesetzlich«, d. h. hier durch formelles Gesetz begründet bzw. »zulässig und unumgänglich« sein (Abs. 2). Ausdrücklich wird jedem Bürger ein Anspruch auf Hilfe von seiten der öffentlichen Organe zugesichert (Abs. 3).

Das klassische Habeas-Corpus-Recht scheint damit auf den ersten Blick durch die DDR-Verfassung besonders gut gesichert zu sein. Der Schein trügt jedoch[15]. Die Eingrenzung der Beschränkbarkeit auf den »Zusammenhang mit strafbaren Handlungen« ist gerade z. B. im Falle politischer Dissidenten bedeutungslos wegen der Schwammigkeit, ja tatsächlichen Entgrenzung der Straftatbestände. Der Vorbehalt des förmlichen Gesetzes ist zwar begrüßenswert, aber zum einen wegen der fehlenden demokratischen Strukturierung und Kontrolle des gesamten Gesetzgebungsverfahrens belanglos, zum anderen – materiell – dadurch praktisch wirkungslos, daß die einschlägigen gesetzlichen Bestimmungen des Strafprozeßrechts und des allgemeinen Polizeirechts den Strafverfolgungsorganen – Polizei, Staatssicherheitsdienst, Staatsanwaltschaft – umfassende Ermächtigungen zu Eingriffen in die persönliche Freiheit geben[16]. Die Unschärfen der materiell-rechtlichen Rechtslage können sich vor allem aber deswegen im vollen Umfang negativ auf die Rechtsposition des Bürgers auswirken, weil sein in Art. 30 Abs. 3 genannter Schutzanspruch allenfalls gegenüber dem privaten Mitbürger zur Wirkung kommt. Gegenüber eventuellen rechtswidrigen Eingriffen der Obrigkeit, d. h. auf der eigentlichen Grundrechtsebene, bleibt der Anspruch hingegen kraftlos, weil dem betroffenen Bürger das einzig erfolgversprechende Mittel, nämlich der gerichtliche Rechtsschutz, versagt ist. Er ist allein auf die erfahrungsgemäß im Regelfall wirkungslose Verwaltungsbeschwerde verwiesen.

Daraus ergibt sich für die DDR die Schlußfolgerung, daß die Grundrechtsbestimmungen zum einen nicht die Funktion haben, Gewalt und Kompetenzentfaltung des Staates gegenüber dem Bürger zu begrenzen, um letzterem einen unantastbaren Bereich persönlicher Selbst- und freier demokratischer Mitbestimmung zu garantieren, und daß sie zum anderen als Verfassungsrechte dem einzelnen keine unmittelbar wirksamen subjektiven Rechte von normativer Höchstrangigkeit im Staatsrecht vermitteln. Deswegen fehlt es den Grundrechten des Grundgesetzes an dem vergleichbaren Gegenüber in der DDR-Verfassung. Dieser allseits bekannte Befund spiegelt die unterschiedliche Qualität von Staat und Verfassung im geteilten Deutschland wider: Die DDR ist eben kein »Verfassungsstaat« in jenem auszeichnenden, die neuzeitliche Verfassungsentwicklung prägenden Sinne des Art. 16 der Déclaration de droit de l'homme et du citoyen von 1789: »Eine Gesellschaft, in der die Garantie der Rechte nicht gesichert noch die Trennung der Gewalten bestimmt ist, hat keine Verfassung.«

Wenn auch die Vergleichbarkeit der Grundrechtsbestimmungen mit einem negativen Ergebnis endet, so bedeutet dies nicht, der DDR-Bürger besäße überhaupt keine (subjektiven) Rechte gegenüber seinem Staat, dessen Organen und Institutionen. Er hat

14 So ganz eindeutig der Verfassungskommentar, a. a. O., S. 108; ferner Staatsrecht der DDR. Lehrbuch, 2. Aufl., Berlin (Ost) 1984, S. 194.

15 Zum folgenden vgl. die besonders sorgfältige Analyse von Mampel, Siegfried, Die sozialistische Verfassung der DDR. Kommentar, 2. Aufl., Frankfurt a. M. 1982, S. 731 ff. (Art. 30 Rdnr. 9 ff.).

16 Siehe im einzelnen die Ausführungen von Mampel zu dem verfassungsrechtlich problematischen Ermächtigungsrahmen der Deutschen Volkspolizei.

derartige subjektivöffentliche Rechte durchaus, nämlich aufgrund der einfachen, nachgeordneten Gesetzgebung, insbesondere im Arbeits-, Wirtschafts- und Sozialbereich (z. B. Urlaubsanspruch, Rentenanspruch usw.), aber ein besonders entfaltetes, geschweige denn ein prägendes Element der Gesetzgebung sind die subjektivöffentlichen Rechte nicht, und vor allem fehlt es ihnen vielfach an ihrer gerichtlichen Durchsetzbarkeit: Es gibt in der DDR noch immer nicht einmal Ansätze zu einer (formellen oder materiellen) Verwaltungsgerichtsbarkeit.

II. Die Vergleichbarkeit der Grundpflichten

a) Grundpflichten und Staatlichkeit

Angesichts der am Kriterium der Grundrechte manifest werdenden unterschiedlichen Staatsqualität von DDR und BRD – hier Verfassungsstaat, dort Einparteistaat – stellt sich die Frage, ob sich die Unvergleichbarkeit nicht bei den Grundpflichten fortsetzt. Sicherlich wäre dies der Fall, wenn auch sie ein Essentiale des »Verfassungsstaates« wären. Allein, das trifft nicht zu: Grundrechte und Gewaltenteilung stehen in einem exklusiven Verhältnis zum Verfassungsstaat. Indem sie nämlich als Freiheitsrechte rechtlich die Selbst- und Mitbestimmung des Menschen und Bürgers im Gemeinwesen konstituieren, begrenzen sie die Staatsgewalt sachlich-kompetenziell und binden sie an einen festen rechtlichen Maßstab. Ihre institutionelle Aufgliederung nach dem Prinzip der Gewaltenteilung stellt die organisatorische Fortsetzung ihrer moralischen Idealität und ihrer Rechtsgestalt dar. Grundrechte sind daher wesentlich eine *verfassungstheoretische* Kategorie.

Nicht so die Grundpflichten. Das zeigt schon ein kurzer Blick auf die Pflicht zum Gehorsam gegenüber den gesetzlichen Äußerungen der Staatsgewalt, die gewöhnlich als die umfassendste und allgemeinste Grundpflicht angesehen wird.

Die Gehorsamspflicht ist nichts anderes als die auf den Rechtsstatus des Individuums projizierte Staatsgewalt, die Entsprechung zum staatlichen Herrschaftsanspruch. Sie ist formaler Natur und reicht so weit, wie die legalen Äußerungen des Staates reichen. Die (Rechts-)Gehorsamspflicht und die sie konkretisierenden Einzelpflichten sind infolgedessen nicht spezifisch oder gar exklusiv mit dem Verfassungsstaat verknüpft, sondern mit dem Staat als Herrschaftsverband überhaupt, mit anderen Worten: Grundpflichten, insbesondere Bürgerpflichten, sind keine verfassungstheoretische, sondern eine *staatstheoretische* Kategorie.

Ein Blick in die geschriebenen Verfassungen und auf die politische Wirklichkeit der heutigen Staatenwelt belehrt darüber, daß zwar effektive Grundrechte eher eine Seltenheit, Grundpflichten hingegen eine allseits zu findende Erscheinung sind: Gesetzesgehorsam, Friedenspflicht (d. h. Verzicht auf Selbsthilfe und Privatrache), Schulbesuch, Steuerleistung, Landesverteidigung usw. begegnen uns in Verfassungsstaaten ebenso wie in ihrem Gegenbild, den totalitären Weltanschauungsstaaten.

b) Materieller Grundpflichtenbegriff?

Erscheint es plausibel, daß man die die Qualität eines Staates so prägenden Rechte des Menschen als »Grund«-Rechte bezeichnet, fragt sich, ob man gerechtfertigterweise auch von »Grund«-Pflichten sprechen kann, wenn die Pflichtendimension sich in einem anderen Problemhorizont entfaltet. Was macht Pflichten zu »Grundpflichten«? Offenkundig ihr hoher, ja unter Umständen überragender Stellenwert für den Staat und bestimmte Aspekte des Gemeinwohls. Es ist ihre Unverzichtbarkeit für die Funktionsfähigkeit der Staatlichkeit, des Staates überhaupt. Grundpflichten sind aber auch und gerade Ausdruck der Allgemeinheit und Gleichheit im modernen Staatswesen, Ausdruck seiner nationalen und demokratischen Fundierung, wobei es sich um eine Allgemeinheit und Gleichheit in der Unterworfenheit und Herrschaftsabhängigkeit, eben in der Pflicht handelt. Kein anderer hat dieses Phänomen des modernen Staates in neuerer Zeit so eindringlich herausgearbeitet wie Herbert Krüger[17].

Aus alledem folgt, daß in bezug auf die Grundpflichten ein Vergleich zwischen der Bundesrepublik und der DDR methodologisch durchaus möglich ist, da er, anknüpfend an die Staatlichkeit beider deutscher Staaten, hüben wie drüben eben sein Objekt hat.

III. Die Grundpflichten im geteilten Deutschland

Mag die Vergleichbarkeit im Prinzip gegeben sein, die Vermutung liegt nahe, daß die aus den Grundrechten fließende unterschiedliche Verfassungsqualität der beiden Staatswesen sich auch in charakteristischer Weise bei den Grundpflichten niederschlägt. Systematisch betrachtet, können sich solche Unterschiede bzw. Auswirkungen in zweierlei Richtung zeigen, nämlich

1. in bezug auf den Kreis der konkreten Pflichten, also auf das quantitative, bereichsweise bestimmte Ausmaß der Pflichtbindung,
2. in bezug auf die nähere rechtliche Ausgestaltung und Intensität der Pflichtbindung in den einzelnen Grundpflichtenbereichen selbst.

a) Der Kreis der Pflichten

Vergleicht man die Verfassungstexte miteinander, wobei im Falle der Bundesrepublik auch die Länderverfassungen einbezogen werden müssen, so besteht kein Unterschied hinsichtlich des Kreises der verfassungsrechtlich normierten Pflichten: Wir finden in beiden Verfassungsordnungen

- die Gehorsamspflicht (Art. 49 Abs. 1 DDR-Verf.; Art. 117 Bayern; Art. 9 Bremen);
- die Treuepflicht (Art. 3 Abs. 2 Satz 2 DDR; Art. 117 Bayern; Art. 9 Bremen);
- die Friedenspflicht (Art. 6 Abs. 5, Art. 8 Abs. 1 DDR; Art. 8 Abs. 1; Art. 26 Abs. 1 GG);
- die Verteidigungs- bzw. Wehrpflicht (Art. 23 DDR; Art. 12a GG);
- die Arbeitspflicht (Art. 24 Abs. 2 Satz 1 DDR; Art. 166 Abs. 3 Bayern; Art. 8 Abs. 1 Bremen, Art. 28 Abs. 2 Hessen; Art. 33 Abs. 2 Rheinland-Pfalz);
- die Bildungs- bzw. Schulpflicht (Art. 25 Abs. 4 DDR; Art. 29 Abs. 1 Bayern; Art. 30 Bremen; Art. 56 Hessen; Art. 14 Abs. 1 Baden-Württemberg);
- die elterliche Erziehungspflicht (Art. 38 Abs. 4 DDR; Art. 6 Abs. 2 GG);
- die Sozialpflichtigkeit des Eigentums (Art. 11 Abs. 3; Art. 14 Abs. 2 Satz 2 DDR; Art. 14 Abs. 2 GG);
- die Steuerpflicht (Art. 9 Abs. 4 Satz 2 DDR; Art. 104a ff./Art. 106 Abs. 3 GG; Art. 123 Bayern);
- die staatsbürgerliche Mitwirkungspflicht (Art. 21 Abs. 3 DDR; Art. 26 Abs. 3 Baden-Württemberg; Art. 121 Bayern; Art. 9 Bremen; Art. 25 Hessen; Art. 21 Rheinland-Pfalz; Art. 19 Saarland).

[17] Vgl. Allgemeine Staatslehre, 2. Aufl., Stuttgart/Berlin/Köln/Mainz 1966, S. 940 ff.

Rein äußerlich, formal und quantitativ betrachtet, haben wir also grundsätzlich den gleichen Kreis konkreter verfassungsrechtlich normierter Pflichten des einzelnen vor uns. Insbesondere die typischerweise mit einer »sozialistischen« Staats- und Gesellschaftsordnung in Verbindung gebrachte Arbeitspflicht oder staatsbürgerlich-politische Mitwirkungspflichten finden sich auch hierzulande unter dem Grundgesetz. Die insofern festzustellende Gemeinsamkeit beider Rechtsordnungen kann und soll jedoch nicht den schon erwähnten Umstand verdecken, daß die DDR-Verfassung den Grundpflichten einen breiten Raum gibt, während das Grundgesetz die Pflichtendimension des Menschen und Bürgers nur vorsichtig berücksichtigt. Allein, die Landesverfassungen, zumal die vor 1949 geschaffenen, vor allem aber deren Vorbild, die Weimarer Reichsverfassung, zeigen, daß eine ausführliche, gleichsam »paritätische« Einbeziehung der Grundpflichten neben den Grundrechten durchaus auch im Verfassungsstaat möglich ist und im Bonner Grundgesetz nicht von vornherein ausgeschlossen gewesen wäre.

b) Die Qualitätsunterschiede der Grundpflichten

Der Vergleich zwischen den Grundpflichten im geteilten Deutschland bewegt sich daher auf die Frage nach etwaigen *qualitativen* Unterschieden zwischen ihnen zu. Sie gliedert sich in mehrere Aspekte auf, nämlich in

1. die Frage nach der prinzipiellen Reichweite der Pflichtigkeit des Staatsbürgers,
2. die Frage nach der rechtlichen Qualität der konkreten Grundpflichten, wo insbesondere die Abgrenzung zu den moralischen Pflichten eine wichtige Rolle spielt, und
3. die spezielle Ausgestaltung der Grundpflichten in den ihnen zugeordneten Lebensbereichen, insbesondere ihr Verhältnis zu den auf dieser Ebene anzutreffenden subjektiv öffentlichen Rechten des Individuums.

Es versteht sich von selbst, daß in dem hier gesetzten Rahmen nur ein mehr oder weniger grober Überblick über diese zum Teil sehr weitläufigen Probleme gegeben werden kann.

1. Die Reichweite der Pflichtigkeit des einzelnen

Die Frage ist in der Sache bereits mit dem Nachweis beantwortet worden, daß die Staatsgewalt der DDR, konkret die politische Macht ihrer Partei- und Staatsführung, gegenüber dem Bürger mangels effektiver Grund- und Menschenrechte rechtlich unbeschränkt ist (legibus absoluta), daß also eine im Prinzip unbegrenzte Gehorsamspflicht des einzelnen besteht, die die Obrigkeit je nach den Umständen beliebig aktualisieren kann. Es handelt sich um eine Pflichtenlage, die zugleich durch eine ebenso unbegrenzte, ideologisch aufgeladene Treuepflicht moralisch-politisch untermauert ist.

Unter der Herrschaft des Grundgesetzes ist ein solcher Zustand definitiv ausgeschlossen (vgl. Art. 1; Art. 20 GG). Freilich, auch in der DDR entfaltet sich die effektive Inpflichtnahme des einzelnen erst in den konkreten Einzelpflichten, so daß deren Untersuchung trotz der unbeschränkten (potentiellen) Grundpflichtigkeit keineswegs überflüssig ist.

2. Zur Rechtsqualität der Grundpflichten

aa) DDR

An den Grundpflichtenbestimmungen der DDR-Verfassung fällt auf, daß ihnen überwiegend moralischer Charakter zugemessen wird. So ist das Recht der Mitbestimmung und Mitgestaltung zugleich eine »hohe moralische Verpflichtung für jeden Bürger« (Art. 21 Abs. 3), der Schutz des Friedens und des sozialistischen Vaterlandes eine »Ehrenpflicht« (Art. 23 Abs. 1), die Arbeit eine »ehrenvolle Pflicht« (Art. 24 Abs. 1 Satz 1). Ausgehend von der klassischen, in der Neuzeit namentlich von Thomasius und Kant begründeten Unterscheidung von Moral und Recht, könnte man hieraus schließen, es solle sich insofern nicht um strikte Rechtspflichten, sondern – abgeschwächt – lediglich um sittliche Gebote handeln. Eine derartige Annahme wäre jedoch unzutreffend; sie verbietet sich nicht zuletzt auch wegen einer Verhältnisbestimmung von »Moral« und »Recht« in der DDR-Rechtslehre, die tendenziell eine Abkehr vom klassischen Ansatz darstellt. Vier Gesichtspunkte spielen hier eine Rolle, unter denen die Sanktionsbewehrung der Pflicht als Indiz ihrer Rechtlichkeit das stärkste Gewicht besitzt:

(1) Wie eine nähere Untersuchung der Wehrpflicht und insbesondere die ihrer gesetzlichen Ausgestaltung zeigt, handelt es sich bei ihr unzweifelhaft um ein vom Bürger unbedingt zu erfüllendes, im Falle seiner Verweigerung mit gesetzlich bestimmten Zwangsmitteln durchsetzbares Verhaltensgebot[18]. Seine moralische Einkleidung mindert nicht seine rechtliche Verbindlichkeit; sie fügt ihr vielmehr den sittlichen Appell an den Bürger noch als Steigerung hinzu, um seine persönliche Antriebskraft zur freiwilligen, »freudigen« Pflichterfüllung anzusprechen und zu mobilisieren. Die Formulierung der Grundpflicht als moralisches Gebot gibt mithin noch keinen verläßlichen Anhaltspunkt für die Einschätzung ihrer juristischen Normativität.

(2) Die marxistisch-leninistische Rechtstheorie (auch) der DDR-Rechtswissenschaft vertritt nicht die Position einer sorgfältigen Scheidung (nicht: Trennung) von Moral und Recht als zwei zwar aufeinander bezogene, aber jeweils eigentümlichen Prinzipien folgende Normensysteme. Vielmehr kommt sie zu einer weitgehenden Annäherung von (öffentlicher) Moral und Recht im Sozialismus, die in ideologischer Perspektive zu einer völligen Identität von Moral und Recht in den sog. Regeln des kommunistischen Gemeinschaftslebens der zukünftigen »klassenlosen Gesellschaft« führen soll. Schon heute besteht zwischen beiden Normensystemen vorgeblich kein wesentlicher Unterschied mehr, weil beide, von der Partei inhaltlich definiert und an gemeinsame Zwecke gebunden, »auf die Hauptaufgabe orientiert« werden (wie es im »Parteistil« zu formulieren wäre). Die Folge ist eine spezifische Politisierung der öffentlichen Moral (die sich bewußt von sonstigen überkommenen, vor allem religiösen Morallehren absetzt), weiterhin aber eine unverkennbare Tendenz zur Verrechtlichung der »sozialistischen Moral« sowie zur Moralisierung des »sozialistischen Rechts«. Beides hängt aufs engste mit dem nächsten Gesichtspunkt, den Vorkehrungen zur Befolgung ihrer Gebote und Verbote, zusammen.

(3) Es kennzeichnet wesentlich den (noch immer) totalitären Charakter der »sozialistischen Gesellschafts- und Staatsordnung« (Überschrift zu Abschnitt I der DDR-Verfassung von 1968/74), daß *beide* Bereiche, eben der Staat *und* die Gesellschaft (bis auf den – freilich zunehmend wichtiger werdenden – Randbereich der Kirchen), unter der einheitlichen Herrschaftsgewalt der Partei- und Staatsführung stehen und daß diese infolgedessen über das gesamte Potential öffentlicher Sanktionen, auch über das der gesellschaftlichen Organisationen (Gewerkschaften, FDJ usw.) frei gebieten kann. Der

[18] Vgl. im einzelnen Luchterhandt, Der verstaatlichte Mensch (Anm. 5), S. 148 ff.

Gewerkschaftsausschluß z. B. ist daher nicht als freier Akt einer in Distanz zur Regierung stehenden autonomen Organisation zu sehen, sondern eingebunden in die allgemeinen parteilichen Strukturprinzipien und Bewertungskriterien des Herrschaftssystems. Die sich daraus ergebende und von den Rechtswissenschaftlern erörterte Konsequenz ist u. a. die, daß die staatlich-juristischen Sanktionen und die gesellschaftlich-(angeblich)-unjuristischen Sanktionen integrale Teile eines gesamtstaatlichen, fein abgestuften Repressionssystems sind. Es ist daher im Prinzip lediglich eine Frage der Zweckmäßigkeit, ob die zuständigen Instanzen in der DDR ein (weniger schwerwiegendes) unerwünschtes Verhalten des Bürgers mit Mitteln der sog. gesellschaftlichen Einwirkung oder mit *definitiven* Strafmaßnahmen beantworten. Beides geht – wie ein Blick auch auf die »Gesellschaftsgerichte« und ihre Zuständigkeiten zeigt – fugenlos ineinander über.

Die Breite, Dichte und Intensität, die Unentrinnbarkeit des den Bürger auf Schritt und Tritt begleitenden einheitlichen staatlich-gesellschaftlichen Sanktionsmechanismus macht eine Unterscheidung von (nur) Moralpflichten und von Rechtspflichten schon im Ansatz sowohl theoretisch, wie sich unter (2) gezeigt hat, als auch praktisch zweifelhaft, ja obsolet.

(4) Das Streben der Partei- und Staatsführung, die Erfüllung der moralischen Pflichten, die Beachtung der immerhin auch in der Verfassung verankerten »Grundsätze sozialistischer Moral« (Art. 19 Abs. 3 Satz 3) auf organisatorisch-administrative, normsetzende oder auf sonstige Weise sicherzustellen, dieser unverkennbare politische Wille zur wirksamen Garantie des Geltungsanspruches fördert faktisch die Verrechtlichung der öffentlichen Moral, mag dies auch durch mancherlei Sprachregelungen und Euphemismen verschleiert sein. Ein solcher Vorgang ist aber nur möglich, weil der Bürger außerhalb der durch die Religionsfreiheit gezogenen Grenzen keine effektiven Freiheitsrechte besitzt, die ihm Bereiche garantieren, welche er kraft seiner autonomen sittlichen Entscheidung nach eigenem Gewissen und Ermessen ausfüllen könnte. Solche Räume sind in der DDR der parteistaatlichen Fremdbestimmung unterworfen und dadurch verschlossen bzw. (als ein nur *faktisches* Phänomen) in die Illegalität verbannt.

bb) Bundesrepublik

Nicht zuletzt wegen der strategisch wichtigen Abweichung in diesem entscheidenden letzten Punkt, d. h. wegen der Effektivität der Grund- und Menschenrechte, stellt sich das Verhältnis von Moral und Recht in diesem Teil Deutschlands wesentlich anders dar. Einer hemmungslosen »Gleichschaltung« moralischer und rechtlicher Pflichten ist hierzulande ein unüberwindlicher Riegel vorgeschoben. Infolgedessen rücken moralische und rechtliche Pflichten in der Verfassungsordnung der Bundesrepublik von vornherein mehr oder weniger weit auseinander. Dabei gilt die ungeschriebene Regel, daß redaktionell augenscheinlich als moralisch einzustufende Pflichten keinen Rechtscharakter besitzen sollen. Als Beispiel kann Art. 8 Abs. 1 der Verfassung Bremens herangezogen werden: »Jeder hat die sittliche Pflicht zu arbeiten und ein Recht auf Arbeit.« Die Vorschrift enthält einen Appell an die persönliche Verantwortung des einzelnen, seine Arbeitsfähigkeit nicht in Faulheit brachliegen zu lassen, sondern für die Sicherung seines Lebensunterhaltes einzusetzen. Häufig ist den Grundpflichtenbestimmungen (der Länderverfassungen, um die es hier im wesentlichen geht) nicht schon äußerlich anzusehen, ob sie im rein ethischen Bereich verharren. Art. 9 der bremischen Verfassung z. B. lautet: »Jeder hat die Pflicht der Treue gegen Volk und Verfassung. Er hat die Pflicht, am öffentlichen Leben Anteil zu nehmen und seine Kräfte zum Wohle der Allgemeinheit einzusetzen. Er ist nach Maßgabe der Gesetze verpflichtet, Ehrenämter anzunehmen.«[19]

Sicher ist bei diesem Wortlaut nur, daß die Ehrenämterpflicht im Grundsatz eine Rechtspflicht sein soll, jedoch wegen des Gesetzesvorbehalts eine lex imperfecta darstellt, also ein Tätigwerden des (einfachen) Gesetzgebers erfordert, um zur aktuellen Rechtspflicht (obligatio perfecta) zu erstarken. Der vorausgehende Satz – die Pflicht zur Teilnahme am öffentlichen Leben und zum Einsatz für das Gemeinwohl –, der angesichts seiner noch viel größeren Weite und Unbestimmtheit erst recht des »maßgebenden« Gesetzesvorbehalts bedurft hätte, kann gerade wegen dessen Fehlens unschwer als sittliche Mahnung und zugleich als die ethische Grundlegung der (rechtlichen) Ehrenamtspflicht identifiziert werden. Seine Erhebung zur stringenten Rechtspflicht wäre u. a. mit dem Grundrecht der freien Entfaltung der Persönlichkeit (Art. 2 Abs. 1 GG) und der Freiheit des Berufes (Art. 12 Abs. 1 GG) nicht zu vereinbaren, Grundrechte, die eine derartig umfassende Gemeinwohlbindung bzw. -orientierung des einzelnen ausschließen. Damit sichern sie aber die nötige personale Freiheit, ohne welche gerade die Wahrnehmung sittlicher Verantwortung gar nicht möglich wäre.

Mit alledem soll natürlich keineswegs behauptet werden, daß nicht auch unter dem Grundgesetz Grundpflichten moralischer und zugleich auch juristischer Natur bestehen könnten. Im Gegenteil, ein handgreifliches Beispiel ist die elterliche Erziehungspflicht (Art. 6 Abs. 2 GG), deren Schutzbewehrung (Abs. 3) keinen Zweifel an ihrer rechtlichen Qualität zuläßt.

cc) Schlußfolgerung

Man kann zusammenfassend festhalten, daß die moralische Einkleidung von Grundpflichtenbestimmungen
- in der DDR ihren Rechtscharakter keineswegs herabmindert, im Gegenteil vielmehr eine Vermutung dafür spricht, daß es sich auch bei ihnen um sanktionierte, durchsetzbare, das aber heißt um Rechtspflichten handelt;
- in der BRD ihren Rechtscharakter hingegen grundsätzlich ausschließen will, was der Verrechtlichung bestimmter einzelner Verhaltensweisen natürlich nicht entgegensteht.

3. Die rechtliche Ausgestaltung grundpflichtenbestimmter Lebensbereiche

Familie, Schule, Arbeit, politische Mitgestaltung oder Landesverteidigung, auf welche die Grundpflichtenbestimmungen verweisen und denen sie sich sachlich zuordnen lassen, sind – jeder für sich – eigentümliche und komplexe Lebensbereiche, institutionelle Ordnungen in Gesellschaft und Staat, des Gemeinwesens. Die rechtliche Bedeutung der Grundpflichten für jene zeigt sich auf zwei Ebenen: Zum einen geht es um die Frage, *ob* der Bürger verbindlich in diese Institutionen eingegliedert wird (sofern das nicht im Falle der Familie ein natürlicher Vorgang ist), und zum anderen um die Frage, *wie* nachhaltig die innere Ordnung solcher Institutionen von dem Prinzip der Pflicht bestimmt

[19] Siehe dazu auch die zum Teil gleichlautenden (parallelen) Art. 117 bayrische Verfassung und Art. 20 rheinland-pfälzische Verfassung. Die Bestimmungen beruhen teilweise auf Art. 163 Abs. 3 WRV (»Jeder Deutsche hat unbeschadet seiner persönlichen Freiheit die sittliche Pflicht, seine geistigen und körperlichen Kräfte so zu betätigen, wie es das Wohl der Gesamtheit erfordert«).

wird, insbesondere welche Relation zu den subjektiven Rechten besteht, welche die Rechtsstellung des Individuums in den betreffenden Lebensbereichen mitbestimmen. An den Antworten kann die Intensität der Pflichtbindung des einzelnen im geteilten Deutschland abgelesen werden, und sie weist beträchtliche, signifikante Unterschiede auf.

Was die Stufe des »Ob« der pflichtweisen Eingliederung anbelangt, so sind in der DDR, und das ist für ihr Herrschaftssystem kennzeichnend, (auch) die Arbeitspflicht und teilweise die politische Mitbestimmung im Gegensatz zur Bundesrepublik verrechtlicht. Das Interesse des DDR-Staates an der pflichtbestimmten Hinwendung des Bürgers zum bzw. an dessen Leistung für das Gemeinwohl bringt sich ungleich stärker zur Geltung, für ein Gemeinwohl im übrigen, das vom Standpunkt des Bürgers vollständig heteronom, nämlich parteilich bestimmt ist. Noch größer sind die Unterschiede auf der logisch nachgeordneten Stufe des »Wie« der Eingliederung.

aa) DDR

In der DDR sind alle jene Lebensbereiche – Arbeit, Bildung, politische Mitgestaltung, Verteidigung – parteistaatlich bestimmte, gelenkte Gewaltverhältnisse. Dazu muß auch die Mitgliedschaft in den monopolistischen Massenorganisationen gezählt werden, die zumindest im Falle des FDGB und der FDJ faktisch auf Zwang beruht. Die Rechtsstellung des Bürgers in diesen Institutionen und Organisationen – als Arbeitnehmer, Schüler, Soldat, Funktionsträger oder Massenorganisationsmitglied – ist weitgehend oder gar völlig von Pflichten beherrscht; Rechte spielen nur eine untergeordnete bis marginale Rolle. Es kommt als Charakteristikum hinzu, daß diese institutionell entfalteten Grundpflichten ein systematisches Netzwerk bilden, d. h. sich miteinander verbinden, überlagern, verstärken und damit an Intensität gewinnen[20]. Sämtliche Lebensbereiche sind schließlich durchzogen (oder überwölbt) von der staatsbürgerlichen Treuepflicht und damit rückgebunden an die gesamtstaatliche Ebene der politischen Instanzen. Besonders deutlich tritt diese Gleichschaltung in § 56 Arbeitsgesetzbuch zutage, der im Falle einer schwerwiegenden Verletzung der staatsbürgerlichen Pflichten die Möglichkeit der fristlosen Entlassung des Werktätigen vorsieht.

bb) Bundesrepublik

In der Bundesrepublik stellt sich die Rechtsstellung des einzelnen in den grundpflichtenbezogenen Lebensbereichen und Institutionen des Gemeinschaftslebens eben infolge effektiver Grund- und Menschenrechte völlig anders dar. Arbeit, Vereinsmitgliedschaft und politische Mitgestaltung sind nicht gesamtstaatlich vereinheitlichte, politisch gleichgeschaltete Pflichtenbereiche, sondern grundrechtlich gesteuerte, pluralistisch strukturierte und je eigengesetzlich nebeneinanderstehende Ordnungsräume, in denen öffentliche Pflichten eine nur begrenzte, funktional-dienende Rolle spielen. Eine allgemeine staatsbürgerliche Treuepflicht im Rechtssinne fehlt; ihr hat das Bundesverfassungsgericht eine Absage erteilt (»Art. 33 Abs. 5 GG fordert vom *Beamten* das Eintreten für die verfassungsmäßige Ordnung, Art. 21 Abs. 2 GG läßt dagegen dem *Bürger* die Freiheit, diese verfassungsmäßige Ordnung abzulehnen und sie politisch zu bekämpfen, solange er es innerhalb einer Partei, die nicht verboten ist, mit allgemein erlaubten

20 Vgl. dazu im einzelnen Luchterhandt, Der verstaatlichte Mensch (Anm. 5), S. 239 ff.

Mitteln tut«)[21]. Daß die Verfassungstreue eine rein staatsethische Erwartung an den Bürger ist, macht gerade den entscheidenden Unterschied zur DDR aus, weil damit alles auf die persönliche Verantwortung bzw. Entscheidungsfreiheit des mündigen Bürgers ankommt.

Soweit der Bürger als Soldat im Wehrdienstverhältnis oder als Schüler im Schulrechtsverhältnis in staatliche Institutionen zwangsweise eingegliedert ist, unterliegt er zwar auch unter dem Grundgesetz einer gesteigerten Pflichtbindung; gleichwohl besteht aber ein tiefgreifender Unterschied zu den parallelen Verhältnissen in der DDR, weil in den sog. besonderen Gewaltverhältnissen oder – nach neuerer Terminologie – Sonderstatusverhältnissen die Grundrechte ebenfalls prinzipiell eine uneingeschränkte Geltung haben und im vollen Umfange gerichtlicher Rechtsschutz besteht[22].

Freilich, die Wirkung der Grundrechte wird durch die von der Verfassung legitimierte und gewollte Zwecksetzung z. B. der Landesverteidigung und durch die darauf abgestimmte innere Sachgesetzlichkeit des Soldatendienstes beeinflußt und modifiziert. Eine wesentliche Rolle spielt dabei der Umstand, daß im Wehrdienst, ebenso aber auch im Schul- oder im Beamtenverhältnis, die zwischen Bürger und Staat gewöhnlich bestehende räumliche Distanz partiell aufgehoben ist. Die gegenständlich-räumliche Eingliederung des Bürgers als Soldat, Schüler oder Beamter in die staatliche Institution (Amt), seine Unterordnung unter den sachlichen Leistungszweck der Anstalt, seine Indienststellung für das in ihr herrschende »objektive Prinzip« führen unvermeidlich zu einem mehr oder weniger starken Spannungsverhältnis gegenüber dem (allgemeinen) grundrechtlichen Interesse des Schülers, Beamten, Soldaten an der freien Entfaltung seiner Persönlichkeit (Art. 2 Abs. 1 GG)[23]. Aufgrund des im Prinzip auch für die Sonderstatusverhältnisse geltenden Gesetzesvorbehalts muß dieser Interessengegensatz durch gesetzliche Regelungen zu einem Ausgleich gebracht werden, welche die sachlich-funktionalen Besonderheiten des betreffenden Lebensbereiches – der Schule, der Streitkräfte oder des Staatsdienstes – jeweils in dem gebotenen Maße berücksichtigen. Die entsprechenden Pflichtbindungen der eingegliederten Bürger können daher unter dem Grundgesetz nicht einem einheitlichen Schema auf der Grundlage eines einseitig etatistisch interpretierten Anstaltszweckes zu Lasten der persönlichen Freiheit folgen, vielmehr muß nach dem Grundsatz der praktischen Konkordanz das die Pflichtendimension einschließende objektive Anstaltsprinzip und das die persönliche Freiheit einschließende subjektive Grundrechtsprinzip zu einem objektiven Ausgleich gebracht werden, der auf den konkreten Lebensbereich zugeschnitten ist[24]. Er sieht im Falle der Schule naturgemäß anders aus als im Falle der Kaserne; ein Blick auf die Spielräume zur Ausübung der Meinungsfreiheit, der Pressefreiheit (Schülerzeitungen!), der Religionsfreiheit (Anstaltsseelsorge!) oder der Koalitionsfreiheit in Sonderstatusverhältnissen zeigt das deutlich. In keinem Falle aber darf der Wesensgehalt der Grundrechte (Art. 19 Abs. 2 GG) einem maximierten Pflichtprinzip zum Opfer gebracht werden.

Allerdings verringert sich der Spielraum für eine freie selbstbestimmte Persönlichkeitsentfaltung auch unter dem Grundgesetz unvermeidlich in dem Maße der Intensität, mit welcher der Bürger in solche staatlichen Funktionsbereiche als ein »persönliches

21 BVerfGE 39, 334 (359) – Radikale im öffentlichen Dienst – (Hervorhebung vom BVerfG).

22 Vgl. BVerfGE 33, 1 (12/13).

23 Zu dem Ganzen grundlegend Loschelder, Wolfgang, Vom besonderen Gewaltverhältnis zur öffentlich-rechtlichen Sonderbindung. Zur Institutionalisierung der engeren Staat-Bürger-Beziehung, Köln/Berlin/Bonn/München 1982.

24 Vgl. dazu Hesse, Konrad, Grundzüge des Verfassungsrechts der Bundesrepublik Deutschland, 14. Aufl., Heidelberg 1984, S. 129 ff. (Rdnr. 321 ff.).

Mittel« eingeordnet wird. Wie Wolfgang Loschelder gezeigt hat[25], hat die Anstaltsleitung, hat der Dienstherr unter solchen Umständen ein höheres Maß an sozialer Fürsorge etwa für den Beamten oder Soldaten, d. h. Leistungen aufzubringen, die den institutionsbedingten Verlust des Bürgers an Entfaltungschancen zu kompensieren vermögen.

IV. Vergleichende Schlußfolgerungen

Vergleicht man die Intensität der Pflichtbindung des Bürgers in den grundsätzlich in beiden deutschen Staaten bestehenden »besonderen Gewaltverhältnissen« miteinander, so zeigt sich, daß in der *DDR* solche Sonderstatusverhältnisse nicht nur weitaus zahlreicher sind, sondern auch völlig von dem »objektiven Prinzip«, von dem einseitig etatistischen Funktionszweck, von dem organisch hiermit verbundenen Pflichtprinzip beherrscht werden. Die Dominanz einer ungemessenen politischen Treuepflicht des Bürgers auf der gesamtstaatlichen Ebene des »allgemeinen« Gewaltverhältnisses findet darin ihre folgerichtige Fortsetzung, Ergänzung und Vertiefung. Wir haben es mit einem sich konkret auffächernden, allgemeinen *Grundpflichtenstatus* zu tun.

In der *Bundesrepublik* bestehen nur vereinzelte, durch Grundpflichten begründete Sonderstatusverhältnisse (Schule, Wehrdienst), und sie werden nicht völlig vom objektiven Prinzip des staatlichen Funktionszweckes beherrscht. Die mit ihm auch hierzulande verbundene Pflichtbindung des Bürgers führt jedoch zu einer Modifizierung und Schwächung seines allgemeinen Grundrechtsstatus und weist insgesamt einen gewissen Vorrang in der Eingliederungslage auf. Angesichts dieser gesteigerten Pflichtbindung des Individuums lassen sich solche Sonderstatusverhältnisse, wie es verschiedentlich geschieht, auch als »besondere Pflichtenverhältnisse« bezeichnen[26]. Ihre Eigenart weist zugleich darauf hin, daß eine Gegenüberstellung von Grundrechten und Grundpflichten und eine dogmatische Abschichtung der Grundpflichten von sonstigen öffentlichen Pflichten unter dem Grundgesetz ihre Berechtigung besitzt: Der Grundrechtsstatus des Bürgers im Verhältnis zum Staat ist durch Grundrechte *und* Grundpflichten definiert.

Grundpflichten sind als staatstheoretische Kategorie zwar eine in beiden deutschen Staatsordnungen vorzufindende Erscheinung, aber sie unterliegen wegen der unterschiedlichen Qualität ihrer beiden Verfassungen bzw. der in ihnen formulierten Grundrechtsbestimmungen systemtypischen Unterschieden: In der *DDR* führt das Fehlen unantastbarer, staatsbegrenzender Menschen- und Grundrechte unausweichlich zur etatistischen Dominanz der Grundpflichten im Verfassungsstatus des Bürgers, in seiner »Staatsbürgerschaft«[27]. Das verfassungs*dogmatische* Problem der Relation von Grundrechten und Grundpflichten stellt sich auf der Ebene der DDR-Verfassung daher nicht, sondern erst und lediglich in geringerem Umfange auf der einfachgesetzlichen Ebene. Dabei handelt es sich im wesentlichen um »soziale« Ansprüche – Lohn, Sozialleistungen, Urlaub –, also um eine Garantie der sozialen Sicherheit, nicht hingegen der persönlichen Freiheit. Eine Kompensation ihrer Defizite in den Eingliederungslagen durch Vorkehrungen gesteigerter sozialer Fürsorge zugunsten des einzelnen bedeutet dies jedoch nicht; vielmehr handelt es sich hier um nichts anderes als um die Gegenleistung des Staates für Dienstleistungen des Bürgers an das Gemeinwesen.

[25] Vom besonderen Gewaltverhältnis (Anm. 23), S. 333 ff.; 339 ff.

[26] So etwa Oppermann, Thomas, Bildung, in: v. Münch, Ingo (Hrsg.), Besonderes Verwaltungsrecht, 6. Aufl., Berlin/New York 1982, S. 827 f.

[27] Vgl. § 2 Abs. 1 StaatsbürgerschaftsG.

Verfassungs*dogmatische* Probleme werfen die Grundpflichten lediglich in der *Bundesrepublik* auf, da sie angesichts der Effektivität der Grundrechte keine umfassende Bürgerpflichtigkeit, sondern nur *punktuelle* Inpflichtnahmen des Individuums unter grundsätzlicher Wahrung seiner Rechte sein können. Grundpflichten erweisen sich dabei als eine besondere Art von Grundrechtsschranken, nämlich als Oberbegriff für die Pflichtbeiträge des Menschen und Bürgers zum staatlichen Gemeinwesen, zum Gemeinwohl; sie haben regelmäßig die Form von (positiven) Handlungspflichten.

Die Grundpflichten sind nur scheinbar ein Element der Gemeinsamkeit zwischen beiden deutschen Staatsordnungen. Ihre Einführung als rechtstheoretische Kategorie neben den Grundrechten in den deutsch-deutschen Systemvergleich ist gleichwohl hilfreich und deswegen fruchtbar, nämlich aus den folgenden drei Gründen:

(1) Die Einführung der Pflichtendimension in die Analyse der allgemeinen Rechtsstellung des Bürgers in Deutschland erleichtert wesentlich die Feststellung, ob und gegebenenfalls in welchem Umfange ihr rechtstheoretisches Gegenstück – die subjektiv öffentlichen Rechte – vorhanden sind. Die für die DDR-Staatsrechtslehre typische Gewohnheit, von »Grundrechten« zu sprechen, wo der Sache nach, vom rechtswissenschaftlichen Standpunkt begrifflich nichts anderes als Pflichten gemeint sein können, kann so leichter durchschaut und der Kritik zugänglich gemacht werden. Dies wirkt der verbreiteten – absichtlichen oder unabsichtlichen – Begriffsverwirrung entgegen.

(2) Generell erleichtert die Berücksichtigung auch der Grundpflichten eine prägnante Erfassung der Unterschiede und Gemeinsamkeiten der Grundrechtsstellung des Individuums im intersystemaren Vergleich.

(3) Die theoretische Gegenüberstellung von Grundpflichten und Grundrechten ist schließlich wichtig für den internationalen, vor allem zwischen Ost und West ausgetragenen Interpretationskampf um die Menschenrechte, namentlich im Falle der beiden Menschenrechtspakte von 1966. Denn ausgehend von der durch Art. 29 der Allgemeinen Menschenrechtserklärung vom 10. 12. 1948 bestätigten Unterscheidung zwischen den Gemeinschaftspflichten des Individuums und seinen Rechten an den Staat vermag diese Gegenüberstellung wesentlich dazu beizutragen, den individual- bzw. subjektivrechtlichen Interpretationsansatz der Menschenrechte zu stärken und ihrer Umfunktionierung zu Bürgerpflichten oder zu *staatlichen* Kompetenzrechten entgegenzuwirken.

Gottfried Zieger

Staats- und Verfassungsordnung der Bundesrepublik Deutschland

Diese Ausführungen sind als Gegenstück zu dem Referat über die Staats- und Verfassungsordnung der DDR gedacht. Es kommt also darauf an, diejenigen Elemente der westdeutschen Verfassungsordnung herauszustellen, die mit denen der DDR vergleichbar und bei denen die tiefgreifenden Unterschiede zwischen beiden Verfassungsordnungen erkennbar sind. Das gewichtige Thema der Grundrechte und Grundpflichten kann dabei ausgespart werden, weil darüber Otto Luchterhandt ein eigenes Referat übernommen hat.

1.

Beginnen wir mit der für die *Deutschlandfrage* grundlegenden Aussage unserer Verfassungsordnung in der *Präambel* des Grundgesetzes, so läßt sich die Feststellung treffen, daß in diesem Punkte ursprünglich in den beiden deutschen Verfassungsordnungen von 1949 Übereinstimmung darüber bestand, dem deutschen Volk in einem Verfassungsakt wieder ein rechtlich geordnetes staatliches Gefüge zu geben[1]. Die DDR hat sich freilich seit 1968[2] von dieser Gemeinsamkeit entfernt und sie 1974[3] gänzlich verlassen. Im Grundgesetz der Bundesrepublik Deutschland stehen unverändert weiterhin die Verpflichtungen zur Wahrung der nationalen und staatlichen Einheit und die verfassungskräftige Aufforderung an das gesamte deutsche Volk, »in freier Selbstbestimmung die Einheit und Freiheit Deutschlands zu vollenden«. Hinzu treten die Aussagen über das stellvertretende Handeln »auch für jene Deutschen . . ., denen mitzuwirken versagt war«, ferner die Entscheidung über die Einbindung in eine europäische Friedensordnung, aber auch die langsam aus unserem politischen Bewußtsein entschwindende Feststellung vom Übergangscharakter dieser grundgesetzlichen Ordnung: Die Bundesrepublik Deutschland versteht sich als Provisorium bis zu dem in Art. 146 vorgestellten Tag, an dem das Grundgesetz seine Gültigkeit verliert, wenn eine Verfassung in Kraft tritt, die von dem gesamten deutschen Volke in freier Entscheidung beschlossen worden ist[4].

1 Vgl. Präambel und Wortlaut des Art. 1 der DDR-Verfassung von 1949, GBl. DDR I 1949, S. 5 (6).

2 Durch den Erlaß der neuen Verfassung der DDR vom 6. April 1968. In deren Art. 1 heißt es nunmehr ganz anders: »Die Deutsche Demokratische Republik ist ein sozialistischer Staat deutscher Nation.« GBl. DDR I 1968, S. 199 (205). Vgl. auch die Präambel, S. 203.

3 Gesetz zur Ergänzung und Änderung der Verfassung der Deutschen Demokratischen Republik vom 7. Oktober 1974, GBl. DDR I 1974, S. 425. Art. 1 der DDR-Verfassung lautet seither: »Die Deutsche Demokratische Republik ist ein sozialistischer Staat der Arbeiter und Bauern.« Vgl. dazu *Hacker,* J., Der Rechtsstatus Deutschlands aus der Sicht der DDR, 1974; *Mampel,* S., Die sozialistische Verfassung der Deutschen Demokratischen Republik. Kommentar, 2. Aufl. 1982, Art. 1. Ferner *Zieger,* G., Die Verfassungsänderung in der DDR vom 7. 10. 1974, in: NJW 1975, S. 143.

4 Dadurch kommt zum Ausdruck, daß erst eine solche Verfassung als die endgültige des deutschen Volkes über seine staatliche Zukunft angesehen wird. Vgl. hierzu: BVerfGE 5, 126 f. Art. 146 GG

Das ist eine ungewöhnliche verfassungsrechtliche Aussage, die es auch im völkerrechtlichen Raume nur selten gibt. Wir finden sie etwa auf der östlichen Seite in Art. 11 Abs. 2 des Warschauer Paktes, in dem das automatische Außerkrafttreten dieses Militärpaktes festgeschrieben ist, sobald ein System der kollektiven Sicherheit in Europa und ein diesem Ziel dienender Gesamteuropäischer Vertrag über kollektive Sicherheit in Kraft treten wird[5].

Das Bundesverfassungsgericht hat in ständiger Rechtsprechung Wert auf die Feststellung gelegt, daß der Präambel nicht nur politische, sondern auch *rechtliche Qualität* zukommt[6]. Zunächst enthält der Vorspruch »gewisse rechtlich erhebliche Feststellungen und Rechtsverwahrungen, die bei der Auslegung des Grundgesetzes beachtet werden müssen«. Darüber hinaus »ist aus dem Vorspruch für alle politischen Staatsorgane der Bundesrepublik Deutschland die Rechtspflicht abzuleiten, die Einheit Deutschlands mit allen Kräften anzustreben, ihre Maßnahmen auf dieses Ziel auszurichten und die Tauglichkeit für dieses Ziel jeweils als einen Maßstab ihrer politischen Handlungen gelten zu lassen«. Hinsichtlich der dazu einzuschlagenden Wege müssen den zum politischen Handeln berufenen Organen Spielräume zugestanden werden[7]. Doch die Statusaussagen in der Präambel setzen deutliche Grenzmarken für diesen Spielraum. Ihn hat das Bundesverfassungsgericht in seinem Grundvertragsurteil sehr drastisch dahin umschrieben: »Es darf keine Rechtsposition aus dem Grundgesetz, die der Wiedervereinigung auf der Grundlage der freien Selbstbestimmung des deutschen Volkes dienlich ist, aufgegeben werden, und es darf andererseits kein mit dem Grundgesetz unvereinbares Rechtsinstrument unter Beteiligung der Verfassungsorgane der Bundesrepublik Deutschland geschaffen werden, das der Bemühung der Bundesregierung um Wiedervereinigung entgegengehalten werden kann[8].« Das Bundesverfassungsgericht hat in diesem Zusammenhang auf den Brief zur deutschen Einheit aufmerksam gemacht[9], in dem dieses Einheitswahrungs- und -vollendungsgebot auf der Grundlage der freien Selbstbestimmung des ganzen deutschen Volkes über die Grenzen der Bundesrepublik Deutschland hinaus politisch und rechtlich präsentiert wird[10]. Man könnte es auch so sagen: Da die deutsche Einheit nicht allein aus der Kraft der Deutschen heraus geschaffen werden kann, sondern ein Mitwirken der Vier Mächte[11] und der europäischen Staatengemeinschaft erforderlich ist, versteht sich diese nach außen gerichtete Demonstration, das Selbstbestimmungsrecht für das ganze deutsche Volk zu fordern, als eine notwendige

will das Grundgesetz als »transitorische« Verfassung bis zur Wiedervereinigung deklarieren, so *Heuss*, Th., zitiert bei *Strauß*, W., Totalrevision des Grundgesetzes, 1971, S. 23; *v. Münch*, I., Grundgesetzkommentar, Bd. 1, 3. Aufl. (1985), Rn. 22 zur Präambel, weist auf die in Art. 146 liegende Bekräftigung des Wiedervereinigungsgebotes hin.

5 Vertrag über Freundschaft, Zusammenarbeit und gegenseitigen Beistand vom 14. Mai 1955, in: UNTS Vol. 219 Nr. 2962, S. 21 (dt. Text); GBl. DDR I 1955, S. 382.

6 BVerfGE 5, 85 (127); vgl. auch BVerfGE 36, 1 (17); weitere Hinweise bei *Häberle*, P., Präambeln im Text und Kontext von Verfassungen, in: *Listl/Schambeck* (Hrsg.), Festschrift für Broermann, 1982, S. 224 ff.

7 Hierzu: BVerfGE 5, 127/8.

8 BVerfGE 36, 1 (24).

9 Ebenda.

10 Bulletin der Bundesregierung Nr. 109 vom 17. August 1970, S. 1094 (vgl. hierzu den Brief an die Regierung der DDR vom 21. Dezember 1972, BGBl. 1973 II, S. 425). Dieser Brief ist ferner abgedruckt in: *v. Siegler* (Hrsg.), Dokumentation zur Deutschlandfrage in Verbindung mit der Ostpolitik, Hauptband VI, 1972, S. 445. Zur Entstehungsgeschichte des Briefes zur deutschen Einheit vom 12. August 1970 zum Moskauer Vertrag vgl. *Griffith*, W. E., Die Ostpolitik der Bundesrepublik Deutschland, 1981, S. 251 m. w. Nachw., ferner *Zündorf*, B., Die Ostverträge. 1979, S. 58.

11 Auf deren Verantwortung wies auch das Bundesverfassungsgericht ausdrücklich hin, BVerfGE 5, 130.

Ergänzung dieses Verfassungsauftrages an die Staatsorgane. Vor allem ergibt sich aus dieser politisch-rechtlichen Deutung die Verpflichtung der Bundesorgane, auch gegenüber dem anderen deutschen Staat beharrlich auf diese Offenheit der deutschen Frage aufmerksam zu machen[12]. Eine Normalisierung i. S. der Herstellung gleichberechtigter Beziehungen zwischen souveränen Staaten ist hiernach im Verhältnis der beiden Staaten in Deutschland ausgeschlossen[13]. Das sollte auf seiten unserer verantwortlichen Organe im Bund und in den Ländern manchmal klarer gesehen werden, weil das formelhafte Wiederholen auf der DDR-Seite von der Herstellung solcher völkerrechtlicher Beziehungen, »wie sie zwischen *souveränen* Staaten üblich sind«, langsam bei uns ein Echo gewinnt. Das beginnt bei der Formulierung im gemeinsamen Kommuniqué vom 12. März 1985[14] und endet in einer Bewußtseinsverschiebung der westdeutschen Öffentlichkeit.

Die Verfassungsaussage in der Präambel des Grundgesetzes besitzt auch Gewicht gegenüber europäischen Integrationsvorgängen; kein deutsches Verfassungsorgan kann es zulassen, daß eine europäische öffentliche Gewalt in einer westeuropäischen politischen Gemeinschaft insgesamt etwa eine Auslandsbeziehung zur DDR aufnehmen würde[15]. Es wird von Interesse sein, die wieder in Fluß gekommenen Verhandlungen zwischen EG und dem RGW[16] in diesem Punkte und vor allem in der folgenden zweiten Stufe des Abschlusses eines klassischen Handelsvertrages zwischen der DDR auf der einen Seite und der EWG auf der anderen Seite daraufhin zu beobachten, ob die besonderen Beziehungen zwischen den beiden Staaten in Deutschland[17] ausreichend gewahrt werden. Solange diese mit konkreten ökonomischen Vorteilen für die DDR-Führung verbunden sind[18], sollten keine Bedenken bestehen, daß die DDR diesen wirtschaft-

12 Zur Offenhaltungspflicht vgl. *v. Münch* (Fn. 4), Rn. 27 zur Präambel.

13 BVerfGE 36, 31: »Der Vertrag bedarf daher, um verfassungskonform zu sein, der Auslegung, daß die Deutsche Demokratische Republik auch in dieser Beziehung nach dem Inkrafttreten des Vertrags für die Bundesrepublik Deutschland nicht Ausland geworden ist.«

14 Bulletin des Presse- und Informationsamtes der Bundesregierung Nr. 28 vom 14. März 1985, S. 229 f.

15 *v. Münch* (Fn. 4), Rn. 14 zur Präambel, hat zum »Wechselverhältnis« zwischen Europa-Bekenntnis und Einheitswahrungsklausel prägnant formuliert: »Das Wiedervereinigungsstreben darf das Europa-Bekenntnis nicht ignorieren wie umgekehrt die Europa-Politik die Einheitswahrung zu beachten hat.« Vgl. zu dem Fragenkomplex europäische Integrationsvorschläge und Wiedervereinigung Deutschlands *Murswiek,* D., Wiedervereinigung Deutschlands und Vereinigung Europas – Zwei Verfassungsziele und ihr Verhältnis zueinander, in: *Blumenwitz/Meissner* (Hrsg.), Die Überwindung der europäischen Teilung und die deutsche Frage, 1986, S. 103.

16 Nach einer entsprechenden Absichtserklärung des sowjetischen Parteiführers am 29. Mai 1985 (Europa-Archiv 1985, Dokumente, Z 102) sind die seit 1974 eingeleiteten Sondierungen und Verhandlungen über Vertragsentwürfe zwischen EWG und RGW – dazu *Pfeffer,* J., Analyse der Vertragsentwürfe zwischen EG und RGW, in: *Zieger/Lebahn* (Hrsg.), Rechtliche und wirtschaftliche Beziehungen zwischen den Integrationsräumen in West- und Osteuropa. Internationales Symposium 16.–18. Mai 1979, 1980, S. 59 – im September 1986 wieder in Gang gebracht worden (Europa-Archiv 1986, Dokumente, Z 188).

17 Hierzu *Mahnke,* H.-H., Die besonderen Beziehungen zwischen beiden deutschen Staaten, in: *Zieger* (Hrsg.), Fünf Jahre Grundvertragsurteil des Bundesverfassungsgerichts, 1979, S. 145; speziell für die wirtschaftliche Verknüpfung beider Staaten vgl. das Protokoll über den innerdeutschen Handel und die damit zusammenhängenden Fragen in der Schlußakte der Regierungskonferenz für den Gemeinsamen Markt und Euratom vom 25. März 1957, BGBl. 1957 II, S. 756 (984). Hierzu: *Kupper,* S., Innerdeutscher Handel, in: Bundesministerium für innerdeutsche Beziehungen (Hrsg.), DDR-Handbuch. 3. Aufl. (1985), S. 643; *Scharpf,* P., Europäische Wirtschaftsgemeinschaft und Deutsche Demokratische Republik. Die Entwicklung ihrer Rechtsbeziehungen seit 1958 unter besonderer Berücksichtigung des innerdeutschen Handels. 1973.

18 *Lambrecht,* H., Der innerdeutsche Handel – ein Güteraustausch im Spannungsfeld von Politik und Wirtschaft. Aus Politik und Zeitgeschichte. Beil. zur Wochenzeitung Das Parlament B 40/82, S. 3.

lichen deutsch-deutschen Sonderpfeiler beachtet und nicht an ihm rüttelt[19]. Wenn es ihr aber gelingen sollte, die gegenüber der Bundesrepublik Deutschland bestehenden wirtschaftlichen Vorteile insgesamt etwa von der EG konzediert zu erhalten, würde diese Rücksichtnahme auf seiten der DDR-Partei- und Staatsführung rasch erkalten. Das müßte auch im Blick behalten werden, wenn es i. S. von Gorbatschow zur Errichtung und Einrichtung eines »Gesamteuropäischen Hauses« kommen sollte, was immer man sich darunter vorzustellen vermag. Es dürfte dann nicht immer leichtfallen, auszuloten, wo die den westdeutschen Staatsorganen auferlegten Handlungsgrenzen zu suchen sind. Die deutsch-deutschen Besonderheiten dürfen bei allen ökonomischen, kulturellen und staatlichen Annäherungsschritten nicht verlorengehen, wenn man dem Gebot der Präambel des Grundgesetzes Rechnung trägt.

Aus dieser Präambel heraus muß eine ebenso elementare Verbindung mit den Art. 116/Art. 16 GG hergestellt werden. Wenn ausdrücklich das »gesamte deutsche Volk« als der eigentliche Bezugspunkt des Verfassungsauftrages bezeichnet wird, heißt dies, daß die Organe der Bundesrepublik Deutschland das Selbstbestimmungsrecht für *alle Deutschen* offenzuhalten haben, nicht nur für die Deutschen im Bundesgebiet. Die so ostentative Betonung der Forderung nach freier Selbstbestimmung durch das gesamte deutsche Volk gäbe keinen Sinn, wenn man dieses Postulat auf die sogenannten Bundesbürger allein beziehen würde. Der eigentliche Verfassungsauftrag reicht weiter, er umfaßt alle Deutschen, nicht nur im anderen deutschen Staate, sondern ebenso die Deutschen außerhalb des Herrschaftsbereiches dieser beiden Staaten unter Einschluß von Berlin[20]. Über den Begriff dieser »Deutschen« ließe sich manches meditieren, beispielsweise ob damit auch alle deutschen Staatsangehörigen im westlichen Ausland gemeint sein müßten[21]. Die Änderung unseres Wahlgesetzes hat dem zum Teil Rechnung getragen[22]. Ganz gewiß unter den Kreis der Mitglieder dieses gesamtdeutschen Volkes zu rechnen wären die Deutschen i. S. des Grundgesetzes, die im Gebiet des deutschen Staates vom Stande des Jahresendes 1937 Wohnsitz oder ständigen Aufenthalt haben.

Es ist also nicht so, wie man aus manchen wenig überlegten Erklärungen unserer Politiker entnehmen könnte, daß etwa der Verzicht auf die deutsche Staatsangehörigkeit gegenüber der DDR eine Frage der Verfassungsänderung bei uns wäre. Das ist eine sehr kurzsichtige Betrachtung, die Struktur und Prinzip des Grundgesetzes außer acht läßt: Es müßte nicht nur formell der Art. 116 GG geändert werden, mit der Präambel und dem erwähnten Schlußartikel des Grundgesetzes; vielmehr müßte ein *anderes Grundgesetz* geschaffen werden, das nicht mehr die Verpflichtung zur Einlösung des Selbstbestimmungsrechtes auf das gesamtdeutsche Volk gründet. Das wäre eine Änderung, die weit über das hinausgeht, was nach Art. 79 Abs. 3 GG im Wege der Verfassungsänderung vorstellbar ist. Denn es würde dadurch das gesamte Selbstverständnis

[19] Zur bisherigen Zurückhaltung der DDR siehe *Seeler*, H.-J., Die Beziehungen zwischen der Europäischen Gemeinschaft und dem Rat für Gegenseitige Wirtschaftshilfe, in: Europa-Archiv, 1987, S. 189 (191).

[20] *v. Mangoldt/Klein*, Das Bonner Grundgesetz, Bd. I, 1957, S. XI Ziff. 2 zur Präambel; vgl. auch die Neukommentierung von *Starck*, Chr., in: *v. Mangoldt/Klein/Starck*, Das Bonner Grundgesetz. Kommentar. 3. Aufl., Band 1, 1985, Präambel Rn. 12, 14, 28 ff.

[21] *Henkel*, J., Wahlrecht für Deutsche im Ausland, in: AöR 99 (1974), S. 1; *Quaritsch*, H., Staatsangehörigkeit und Wahlrecht, in: DÖV 1983, S. 1 ff.

[22] 7. Gesetz zur Änderung des Bundeswahlgesetzes vom 8. März 1985, BGBl. I 1985, S. 521. Vgl. hierzu die Gesetzgebungsübersicht in: JuS 1985, S. 570 (m. w. Nachw.); *Schreiber*, W., Novellierung des Bundeswahlrechts, in: NJW 1985, S. 1433 ff.

der Bundesrepublik Deutschland in Frage gestellt[23]. So gesehen ist die Frage der überwölbenden deutschen Staatsangehörigkeit nicht ein Problem der Änderung des Grundgesetzes, das bei vorhandener Zweidrittelmehrheit im Sinne der DDR-Führung gelöst werden könnte. Sie ist vielmehr der Disposition der im Rahmen des Grundgesetzes agierenden Verfassungsorgane schlechthin entzogen[24]. Diese Feststellung ließe sich auch in der Weise formulieren, daß nur das souveräne gesamtdeutsche Volk das heute im Rang zwingenden Rechtes stehende Selbstbestimmungsrecht[25] ausüben kann. Staatsorgane, und seien sie auch demokratisch von der Bevölkerung in Westdeutschland bestellt, können niemals auf dieses Selbstbestimmungsrecht verzichten[26]. Die Verzichtleistung auf diese umfassende deutsche Staatsangehörigkeit bedeutete den Verzicht auf die entscheidende Subjektstellung aller Deutschen zur Ausübung dieses Selbstbestimmungsrechtes. Über diese Tragweite müssen sich die staatstragenden Parteien bei uns im Lande klarwerden.

Auch aus den Aussagen des Grundgesetzes zur Stellung Berlins ließen sich Schlüsse für diese gesamtdeutsche Verantwortung unserer Organe in Bund und Ländern ziehen[27]. Aus Zeitgründen muß darauf verzichtet werden, an dieser Stelle auf dieses besondere, aber ganz zentrale Thema einzugehen.

23 Vgl. *Murswiek* (Fn. 15), S. 120 f., der darauf hinweist, daß durch Art. 79 GG nur Änderungen des Grundgesetzes in seiner Vorläufigkeit gedeckt sind, und es als »oberflächlichen Positivismus« bezeichnet, wenn man aus dem Umstand, daß die sog. Ewigkeitsklausel des Abs. 3 das Wiedervereinigungsgebot nicht nennt, die Zulässigkeit einer diesbezüglichen Verfassungsänderung folgern würde. Auch wenn Art. 79 Abs. 3 GG als Ausnahmevorschrift zum demokratischen Grundprinzip der Volkssouveränität materiell nicht extensiv zu interpretieren ist (vgl. statt aller: *Maunz/Dürig,* in: *Maunz/Dürig/Herzog/Scholz,* Grundgesetz-Kommentar, Art. 79 Rn. 31), also eng auszulegen ist, besteht eine zusätzliche, gewissermaßen dem Grundgesetz immanente Unantastbarkeit der Offenhaltung der deutschen Frage. Die gegenüber Art. 79 Abs. 3 GG stärkere Stellung des Art. 146 GG ergibt sich auch daraus, daß erst, wenn gem. Art. 146 GG das ganze Grundgesetz seine Gültigkeit verliert, auch damit Art. 79 Abs. 3 GG mit seinen unabänderlichen Werten gegenstandslos geworden ist.

24 Das Bundesverfassungsgericht hat dies in seiner Grundvertragsentscheidung BVerfGE 36, 1 (15 f.) wie folgt formuliert: »Das Grundgesetz – nicht nur eine These der Völkerrechtslehre und der Staatsrechtslehre! – geht davon aus, daß das Deutsche Reich den Zusammenbruch 1945 überdauert hat . . ., das ergibt sich aus der Präambel, aus Art. 16, Art. 23, Art. 116 und Art. 146 GG.« Die genannten Bestimmungen bilden also ein Gefüge, das man nicht auseinanderreißen kann, ohne die Basis des Grundgesetzes zu zerstören.

25 Das Selbstbestimmungsrecht wird verschiedentlich als ein Beispiel für Jus cogens bezeichnet; so z. B.: *Gros Espiell,* H., The Right to Self-Determination, Implementation of United Nations Resolutions (UN-Doc. E/CN. 4/Sub 2/405/Rev. 1), 1980, § 70; vgl. ferner: *Klein,* E., Vereinte Nationen und Selbstbestimmungsrecht, in: *Blumenwitz/Meissner* (Hrsg.), Das Selbstbestimmungsrecht der Völker und die deutsche Frage, 1984, S. 107 (121); zu entsprechenden Stimmen im östlichen Schrifttum: *Meissner,* B., Die marxistisch-leninistische Auffassung vom Selbstbestimmungsrecht, ebenda, S. 89 (95).

26 Die Rechtspflicht, alles zu unterlassen, was der Wiedervereinigung entgegensteht, richtet sich an alle Staatsorgane. Vgl. BVerfGE 36, 1 (17).

27 Vgl. Art. 23 GG, wonach Berlin ein Land der Bundesrepublik Deutschland ist (so auch BVerfGE 7, 1; Leitsatz 1), Art. 144 Abs. 2 GG (»lex Berlin«). Aus dem Schrifttum vgl. insbes. *Zivier,* E. R., Der Rechtsstatus des Landes Berlin. Eine Untersuchung nach dem Viermächte-Abkommen vom 3. 9. 1971, 4. Aufl. (1987); *Schiedermair,* H., Der völkerrechtliche Status Berlins nach dem Viermächte-Abkommen vom 3. September 1971, 1975; vgl. ferner die kontroversen Auffassungen bei *Pestalozza,* Chr., in: JuS 1983, S. 241 ff., 1984, S. 430 ff. und *Sendler,* H., in: JuS 1983, S. 903 ff., 1984, S. 432 ff., die auch zugleich einen guten Überblick über die bisherige Literatur geben.

2.

Wenden wir uns dem zweiten Charakteristikum unserer staatlichen Ordnung, dem *Demokratieprinzip,* zu[28], so haben wir es bei ihm mit einem Grundsatz zu tun, der uns in der Verfassung des anderen deutschen Staates ebenso massiv entgegentritt[29]. Es bedürfte einer eigenen Untersuchung, welche politische Mystifizierung in breiten Kreisen bei uns im Westen zu beobachten ist, wenn der Osten das Wort der »Demokratie« oder der »Demokratisierung« nur in den Mund nimmt[30]. Eigentlich sollten wir in Deutschland und jedenfalls in Westeuropa gerade in diesem Punkte sehr reserviert sein, weil das Stichwort der »Demokratisierung« nach 1945 dazu hat herhalten müssen, dem Demokratiebegriff im sogenannten Potsdamer Abkommen[31] einen sowjetisch unterlegten Sinn zu geben und die Sowjetisierung in Mitteldeutschland besatzungsrechtlich abzusichern[32]. Das Stichwort der Demokratie und der dazu als Vehikel erforderlichen freien demokratischen Wahlen ist auf den Außenministerkonferenzen und den Gipfeltreffen der großen Vier mehr als zehn Jahre lang gerade in bezug auf Deutschland hinreichend traktiert worden[33], um den völlig unterschiedlichen Wert dieser Begriffsbilder für Ost und West zu erkennen. Auch wenn neuerlich in der UdSSR – noch nicht einmal in der DDR – von dem Erfordernis einer Demokratisierung gesprochen wird[34], sollten wir dies nicht sofort unserem Demokratieverständnis gleichachten. Von Interesse ist daran allerdings das Eingeständnis, daß die sozialistische Demokratie, die wir längst als eine pseudodemokratische Fassade erkannt haben, nunmehr auch seitens der Machthaber in dem sowjetischen Herrschaftsbereich als reformbedürftig angesehen wird.

In unserer westdeutschen Verfassungsordnung haben wir uns aufgrund der Erfahrungen der Weimarer Zeit für das System der *repräsentativen Demokratie* entschieden und

[28] Vgl. *v. Simson,* W., *Kriele,* M., Das demokratische Prinzip im Grundgesetz, in: VVdStRL Heft 29 (1971), S. 3 ff., 46 ff.

[29] Die DDR will eine »sozialistische Demokratie« sein. Dieser Grundsatz kommt in der Verfassung vom 6. April 1968 vor allem im Abschnitt I (»Grundlagen der sozialistischen Gesellschafts- und Staatsordnung«) zum Ausdruck.

[30] Ein Aufschwung dieser Begriffe im sowjetischen Vokabular ist seit der Amtsübernahme *Gorbatschows* zu verzeichnen. Vgl. z. B. seine Ausführungen zur Demokratisierung in Gesellschaft und Partei auf dem Plenum des ZK der KPdSU am 27. und 28. Januar dieses Jahres, AdG vom 28. Januar 1987, S. 30709 A (30711); *Duve,* F. (Hrsg.), Die Rede. Wir brauchen die Demokratie wie die Luft zum Atmen. 1987, S. 90.

[31] Abschnitt III A Ziff. 8, 9, Amtsblatt des Kontrollrats (ABl. KR), Ergänzungsblatt Nr. 1, S. 13 ff.

[32] Vgl. dazu: *Rabl,* K., Die Durchführung der Demokratisierungsbestimmungen des Potsdamer Protokolls in der sowjetischen Besatzungszone Deutschlands und später in der DDR, in: *Meissner/Veiter* (Hrsg.), Das Potsdamer Abkommen und die Deutschlandfrage, II. Teil, 1987, S. 113 ff., und *Faust,* F., Die wirtschaftliche und politische Einheit Deutschlands im Potsdamer Abkommen, in: *Klein/Meissner* (Hrsg.), Das Potsdamer Abkommen und die Deutschlandfrage, I. Teil, 1977, S. 136 f.; *Zieger,* G., Berliner Erklärung und Potsdamer Abkommen – Auswirkungen auf den Fortbestand Deutschlands, in: *Blumenwitz/Meissner* (Hrsg.), Die Überwindung der europäischen Teilung und die deutsche Frage, 1986, S. 47 ff.

[33] Vgl. im einzelnen dazu: *Deuerlein,* E., Die Einheit Deutschlands, Bd. I, Die Erörterungen und Entscheidungen der Kriegs- und Nachkriegskonferenzen 1941–1949, 2. Aufl. (1961); *Marienfeld,* W., Konferenzen über Deutschland. Die alliierte Deutschlandplanung und -politik 1941–1949, 1963; *Meissner,* B., Rußland, die Westmächte und Deutschland. Die sowjetische Außenpolitik 1943–1953; *Zieger,* G., Das Thema freier, demokratischer und geheimer Wahlen in Deutschland 1945 in den Verhandlungen der Vier Mächte, in: *Zieger,* G. (Hrsg.), Die Haltung der Sowjetunion gegenüber freien, demokratischen und geheimen Wahlen in Deutschland nach 1945 – vergleichend dargestellt. Symposium am 23./24. September 1985. 1988, S. 102.

[34] Vgl. Fn. 30.

die politischen Parteien bewußt in das Verfassungsgeschehen hineingenommen[35]. Das Element der unmittelbaren Demokratie ist nicht verbannt. Im Bunde ist es praktisch freilich zur Bedeutungslosigkeit verkümmert[36], dagegen in den Ländern und Gemeinden zur Erprobung freigegeben, Art. 28 Abs. 2 GG. Das läßt sich als eine kluge verfassungspolitische Grundentscheidung verstehen, welche der Manipulierungsgefahr des Plebiszits im bundesweiten Rahmen Rechnung trägt. Auf regionaler oder örtlicher Ebene geht es im allgemeinen um konkretere Interessen, deren Wahrung den plebiszitären Akteuren zumeist selbst am Herzen liegt. Es ist eigentlich erstaunlich, daß die Länderverfassungen und hier die regierenden Parteien von den aus Art. 28 GG freigegebenen Möglichkeiten stärkerer unmittelbarer demokratischer Akzente kaum Gebrauch gemacht haben[37]. Regelmäßig sind es oppositionelle Gruppierungen, die sich eines Volksbegehrens usw. annehmen[38]. Es gehört dieses also zu den außerordentlichen poli-

35 Durch Art. 21 GG. Diese Bestimmung stellt die erste verfassungsrechtliche Regelung des Parteienwesens in Deutschland dar; *Schunk/De Clerck,* Allgemeines Staatsrecht und Staatsrecht des Bundes und der Länder, 12. Aufl. (1986), S. 221; *Hesse,* K., *Kafka,* G. E., Die verfassungsrechtliche Stellung der Parteien im modernen Staat, in: VVdStRL Heft 17 (1959), S. 11 ff., 53 ff.; *Leibholz,* G., Strukturprobleme der modernen Demokratie, Neuausgabe der 3. Aufl. (1974).

36 Im Grundgesetz sind lediglich Volksentscheide gem. Art. 29 Abs. 2 bis 6 GG bei der Neugliederung des Bundesgebietes vorgesehen. Hierzu *Pestalozza,* Chr., Der Popularvorbehalt. Direkte Demokratie in Deutschland, 1981. Der Meinungsstand zur Zukunft plebiszitärer Elemente auf Bundesebene ist bei *Obst,* C.-H., Chancen direkter Demokratie in der Bundesrepublik Deutschland – Zulässigkeit und politische Konsequenzen, 1986, dargestellt. Der 55. Deutsche Juristentag diskutierte mit unterschiedlichen Stellungnahmen über die Einführung plebiszitärer Elemente, vgl. 55. DJT, Bd. II, P 6 ff.

37 Volksbegehren kennen die Verfassungen der Länder Bayern, Berlin, Bremen, Hessen, Nordrhein-Westfalen, Rheinland-Pfalz. Bestimmungen über Volksentscheide enthalten die Verfassungen der Länder Baden-Württemberg, Bayern, Berlin, Bremen, Hessen, Nordrhein-Westfalen, Rheinland-Pfalz, Saarland. Die Verfassungen der Länder Freie und Hansestadt Hamburg, Niedersachsen und Schleswig-Holstein kennen keine plebiszitären Elemente. Volksentscheide bei Verfassungsänderungen sehen vor die Verfassungen der Länder Baden-Württemberg, Bayern, Berlin, Bremen, Hessen, Nordrhein-Westfalen, Rheinland-Pfalz. Volksentscheide bei der einfachen Gesetzgebung können stattfinden nach den Verfassungen der Länder Baden-Württemberg, Bayern, Bremen, Hessen, Nordrhein-Westfalen, Rheinland-Pfalz, Saarland. Volksentscheide über den Staatshaushalt, Abgabengesetze und Besoldungsordnungen sind ausnahmslos unzulässig. Durch Volksentscheid können die Landtage (Abgeordnetenhaus) von Baden-Württemberg, Bayern, Berlin und Rheinland-Pfalz vorzeitig aufgelöst werden. Während das Volk durch Volksbegehren und Volksentscheid in der Regel nur auf die gesetzgebenden Körperschaften einzuwirken vermag, kann es in den Ländern Bremen und Nordrhein-Westfalen durch Volksentscheid auch die Landesregierung (Senat) zum Rücktritt zwingen.

38 Zu Erfahrungen in den Ländern der Bundesrepublik Deutschland vgl. *Berger,* W., Die unmittelbare Teilnahme des Volkes an staatlichen Entscheidungen durch Volksbegehren und Volksentscheid, Diss. jur. Freiburg, 1978, S. 111 ff., 290 ff.; *Troitzsch,* K. G., Volksbegehren und Volksentscheid, 1979; Beispiele von in jüngerer Zeit erfolgten Versuchen, auf Landesebene Volksentscheide über verschiedene Themen herbeizuführen: 1978 in Nordrhein-Westfalen gegen die sog. »Ko-op Schule« (dazu: *Troitzsch,* a. a. O., S. 97 ff.), 1981 in Hessen gegen die Startbahn West (dazu: *Schonebohm,* in: *Zinn/Stein,* Verfassung des Landes Hessen, Kommentar, Art. 124, Erl. X 2), 1983/84 in Baden-Württemberg zur Festlegung der Landesregierung auf eine bestimmte friedenspolitische Ausrichtung (vgl. NVwZ 1987, S. 574 ff.), 1985 in Bremen gegen die Auflösung bestimmter Schulen (vgl. NVwZ 1987, S. 576 ff.), 1987 im Saarland gegen die geplante Gesamtschulreform (FAZ vom 12. Juni 1987, 12. und 29. Juni 1987, 4) und in Bayern gegen die geplante Wiederaufbereitungsanlage (SZ vom 13. Juli 1987, 16. und 18./19. Juli 1987, 24). Vgl. ferner: *Weber,* A., Direkte Demokratie im Landesverfassungsrecht, in: DÖV 1985, S. 178 ff.; speziell zu Nordrhein-Westfalen *Grawert,* R., Volksbegehren vor dem Verfassungsgerichtshof, in: NWVBl. 1987, Heft 9, S. 2 ff.

tischen Instrumentierungen und wird von den Parteien eher als eine Beeinträchtigung der parlamentarischen Arbeit empfunden denn als deren Ergänzung.

Die Demokratie wurzelt bei uns im *Wahlakt* und in der öffentlichen Meinung. Das gemischte Wahlsystem, die Kombination von Verhältniswahl und Persönlichkeitswahl (Mehrheitswahl)[39] hat sich im Bunde bewährt. Die Parteien sind – anders als etwa in der Französischen Republik – bisher auch nicht der Versuchung erlegen, durch Änderung des Wahlrechts die Parteienlandschaft zu verändern und damit die Machtverhältnisse zu beeinflussen. Diese Versuchung hat es bei uns einmal in der Zeit der Großen Koalition gegeben, aber der Versucher ist nicht zum Handeln gelangt[40]. Es wäre wohl sicherer, das Wahlsystem verfassungsfest zu schreiben, um auch den Liebedienereien gegenüber Koalitionspartnern durch Änderungen des klassischen Mandatsverteilungssystems, des d'Hondtschen Höchstzahlensystems, durch die alternativen Systeme Hagenbach-Bischoff oder Hare-Niemeyer usw.[41] Valet zu sagen[42]. Aber das ist nur ein Randproblem in unserer entfalteten Demokratie. Stärker wiegt die Unlust an den Parteien; das ist allerdings keine neue Erscheinung. Sie lebt eher aus dem Mißverständnis heraus, daß Parteien etwas Besseres oder gar Hehreres sein könnten als die Menschen, die politischen Akteure[43]. Insofern wird sich eine alternative politische Bewegung früher oder später zu einer politischen Partei umformen und Verantwortung mittragen müssen oder im politischen Vergessen wieder entschwinden. Nach einer gewissen Zeit der politischen Neugier und des Happenings wird man eine Gruppierung der Neinsager kaum länger mit vielen Wählerstimmen unterstützen. Es sollte hier die Lehre von Weimar wirksam gemacht werden, daß ein »Nein« sehr wohl politisch am Platze sein kann, wenn es mit einer *konstruktiven Alternative* verbunden ist. Das konstruktive Mißtrauensvotum gegenüber dem Bundeskanzler[44] ist dafür ein beredtes Zeichen, das politisch verallgemeinerungsfähig sein dürfte.

Das Thema der »streitbaren« Demokratie, das nach 1949 viel diskutiert worden ist[45] und in der Grundrechtsverwirkung des Art. 18 GG sowie im Parteienverbot nach Art.

39 § 1 Abs. 1 BWahlG.

40 Mit der Bildung der Großen Koalition 1966 begann eine grundlegende Wahlreformdebatte mit dem Ziel eines mehrheitsbildenden Wahlrechts. Neben anderen Vorschlägen wurde insbesondere auch ein Dreier- oder Viererwahlkreissystem diskutiert. Nach der Bundestagswahl 1969 wurden jedoch solche Pläne wieder begraben. Vgl. hierzu: *Baring*, A., Machtwechsel. Die Ära Brandt/Scheel. 3. Aufl. (1982), S. 108 ff.; *Jesse*, E., Wahlrecht zwischen Kontinuität und Reform. Eine Analyse der Wahlsystemdiskussion und der Wahlrechtsänderungen in der Bundesrepublik Deutschland, 1949–1983. 1985, S. 113 ff.

41 Vgl. dazu ausführlich: *Meyer*, H., Wahlsystem und Verfassungsordnung, 1973.

42 Vgl. zuletzt das 7. Gesetz zur Änderung des Bundeswahlgesetzes vom 8. März 1985 (Fn. 22), durch welches das Hare-Niemeyer-Verfahren das d'Hondtsche Höchstzahlen-Verfahren bei der Errechnung der Mandate abgelöst hat. Das neue Verfahren begünstigt beim Erfolgswert rechnerisch die kleineren Parteien. Vgl. hierzu: *Schreiber*, W. (Fn. 22), S. 1437. Hinweise auf die Gesetzesmaterialien finden sich in: JuS 1985, S. 570.

43 In diesem Zusammenhang bemerkt *Kaak*, H., Parteiendemokratie und Parteiensystem, in: *Jesse*, E. (Hrsg.), Bundesrepublik Deutschland und Deutsche Demokratische Republik. Die beiden deutschen Staaten im Vergleich, 3. Aufl. (1982), S. 91 ff. (94), daß der Streit um die »Verpackung« und die »Sauberkeit des Lieferanten« den Streit um die Inhalte ersetze und sich dadurch z. T. die sog. Parteienverdrossenheit erklären lasse.

44 Art. 67 GG.

45 Vgl. zum Begriff: *Lameyer*, J., Streitbare Demokratie, mit einem Nachwort von G. *Leibholz*, in: JöR n. F. 30 (1981), S. 147 (152 ff.). Vgl. ferner: *Sattler*, A., Die rechtliche Bedeutung der Entscheidung für die streitbare Demokratie. Untersucht unter besonderer Berücksichtigung der Rechtsprechung des Bundesverfassungsgerichts. 1982; *Denninger*, E., *Klein*, H. H., Verfassungstreue und Schutz der Verfassung, in: VVdStRL Heft 37 (1979), S. 7 ff., 53 ff. Zum Schutze der Verfassung vgl. auch *Stern*, K., Das Staatsrecht der Bundesrepublik Deutschland, Band I, 2. Aufl. (1984), S. 180 ff.

21 Abs. 2 GG eine Positivierung erlangt hat, bedeutet eine Grenzziehung für die politische Toleranz. In der Deutung des Bundesverfassungsgerichtes soll es sich bei diesen Bestimmungen des Grundgesetzes von der »streitbaren« Demokratie um Maßnahmen einer auf Selbstverteidigung angelegten Demokratie handeln[46]. Die politische Entwicklung der letzten Jahrzehnte ist andere Wege gegangen. Eine Grundrechtsverwirkung ist bislang noch in keinem Falle ausgesprochen worden. Von dem Verbot politischer Parteien ist letztmalig im Jahre 1956 Gebrauch gemacht worden[47]. Der darin liegende Verzicht auf die juristische Waffe etwa eines Parteienverbotes gemäß Art. 21 Abs. 2 GG zugunsten der politischen Auseinandersetzung[48] zeugt von einer größeren politischen Stabilität des Gemeinwesens[49]. Der Gewährleistung der *öffentlichen Meinung* als einem ganz wesentlichen Instrument demokratischer Grundordnung dienen die gehütete Pluralität freier Meinungs- und Presseäußerungen, bis hin zur gruppenorientierten Organisation der öffentlichen Medien mit entsprechenden Ansätzen bei den sich abzeichnenden privaten Veranstaltungen[50].

Wie positiv die Einschätzung der Demokratie bei uns ist, zeigen nicht nur die relativ hoch liegenden Beteiligungszahlen der Wähler an Wahlakten[51], sondern auch die mannigfachen Überlegungen zur Demokratisierung der Gesellschaft, vom Betrieb über die Universität am besten bis hinein in die Familie. Hier werden zugleich Grenzen und Gefahren des Demokratieprinzips spürbar, bei denen der *Gleichheitssatz* lebendig wird, der gegen den *Freiheitssatz* ausgespielt werden kann.

3.

Damit können wir in unserer Betrachtung den *Menschen* in den Blick nehmen. Es ist nicht zufällig, wenn an die Spitze aller Verfassungsaussagen im eigentlichen normativen Teil des Grundgesetzes die Würde des Menschen gerückt worden ist. Das mag sich historisch als eine Reaktion auf das menschenverachtende autoritäre NS-System verstehen. Doch liegt darin auch die positive Grundorientierung für die gesamte Rechtsordnung, das Staats- und das Grundrechtsverständnis[52]. Die *Würde des Menschen* und der Schutz der *Menschenrechte* werden als konstituierende Elemente jeder menschlichen Gemeinschaft verstanden, also auch der Demokratie der Bundesrepublik Deutschland.

46 BVerfGE 25, 88 (100); 28, 36 (48).

47 BVerfGE 5, 85 (KPD-Urteil), zuvor 1952 BVerfGE 2, 1 (SRP-Urteil).

48 In BVerfGE 40, 287 (292) wurde die Entscheidung für »eine mit Argumenten geführte politische Auseinandersetzung« statt eines Verbotsantrages für »legitim« erklärt.

49 *Stern* I (Fn. 15), S. 207, bemerkt in diesem Zusammenhang allerdings, daß die Instrumente des Art. 21 Abs. 2 GG mehr und mehr zu »rostigen Schwertern« werden, und gibt zu bedenken, daß das Argument, man müsse verfassungsfeindliche Organisationen »politisch« bekämpfen, nicht zum Alibi werden dürfe, sich vor der Notwendigkeit der Verantwortung zu sperren, ehe es zu spät sei. Ähnlich. *Fromme*, F. K., Das Prinzip der streitbaren Demokratie im Wandel, in: *Jesse* (Fn. 43), S. 79 ff. (89).

50 Zum rechtlichen Rahmen für private Veranstaltungen auf diesem Gebiet vgl. *Stock*, M., Das vierte Rundfunkurteil des Bundesverfassungsgerichts: Kontinuität oder Wende?, in: NJW 1987, S. 217 ff.

51 Bei den letzten beiden Bundestagswahlen lag die Wahlbeteiligung z. B. bei 84,3 % (1987) bzw. 89,9 % (1983). AdG vom 25. Januar 1987, S. 30.697 A Ziff. 2 (30.699).

52 Die im Grundrechtsabschnitt zum Ausdruck kommende »objektive Wertordnung« findet nach BVerfGE 7, 198 (205) ihren Mittelpunkt in der »innerhalb der sozialen Gemeinschaft sich frei entfaltenden menschlichen Persönlichkeit und ihrer Würde«.

Da das Grundgesetz, wie eine ganze Reihe von Grundgesetz-Artikeln erkennen läßt, den Menschen nicht als ein isoliertes Individuum[53], sondern als den in die demokratische Gemeinschaft einbezogenen, eingebundenen Menschen versteht[54], wird ein zu krasses Spannungsverhältnis zwischen dem Menschen und der Gemeinschaft im Staat als der organisierten Gesellschaft vermieden. Steht damit die These von der gebundenen Freiheit des Menschen im Vordergrund unserer verfassungsrechtlichen Bühne, muß dem Rechtsstaat, dem *sozialen Rechtsstaat*[55], eine vitale Bedeutung zuwachsen. Das darf nicht ein nach dem Modell des demokratischen Zentralismus strukturierter Einheitsstaat sein, wie wir ihn aus der DDR kennen, selbst wenn er sich nicht als Scheindemokratie darstellte. Denn die Entscheidung der Siegermächte zur Dezentralisierung der politischen Struktur und Entwicklung einer örtlichen Selbstverantwortung – Punkt III A Ziff. 9 des Potsdamer Abkommens[56] – ist im Gebiet der Bundesrepublik Deutschland voll verwirklicht und in die Form des verfassungsänderungsfesten *Föderalismus*[57] gegossen worden. Das besatzungsrechtliche Dezentralisierungsgebot soll der politischen Schwächung der Machtzentrale im Staate dienen. Im Grundgesetz ist die zweite, zusätzliche Gewaltenteilung zwischen Bund und Ländern, neben der klassischen Teilung der Gewalten innerhalb der Bundesorgane, sehr stringent angelegt: Der Art. 30 (die Ausübung der staatlichen Befugnisse und die Erfüllung der staatlichen Aufgaben sind grundsätzlich Sache der Länder), der Art. 70 (grundsätzlich haben die Länder das Recht der Gesetzgebung, soweit das Grundgesetz nicht dem Bunde Gesetzgebungsbefugnis verleiht), der Art. 83 (die Länder führen die Bundesgesetze als eigene Angelegenheiten aus, soweit dieses Grundgesetz nichts anderes bestimmt oder zuläßt) und der Art. 92 (die rechtsprechende Gewalt wird grundsätzlich durch die Gerichte der Länder und – nur – durch die im Grundgesetz vorgesehenen Bundesgerichte ausgeübt) zeigen, daß das Grundgesetz den Schwerpunkt der staatlichen Funktionen stärker bei den Ländern als bei der zentralen Instanz des Bundes angesiedelt hat. Es gehört zu den Phänomenen unserer grundgesetzlichen Entwicklung, daß in der Verfassungsrealität sich der Bund als weitaus potenter und attraktiver entwickelt hat, als es diesem Bild des Grundgesetzes zu entnehmen ist. Ein Äquivalent für diese Machtverschiebung von den Ländern zum Bunde hin liegt in der gestiegenen Mitwirkungsposition des Bundesrates, dessen nach dem Grundgesetz nur ausnahmsweise bestehendes Zustimmungsrecht im Gesetzgebungsverfahren heute beinahe die Regel darstellt, jedenfalls nicht mehr einen Ausnahmetatbestand bildet.

Der *Sicherung rechtlicher Freiheit* dient eine weitgetriebene Verrechtlichung aller denkbaren Konfliktlagen. Es ist der Grundsatz des Art. 19 Abs. 4 GG, der jede Behauptung, durch die öffentliche Gewalt in seinen Rechten verletzt zu sein, mit der Möglichkeit bedenkt, den Gerichtsweg, den Rechtsweg zu beschreiten. So haben wir heute einen subtil entwickelten Rechtsstaat mit vielen Instanzen und Zweigen besonderer Ge-

53 Besonders deutlich bei der Eigentumsbestimmung des Art. 14 GG.

54 Das Bundesverfassungsgericht hat das Menschenbild des Grundgesetzes sehr prägnant beschrieben, wenn es immer wieder ausgeführt hat, daß es »nicht das des selbstherrlichen Individuums, sondern das der in der Gemeinschaft stehenden und ihr vielfältig verpflichteten Persönlichkeit ist«. Vgl. BVerfGE 12, 45 (51); 4, 7 (15 f.); 30, 1 (20); 41, 29 (50); EuGRZ 1979, 137. Ausführlich zu diesem Themenkreis: *Stern*, K., Die Stellung des Individuums in der freiheitlichen demokratischen Grundordnung der Bundesrepublik Deutschland, in: Göttinger Arbeitskreis (Hrsg.), Politische Systeme in Deutschland. Studien zur Deutschlandfrage, Bd. 4, 1980, S. 59 ff. (63 f.).

55 *Forsthoff*, E., *Bachof*, O., Begriff und Wesen des sozialen Rechtsstaates, in: VVdStRL Heft 12 (1954), S. 8 ff., 37 ff.

56 ABl. KR, Ergänzungsblatt Nr. 1, S. 13 ff. (15).

57 Art. 79 Abs. 3 GG.

richtsbarkeit neben der klassischen ordentlichen Gerichtsbarkeit, an die sich jeder wenden kann, der meint, durch die öffentliche Gewalt in seinen rechtlich geschützten Positionen unzulässig tangiert zu sein. Dazu treten die gerichtlichen Schutzmöglichkeiten im Bereich des bürgerlichen Rechts, der Streitverfahren zwischen Trägern des öffentlichen Rechtes usw. Die Zahl der gerichtlichen Verfahren in den einzelnen Instanzen wird so Legion und ernährt ein Heer von Richtern, Staatsanwälten, Justizbeamten und -angestellten, vor allem aber von Anwälten und Justitiaren.

Gerade in diesem Sektor unserer Staatlichkeit ist der Gegensatz zu dem fast völligen Fehlen gerichtlicher Verfahrensgänge außerhalb des Raumes strafrechtlicher und privater Streitverfahren im anderen deutschen Staat eklatant[58]. Während man sich dort z. B. über die Ablehnung eines Ausreiseantrages nur beschweren kann[59] – bei derjenigen Stelle, die den Antrag zumeist ohne Begründung abgelehnt hat – und dann ganz dem Ermessen des allmächtigen Staatsapparates ausgeliefert ist, kann bei uns die Nichtzulassung zum Medizinstudium durch gerichtliche Klage ebenso überprüft werden wie die Frage, ob man Teile seines Vorgartens für eine Straßenverbreiterung hergeben muß, gegen volle Entschädigung, versteht sich[60]. Die Anfechtung von Gnadenentscheidungen[61] gehört ebenso zum Repertoire des Art. 19 Abs. 4 GG wie die Rechtsweggarantie in dem sogenannten besonderen Gewaltverhältnis[62]. Das schafft viel Selbstsicherheit des Bürgers gegenüber der staatlichen Gewalt und hat gewiß dazu beigetragen, die Untertanenmentalität in unserem Lande in diesem Punkte abzubauen. Daß damit auch Mißbrauch getrieben werden kann, ist ein menschlicher Erfahrungssatz, der getrost in Kauf genommen werden kann, auch wenn das Bauen von Straßen und ganzer Industriekomplexe auf diese Weise zu einem zeitlichen Geduldsspiel wird. Dieses Übermaß an rechtlichen Kontrollmöglichkeiten hat keineswegs die Diskussion um Popularklagen im

58 So fehlen z. B. Verfassungs-, Verwaltungs-, Sozial- und Finanzgerichte. Zum beschränkten Rechtsweg in der »sozialistischen Rechtspflege« bemerkt *Löw,* K., Rechtsstaat, Demokratie, Sozialstaat. Verständnis und Wirklichkeit in beiden Teilen Deutschlands. 4. Aufl. (1980), S. 49: »Der Kollektivismus, die unbedingte Überordnung des Staates über das Individuum, erlaubt keinen Prozeß, bei dem beide als gleichberechtigte Partner um ihr Recht kämpfen und der einzelne möglicherweise . . . über den Staat siegt.« Zum Verhältnis von Recht und Politik, insbesondere zum »Rechtsprinzip« der »sozialistischen Gesetzlichkeit«, das die entgegenstehenden Bedürfnisse von Staat und Individuum auf den Gebieten gewährleisten soll, für die keine gerichtliche Rechtspflege existiert, vgl. *Brunner,* G., Einführung in das Recht der DDR, 2. Aufl. (1979), S. 2 f. Vgl. auch den der Lösung von Konflikten zugrunde liegenden »gesellschaftlichen Ansatz« des Eingangsartikels des Abschnittes der Verfassung der DDR über die sozialistische Gesetzlichkeit und Rechtspflege, Art. 86.

59 Denn abgesehen von den ordentlichen Gerichten dominiert im übrigen das einfache Beschwerdeverfahren innerhalb der Verwaltung (wobei allerdings das Enumerationsprinzip gilt). Vgl. zu diesen förmlichen Beschwerden *Brunner* (Fn. 58), S. 93; *Suermann,* W., Verwaltungsrechtsschutz in der DDR, Diss. jur. Göttingen, 1971; *Mampel* (Fn. 3), Art. 19 Rn. 28. Im Jahre 1971 sind durch ein Gesetz über die Neufassung von Regelungen über Rechtsmittel gegen Entscheidungen staatlicher Organe vom 24. Juni 1971 vereinheitlichte Vorschriften für die einzelnen Rechtsmittelverfahren erlassen worden, GBl. DDR I 1971, S. 49, zu denen spezielle Bestimmungen für einzelne Sachgebiete hinzugetreten sind. Verordnung vom 24. Juni 1971, GBl. DDR II 1971, S. 465, 480; sowie die Anordnungen vom 28. Juli 1971, GBl. DDR II 1971, S. 539; vom 3. August 1971, GBl. DDR II 1971, S. 545 und vom 13. August 1971, GBl. DDR II 1971, S. 574. Dazu *Bernet,* Verwirklichung der sozialistischen Gesetzlichkeit in der staatlichen Leitung durch Rechtsmittel, in: Staat und Recht 1980, S. 13.

60 Denn es besteht lückenloser Rechtsschutz, vgl. BVerfGE 51, 268 (284). Vgl. auch: *Scholz,* R., *Schmidt-Aßmann,* E., Verwaltungsverantwortung und Verwaltungsgerichtsbarkeit, in: VVdStRL Heft 34 (1976), S. 145 ff., 221 ff.

61 Statt aller: *Hendrichs,* in: *v. Münch* (Fn. 4), Art. 19 Rn. 47.

62 Ebenda, Rn. 49.

Umweltschutz zum Verstummen gebracht[63]. Auf den politisch sensiblen Bereichen streben Bürgerinitiativen und andere Gruppierungen danach, eine stellvertretend sich zugelegte Gesamtverantwortlichkeit dem Eigeninteresse im Streitverfahren vor den Gerichten gleichzuachten. Angeregt worden sind solche Überlegungen nicht zuletzt durch die großzügige Bereitstellung der obersten gerichtlichen Instanz im Lande für Rechtsschutzverfahren beim Bundesverfassungsgericht in Form der Verfassungsbeschwerde. Sicher ursprünglich nicht in dieser Massierung gedacht, hat sich dieses Instrument nicht nur in den erwähnten Fällen des Zugangs zur Universitätsausbildung, sondern vor allem im Alltag unserer gelebten Rechtsordnung einen festen Stellenwert erobert[64]. Dabei hat der Umstand, daß kaum mehr als drei Prozent aller Verfassungsbeschwerden vom Dreierausschuß des Bundesverfassungsgerichtes »angenommen« werden und von diesen drei Prozent weniger als die Hälfte erfolgreich ist, kaum abschreckend gewirkt, so daß der Gesetzgeber kürzlich doch eine sogenannte Mißbrauchsgebühr einführen mußte[65]. Ein für unsere Rechtsstaatlichkeit erhellender Umstand!

Ein weiteres Signum für den Rechtsstaatscharakter unserer Verfassungsordnung liegt in der Kontrolle des Bundesverfassungsgerichtes gegenüber dem Gesetzgeber. Hier geht es nicht typisch um eine Kontrolle der öffentlichen Gewalt i. S. des Art. 19 Abs. 4 GG, sondern um eine gerichtliche (justizstaatliche) Kontrolle der Volksvertretung, des Bundestages[66]. Das ist in diesem Ausmaß neu und wohl einzigartig in seiner Intensität[67]. In unserer Doktrin begreifen wir diese Entwicklung als eine Art Schlußstein des Rechtsstaatsprinzips: das gesamte Verfassungssystem justitiabel werden zu lassen. Das muß dazu führen, den Entscheidungen des Bundesverfassungsgerichts unter Umständen Gesetzeskraft zuzuerkennen[68]. So ist das Bundesverfassungsgericht, also eine gerichtliche Instanz, zum »Hüter der Verfassung« geworden[69]. Es ist nicht mehr der Reichspräsident, dem in der Weimarer Zeit diese zentrale Aufgabe zukam[70]. Diese justizstaatliche Entwicklung, die letztlich ein Richterkollegium rangmäßig noch über die gesetzgebenden Körperschaften stellt, wird dadurch erträglich, daß es zu einem Verfassungsstreitverfahren stets eines Antrages[71] durch ein anderes Staatsorgan bedarf[72] und daß der

63 Vgl. hierzu statt vieler: *v. Münch* (Fn. 4), Bd. 1, Art. 2 Rn. 61, und *Hendrichs,* S., ebenda, Art. 19 Rn. 44a (jeweils m. w. Nachw.).

64 Von 1969 bis 1985 hat sich die Anzahl der anhängigen Verfassungsbeschwerden mehr als verdoppelt. Im Jahre 1984 lagen 3328, im Jahre 1985 noch 3066 Verfassungsbeschwerden vor, während früher z. B. nur 1500 Verfassungsbeschwerden beim Bundesverfassungsgericht eingebracht wurden. Vgl. hierzu: JuS 1986, S. 494 m. w. Nachw.

65 Am 1. Januar 1986 traten die Änderungen des Bundesverfassungsgerichtsgesetzes und des Richtergesetzes durch das Gesetz zur Änderung des Gesetzes über das Bundesverfassungsgericht und zur Änderung des Richtergesetzes vom 12. Dezember 1985, BGBl. I 1985, S. 2226, in Kraft. Künftig kann für mißbräuchliche Verfassungsbeschwerden eine Gebühr bis zu 5000 DM erhoben werden.

66 Vgl. hierzu: *Säcker,* H., Die Rechtsmacht des Bundesverfassungsgerichts gegenüber dem Gesetzgeber, in: BayVBl. 1979, S. 193 ff.

67 *Stern* (Fn. 45), Bd. II (1980), S. 953 ff.

68 Vgl. § 31 Abs. 2 BVerfGG.

69 Hierzu: *Stern* II (Fn. 67), S. 952 m. w. Hinw.; vgl. allgemein hierzu: *Korinek,* K., *Müller,* J. P., *Schlaich,* K., Die Verfassungsgerichtsbarkeit im Gefüge der Staatsfunktion, in: VVdStRL Heft 39 (1981), S. 7 ff., 53 ff., 99 ff.

70 *Peters,* H., Entwicklung und Grundlagen der Verfassung, 1969, S. 89; *Schmitt,* C., Der Hüter der Verfassung, 1931.

71 § 23 Abs. 1 Satz 1 BVerfGG.

72 Das Antragsprinzip gewährleistet eine wesentliche Sicherung für die Neutralität des Bundesverfassungsgerichts. Vgl. hierzu: *Stadler,* M. J., Die richterliche Neutralität in den Verfahren nach dem Bundesverfassungsgerichtsgesetz, Diss. Regensburg 1977, S. 99 f.

richterlichen Entscheidung nur eine kontrollierende Kompetenz zufällt: Sie kann nur ja oder nein sagen, sie kann aber nicht eine für verfassungswidrig erklärte Norm ihrerseits durch eine neue Norm ersetzen.

In der Bevölkerung hat diese Entwicklung zum Verfassungsgerichts-Rechtsstaat weitgehend Akzeptanz erlangt. Die zurückgefallene Bedeutung der Bundesländer erhellt auch daraus, daß diese insgesamt – von Berlin abgesehen – zwar über eigene Verfassungsinstanzen verfügen, daß sich vor ihren Foren aber nicht annähernd so spektakuläre Verfahren abgespielt haben wie vor dem Bundesverfassungsgericht.

Nicht selbstverständlich ist es, daß die Öffentlichkeit es auch weitgehend mitträgt, politische Streitfragen dieser Art im Gewande von Verfassungsklagen von dem Bundesverfassungsgericht entschieden zu sehen[73]. Oftmals ist es die Opposition im Bundestag, die nach diesem Korrektivmittel greift. Die Entscheidungen des Bundesverfassungsgerichtes zur Parteienfinanzierung[74], zur Gruppenuniversität[75], zum Grundvertrag[76] sind Beispiele dafür, wie sich richterliche Autorität im politischen Felde hat entwickeln können. So ist es ein fast überraschend anmutender Entwicklungsgang, wenn es Pattstellungen im Bundesverfassungsgericht gibt, wie wir es bei der Gnadenentscheidung[77] und jüngst im Demonstrations-Blockade-Fall[78] haben beobachten können: Wenn das Richterkollegium beginnt, sich wie die Pythia auszudrücken, geht ein Erstaunen, verbunden mit Verunsicherung, durch unser Land. Zugleich ist durch diese Aktivität des Bundesverfassungsgerichtes in der Bundesrepublik Deutschland das Grundgesetz wie kaum in einem anderen Lande zu einer lebendigen Verfassung geworden.

4.

Werfen wir noch einen Blick auf die *anderen obersten Verfassungsorgane*, so müßte wohl zuerst der *Bundespräsident* genannt werden, der sich bisweilen selbst als »politischer« Präsident bezeichnet hat, dessen politischer »Macht« aber deutliche Grenzen gesetzt sind[79]. Sein Amt ist aufgrund der Weimarer Erfahrung weitgehend relativiert worden[80]. Aus dem allmächtigen Präsidenten der Weimarer Republik mit Notverordnungsrecht[81] und militärischer Kommandogewalt[82], dem Recht der Kanzlerberufung[83] und der Auflösung des Reichstages[84] ist ein auf reine Repräsentationsaufgaben beschränktes Amt geworden[85]. Dem Bundespräsidenten ist die Direktwahl versagt worden, um seine

73 Hierzu *Geiger*, W., Recht und Politik im Verständnis des Bundesverfassungsgerichts, 1980.

74 BVerfGE 8, 51 ff.; 20, 56 ff. Vgl. zur staatlichen Finanzierung von Parteien auch BVerfGE 20, 119 ff. und 134 ff. sowie die Entscheidung BVerfGE 24, 300 ff., mit der nunmehr ein gewisser Schlußpunkt erreicht zu sein scheint.

75 BVerfGE 35, 121 ff.

76 BVerfGE 36, 1 ff.

77 BVerfGE 25, 352 (357).

78 BVerfGE 73, 206 (261).

79 Politische Entscheidungs- und Handlungsbefugnisse sind ihm fast durchweg versagt, vgl. *Badura*, P., Staatsrechtliche systematische Erläuterung des Grundgesetzes für die Bundesrepublik Deutschland, 1986, S. 329.

80 Vgl. dazu: *Stern* II (Fn. 67), S. 191, 196 ff.

81 Art. 48 WRV.

82 Art. 47 WRV.

83 Art. 53 WRV.

84 Art. 25 WRV.

85 Zur repräsentativen und integrativen Funktion, die dem Bundespräsidenten gemeinhin zugemessen wird, vgl. statt vieler: *Stern* II (Fn. 67), S. 198 ff.; *Scheuner*, U., Das Amt des Bundespräsiden-

Machtposition auch von dieser Legitimationsseite her zu beschneiden[86]. Man hat – um ihn wählen zu können – ein besonderes Organ »Bundesversammlung« schaffen müssen, das ohne Aussprache, also in einer stummen Prozedur, den Wahlakt vollzieht[87], dessen Ausgang zumeist a priori feststeht. Das Verbot einer mehrmaligen Wiederwahl gilt nicht dem Kanzler, sondern dem Bundespräsidenten[88] und ist insofern ohne Witz und Inhalt. Bei stabilen Regierungsverhältnissen vermag ein Bundespräsident nur durch das Gewicht seiner Persönlichkeit Wirkung zu zeigen[89]: durch Reden, Ansprachen, Berührungen mit der Bevölkerung, Wanderungen durch das Land und andere vorstellbare Aktivitäten. Nur in der Krisensituation tritt der Bundespräsident aus der Reserve: etwa bei der Verweigerung der Ausfertigung eines umstrittenen Gesetzes[90], bei der vorzeitigen Auflösung des Bundestages[91], aufgrund verweigerten Vertrauens oder mangelnder absoluter Mehrheit bei der Kanzlerwahl. Stets sind seine Befugnisse in diesen kritischen Situationen genau definiert und beschränkt, oftmals an die Mitwirkung anderer Verfassungsorgane gebunden.

Darum muß das Augenmerk stärker auf die Person des *Kanzlers* fallen, dessen Stellung – umgekehrt zu Weimar – eine beträchtliche Aufwertung erfahren hat[92]. So konnte von Kanzlerdemokratie[93] gesprochen werden, zu einer Zeit, in der der Kanzler als starke Persönlichkeit politisch prägend in Erscheinung trat[94]. Das ist heute nicht mehr der Regeltyp, so daß dieser Begriff der Kanzlerdemokratie kaum noch im Schwange ist. Die Konzentrierung des Vertrauensverhältnisses zwischen Regierung und Parlament auf die Person des Kanzlers[95] und dessen alleiniges Recht zur Berufung seiner Regierungsmannschaft[96] machen die herausgehobene Position des Kanzlers deutlich. Die Richtlinienkompetenz[97] weist in dieselbe Richtung[98]. Sie hat allerdings in dem politi-

ten als Aufgabe verfassungsrechtlicher Gestaltung, 1966; zur Entstehungsgeschichte des Grundgesetzabschnittes über den Bundespräsidenten vgl. JöR n. F. Bd. 1 (1951), S. 397 ff.; *Kimminich*, O., *Pernthaler*, P., Das Staatsoberhaupt in der parlamentarischen Demokratie, in: VVdStRL Heft 25 (1967), S. 2 ff., 95 ff.

86 *Hemmrich*, in: *v. Münch* (Fn. 4), Bd. 2, 2. Aufl. (1983), Art. 54 Rn. 5.

87 Art. 54 Abs. 1 Satz 1, Abs. 3 GG.

88 Vgl. Art. 54 Abs. 2 Satz 2 GG.

89 Hierzu: *Stern* II (Fn. 67), S. 201.

90 Der Bundespräsident darf sein Amt nur im Rahmen des geltenden Rechts ausüben, weshalb ihm auch eine rechtliche Prüfungsbefugnis zusteht. Daher kann er vor Ausfertigung eines Gesetzes (Art. 82) prüfen, ob das Gesetz formell und materiell verfassungsmäßig ist. Zum Umfang der materiellen Prüfungskompetenz des Bundespräsidenten s. *Heyde*, W., in: DÖV 1971, S. 797 ff.; *Bryde*, in: *v. Münch* (Fn. 4), Bd. 3, 2. Aufl. (1983), Art. 82 Rn. 3 ff.

91 Art. 63 Abs. 4 Satz 3, 69 Abs. 1 GG.

92 *Hesse*, K., Grundzüge des Verfassungsrechts der Bundesrepublik Deutschland, 15. Aufl. (1985), S. 241 (Rn. 640); *Stern* II (Fn. 67), S. 277 f.

93 *Bracher*, K. D., Die Kanzlerdemokratie, in: *Löwenthal/Schwarz* (Hrsg.), Die zweite Republik, 2. Aufl. (1974), S. 179 ff.

94 *Stern* II (Fn. 67), S. 279 (m. w. Nachw.), weist darauf hin, daß sich diese Bezeichnung *nicht nur* aus der Person des ersten Bundeskanzlers und seinem Regierungsstil herausgebildet habe; sie sei im Sinne von Kanzlerregierungssystem nach der organisatorischen und strukturellen Anlage und Ausgestaltung der Bundesregierung nicht unberechtigt.

95 Vgl. Art. 67 Abs. 1 GG (konstruktives Mißtrauensvotum); mit der Entlassung des Bundeskanzlers endet auch das Amt der Bundesminister (Art. 69 Abs. 2), die vom Bundespräsidenten zu entlassen sind (Art. 64 Abs. 1). Vgl. demgegenüber Art. 54 WRV, wonach der Reichstag der Reichsregierung oder einzelner ihrer Mitglieder das Vertrauen entziehen konnte, ohne imstande und bereit zu sein, eine anders zusammengesetzte Reichsregierung zu tragen (sog. destruktives Mißtrauensvotum).

96 Kabinettsbildungsrecht in Art. 64 Abs. 1 GG.

97 Art. 65 Satz 1 GG. Vgl. dazu die Regelung in Art. 55 bis 58 WRV.

98 *Hesse* (Fn. 92), S. 241 (Rn. 642).

schen Alltag nie die Rolle gespielt, die ihr in der Theorie beigelegt worden ist. Als Chef einer Koalitionsregierung – das ist der Regeltatbestand in der Bundesrepublik Deutschland seit 1949[99] – reduziert sich die Allmacht des Kanzlers durch das Gebot der Rücksichtnahme auf den oder die Koalitionspartner[100]. Dann liegt es auch nicht mehr in seinem alleinigen, freien Ermessen, Minister zu berufen und abzuberufen[101]. Sonst könnte rasch die Koalitionsfrage gestellt werden.

Das *parlamentarische Regierungssystem*[102], also der Grundsatz, daß der Bundeskanzler (und damit die Bundesregierung) des Vertrauens des Bundestages bedarf und das Parlament kontrollierend der Tätigkeit der Exekutive gegenübersteht, sichert letztlich das Übergewicht des demokratischen Repräsentativorgans Bundestag gegenüber der Regierung.

Über das Haushaltsrecht, den »goldenen Zügel für die Exekutive«, wie dieses einmal genannt worden ist[103], findet nicht mehr das klassische Maß an Einflußnahme statt. Im Parteienstaat sind eher die Bundestagsfraktionen der Regierungsparteien mit der Regierung zusammengebunden, um nach außen hin den politischen Erfolg demonstrieren zu können. Es ist mehr die Opposition, welche die Haushaltsdebatte als Stunde der großen Abrechnung mit der Regierungspolitik und Darstellung konkreter Alternativen für sich verbuchen kann. Je lebendiger die Haushaltsdebatte ist, um so lebendiger ist das politische Leben in unserem Lande. Das gilt vor allem für die Opposition und als Signal dafür, ob alsbald ein Wechsel der Regierung auf die Oppositionsbänke und der Einzug der Oppositionspolitiker in die Regierungsbank bevorstehen. Bis zu der Entwicklung eines Schattenkabinettes ist es in unserer Demokratie nicht gekommen; das mag an dem Wahlsystem und der Tatsache liegen, daß regelmäßig eine Koalition die Regierungsmacht übernimmt. Das dann einsetzende Aushandeln der Sachfragen bei einer Regierungsbildung und die nachfolgenden Personalentscheidungen für die Ministerämter zeigen, wie wenig sinnvoll es wäre, in den Wahlkampf mit einem Schattenkabinett zu ziehen.

5.

Heraushebung verdient der Grundsatz des *Sozialstaates*[104], der zusammen mit dem Thema der sozialen Grundrechte[105] zu den beliebtesten Erörterungsgegenständen unserer Zeit gehört. Er bedeutet zunächst eine gesellschaftliche Einbindung des Individuums, vor allem aber eine gesellschaftlich ausgleichende Verantwortung des Staates. Das

99 Datenhandbuch zur Geschichte des Deutschen Bundestages 1949 bis 1982, 1983, S. 355 ff.

100 Vgl. hierzu: *Friauf*, K. H., Grenzen der politischen Entschließungsfreiheit des Bundeskanzlers und der Bundesminister, in: *Schwinge*, E. (Hrsg.), Festgabe für Herrfahrdt, 1961, S. 45 ff. (56).

101 Darauf weist z. B. *Liesegang*, in: *v. Münch* (Fn. 4), Bd. 2, 2. Aufl., Art. 65 Rn. 6, hin.

102 *Oppermann*, Th., *Meyer*, H., Das parlamentarische Regierungssystem des Grundgesetzes. Analyse – Erfahrungen – Zukunftseignung. In: VVdStRL Heft 33 (1975), S. 7 ff., 69 ff.; *Oberreuter*, H., Parlamentarisches System – Stärken und Schwächen, in: *Jesse* (Fn. 43), S. 97 ff.

103 *Zippelius*, R., Allgemeine Staatslehre, 9. Aufl. (1985), S. 304.

104 Ableitung des Sozialstaatsprinzips aus Art. 20, 28 GG. Allg. zum Sozialstaatsprinzip vgl. statt vieler: *Abendroth*, Zum Begriff des demokratischen und sozialen Rechtsstaates im Grundgesetz der Bundesrepublik Deutschland, in: *Hermann*, A. (Hrsg.), Festschrift für Bergstraesser, 1954, S. 279 ff.; *Bachof*, Begründung und Wesen des sozialen Rechtsstaates, 1954; *Badura*, Auftrag und Grenzen der Verwaltung im sozialen Rechtsstaat, in: DÖV 1968, S. 446 ff.; *Stern* I (Fn. 45), S. 872 ff.

105 Vgl. hierzu: *Stern* I (Fn. 45), S. 936 ff. (mit zahlreichen Nachweisen zur Diskussion um soziale Grundrechte).

wird heute durch die Schlagworte der »Umverteilung«[106] und des »Leistungsstaates«[107] charakterisiert. Durch diese Entwicklung[108] ist der klassische Typ des liberalen Rechtsstaates kräftig verändert worden. Durch das Hinzutreten völlig neuer Staatsaufgaben sind die Staatsausgaben drastisch gewachsen. Der für Ordnung und Sicherheit bereitstehende Behördenapparat, bei dem der militärische Körper früher oftmals im Vordergrund stand, wird heute hinsichtlich der Quantität und der Publizität weit übertroffen durch die vielfältigen, fachlich organisierten Leistungsverwaltungen, von den riesigen Personalkörpern der Sozialversicherungen, der Arbeitsamtsverwaltung bis hin zu den Großverbänden der Wirtschafts- und Landwirtschaftsministerien in Bund und Ländern, zu denen die wachsenden Kontrollinstanzen der Umweltschutzverwaltung hinzukommen. In der internationalen Perspektive treten ihnen die mannigfachen Entwicklungshilfeministerien und -gruppierungen zur Seite. Innerhalb der Bundesrepublik Deutschland, aber auch der Europäischen Gemeinschaften kommen zu ihnen Zonenrand- und Regionalförderungsverwaltungseinheiten hinzu. Alle haben die Aufgabe der sogenannten Umverteilung, der Subventionierung, welche entsprechende Größenordnungen des staatlichen Anteils am Sozialprodukt bedingen.

Der Sozialstaat läßt sich als Antwort auf die Herausforderungen der sozialistischen Bewegung begreifen. Er wird damit zu einem gerade im deutsch-deutschen Verhältnis interessanten Vergleichsobjekt. Letztlich ist es auf die Segnungen des Sozialstaates zurückzuführen, daß eine permanente Arbeitslosenzahl von mehr als zwei Millionen Menschen nicht zu einer revolutionären Unruhe im Lande Anlaß gibt. Das Arbeitslosenentgelt und selbst die Sozialfürsorge bei uns liegen mit ihrer Kaufkraft vielfach über den Durchschnittsverdiensten der Arbeiter in den sogenannten sozialistischen Ländern und haben aus Gegenden der Dritten Welt mit die Bewegung der Asylanten in Gang gesetzt, von denen viele als Wirtschaftsasylanten zu begreifen sind.

Das *Netz der sozialen Sicherheit* ist also bei uns trotz einiger Abstriche zum Zwecke der Sanierung eines durch Aufgaben des Sozialstaates überstrapazierten Staatshaushaltes weiterhin eng geknüpft[109].

Die Gewerkschaften haben es verstanden, durch einen dosierten Einsatz kollektiver Zwangsgewalt – etwas anderes ist der Streik nicht – eine ungeahnte Verbesserung der Einkommen der arbeitenden Menschen zu erreichen. Die Arbeitgeber waren gut beraten, die von den Gewerkschaften erfochtenen Tarifvorteile nicht auf die gewerkschaftlich organisierten Arbeitskräfte zu beschränken, sondern generalisierend weiterzugeben.

106 Vgl. z. B. *Krupp/Glatzer* (Hrsg.), Umverteilung im Sozialstaat, 1978.

107 Vgl. z. B. *Haverkate,* G., Rechtsfragen des Leistungsstaates, 1983; *Martens,* W., *Häberle,* P., Grundrechte im Leistungsstaat, in: VVdStRL Heft 30 (1972), S. 7 ff., 43 ff.

108 Vgl. *Misch,* A., Die Entwicklung zum Wohlfahrtsstaat, in: *Jesse* (Fn. 43), S. 125 ff.

109 Das Bundesarbeitsministerium legt jährlich die soziale Gesamtrechnung vor, aus der sich u. a. die anteilige Entwicklung der Einzelposten von der Gesamtsumme ersehen läßt. Staat, Sozialversicherung, Betriebe und andere Stellen haben im Jahre 1986 danach 545 Milliarden DM für Sozialleistungen aufgewendet, allein an direkten Leistungen. Die indirekten Leistungen, d. h. die sozial begründeten Steuererleichterungen, erreichten weitere 60 Milliarden DM. Ein Drittel der direkten Leistungen entfällt auf die Rentenversicherung, ein gutes Fünftel auf die gesetzliche Krankenversicherung. Weitere große Posten betreffen die Arbeitslosenversicherung und Arbeitsförderung sowie die Lohnfortzahlung der Betriebe im Krankheitsfall. Die »kleinen Knoten« im sozialen Netz sollen den Bürger vor Not schützen und Nachteile ausgleichen sowie besondere Opfer für den Staat anerkennen: Sie reichen vom Kinder- und Erziehungsgeld über die Förderung der Vermögensbildung bis zur Wiedergutmachung von Kriegsfolgen. Die Bundesrepublik Deutschland hat damit ein System sozialer Sicherungen geschaffen, das für viele andere Staaten zum Vorbild geworden ist. Zur konkreten Ausgestaltung von Sozialstaat und Sozialrecht vgl. den Übersichtsaufsatz von *Krause,* O., Sozialstaat und Sozialrecht, in: JuS 1986, S. 349 ff.

Das hat insgesamt – wenn man so will – zu einer großen Solidargemeinschaft der Bevölkerung geführt, der insgesamt am Wohlergehen der Wirtschaft als dem eigentlichen Produzenten dieses Produktivitäts-Fortschritts-Instrumentes liegt. Ein Streik, der sich zu heftig und flächendeckend äußern könnte, ist darum rasch unpopulär.

Die Wirtschafts- und Finanzminister sind gerade aufgrund der Erwartungen des Sozialstaates zu den Schlüsselministern geworden. Ihr Geschick und ihr Erfolg entscheiden oftmals über das Schicksal der ganzen Regierung.

6.

Wichtig für die Erfüllung der gewachsenen staatlichen Aufgaben ist die Frage nach der *Wirtschaftsverfassung*[110] im Lande. Gerade im Ost-West-Vergleich muß hier die Tatsache herausgehoben werden, daß bei nahezu gleicher Ausgangslage beider deutscher Teilstaaten sich eine höchst unterschiedliche Entwicklung ergeben hat. Die Ausgangslage deckte sich weitgehend in allen Besatzungszonen Deutschlands: Da waren die zerbombten Städte und Industrien sowie eine weitgehend zerschlagene Infrastruktur. Von der Demontage war Mitteldeutschland schwerer betroffen[111], dafür fand sich dort eine hohe und teilweise stärkere Konzentration wichtiger Wirtschaftsbranchen, wie etwa der Automobilindustrie, der Textilindustrie, der chemischen Industrie, der optischen Industrie und des Maschinenbaus. Vor allem gab es in Mitteldeutschland die weitaus besseren landwirtschaftlichen Voraussetzungen[112]. Auch im politischen Programm der Parteien: Überführung der Großindustrien in Gemeineigentum hat es nach 1945 verblüffende Ähnlichkeiten in Westdeutschland und Mitteldeutschland gegeben. Selbst im Ahlener Programm der CDU[113] wurden derartige Postulate geltend gemacht.

Es war die mutige Entscheidung von Ludwig Erhard für die Marktwirtschaft, die ungeahnte Initiativen und Wirtschaftskräfte freigesetzt hat[114]. Dieser überragende Erfolg hat zur Umschreibung des Parteiprogramms aller Parteien im Bundesgebiet geführt und einen breiten Konsens über das Wirtschaftssystem in der Bevölkerung ergeben[115].

Man kann es fast als einen Witz bezeichnen, daß gerade zu der Zeit, in der man sich im sowjetischen Lager bemüht, das auf der Verstaatlichung aller wesentlichen Produktionsinstrumente beruhende, schwerfällig ächzende und wenig effiziente System der dirigistischen Zentralverwaltungswirtschaft durch Elemente individueller oder betrieblicher Initiativen, also durch den Einbau marktwirtschaftlicher Mittel, umzugestalten –

110 Vgl. hierzu: *Herzog,* in: *Maunz/Dürig/Herzog/Scholz,* Grundgesetzkommentar, Art. 20, VIII Rn. 60 ff.; *Rupp,* H. H., Grundgesetz und »Wirtschaftsverfassung«, 1974.

111 *Ahrens,* H. D., Demontage. Nachkriegspolitik der Alliierten, 1982, S. 35 ff. Vgl. hierzu auch DDR-Handbuch (Fn. 17), Bd. 2, Stichwort: Reparationen, S. 1121; vgl. daselbst zur wirtschaftspolitischen Entwicklung in der DDR seit 1945 unter dem Stichwort: Wirtschaft, S. 1485 (1486).

112 *Barthel,* H., Die wirtschaftlichen Ausgangsbedingungen der DDR, Berlin (Ost) 1979, S. 68 ff.; *Grebing/Pozorski/Schulze,* Die Nachkriegsentwicklung in Westdeutschland 1945–1949. Die wirtschaftlichen Grundlagen, 1980, S. 3; *Thalheim,* K. C., Die wirtschaftliche Entwicklung der beiden Staaten in Deutschland. Tatsachen und Zahlen, 2. Aufl. (1981).

113 Das Ahlener Wirtschaftsprogramm für Nordrhein-Westfalen vom 3. Februar 1947, Abschnitt II, in: *Flechtheim,* O. K., Dokumente zur parteipolitischen Entwicklung in Deutschland seit 1945, Bd. 2, 1963, S. 53 (55 f.).

114 *Erhard,* L., Deutsche Wirtschaftspolitik. Der Weg der sozialen Marktwirtschaft, 1962, S. 7.

115 Vgl. z. B. das Grundsatzprogramm der SPD von 1959 (Godesberger Programm), in: *Flechtheim* (Fn. 113), Bd. 3, S. 209 ff.

besonders deutlich in Ungarn, aber auch in China[116] – bei uns in linken Zirkeln die sozialistische reine Lehre wieder fröhliche Urständ feiert und von verantwortlichen Gewerkschaftsführern abermals Thesen der Vergesellschaftung verkündet werden. Das zeigt die durch Ideologie verursachte Eingrenzung kritischer Anschauungskraft.

Das Grundgesetz selbst gibt keine Handlungsanweisung für unsere Wirtschaftsverfassung. Deshalb konnte das Bundesverfassungsgericht im Investitionshilfeurteil von der wirtschaftspolitischen Neutralität des Grundgesetzes sprechen[117]. Eine völlige Modellfreiheit besteht indessen kaum[118]. Für den Fragenkreis von Vergesellschaftungen gibt es den Art. 15 GG. Die hier verankerte Entschädigungspflicht bildet schon eine wesentliche Barriere für konfiskatorische Sozialisierungsakte, wie sie sich in der SBZ/DDR ereignet haben[119]. Die Einführung einer Zentralverwaltungswirtschaft bei uns im Stile der DDR-Entwicklung würde sich am Menschenbild des Grundgesetzes, seinen geschützten Positionen und Entfaltungen stoßen[120]. Allenfalls wäre in dem theoretischen Bild einer deutsch-deutschen Konföderation eine Mischform mit strukturellen Modifikationen vorstellbar. Man könnte freilich hinzufügen, daß sich der schwerfällige Staatsbetrieb rasch ohne zusätzlichen Schutz und Schirm des Staates im Hintertreffen gegenüber dem marktwirtschaftlich geführten Betrieb befinden würde.

Die *soziale Komponente* unserer Marktwirtschaft zeigt sich auch im Kartellrecht auf europäischer und deutscher Ebene, im Aufsichtswesen über Bonität und Einlagensicherheit der die Ersparnisse der Bürger verwaltenden Banken und Sparkassen, in der Förderung der Ersparnisbildung, dem Bausparen, den Privatisierungsrunden und der progressiven Staffelung der Steuersätze, welche etwa in der DDR in dieser Allgemeinheit unbekannt ist.

Einer der gewichtigsten Erfolge sozialer Marktwirtschaft ist die *Härte der Deutschen Mark* und der jetzt bis zum Nullpunkt abgesenkten Geldentwertungsrate[121], die weltweit mit Respekt zur Kenntnis genommen wird. Vielleicht darf man an dieser Stelle die Frage anschließen: Wie würde es um die deutsche Politik bestellt sein, wenn nicht *wir* die Manövriermasse und hohe Attraktivität der D-Mark als Verhandlungsobjekt zur Verfügung hätten, wenn nicht die Deutsche Mark in der DDR schlechthin als die »Währung« vom Volksmund bezeichnet würde, sondern umgekehrt es die D-Mark-Ost, die

[116] Hierzu: *Garms,* E., Wirtschaftsreform in China, 1980. Vgl. ferner *Krugmann-Randolf,* I., China zwischen Markt und Mao, in: Entwicklung und Zusammenarbeit, 1987, Heft 8/9, S. 4 f.

[117] BVerfGE 4, 7 (17 f.).

[118] So betont z. B. *Herzog* (Fn. 110), Art. 20, VIII Rn. 60, es könne keinen vernünftigen Zweifel daran geben, daß eine Verfassung, die wie das Grundgesetz die Grundrechte des Eigentums, der Berufsfreiheit, der Freizügigkeit und der allgemeinen wirtschaftlichen Handlungsfreiheit verankere, damit zugleich die wesentlichen Prinzipien einer marktwirtschaftsorientierten Wirtschaftsverfassung verankere. Vgl. auch insbesondere *Nipperdey,* Freie Entfaltung der Persönlichkeit, in: *Bettermann/Nipperdey* (Hrsg.), Die Grundrechte. Handbuch der Theorie und Praxis der Grundrechte. Vierter Band, 2. Halbband, 1962, S. 870 ff. (908).

[119] Die Enteignungen in der sowjetischen Besatzungszone und die Verwaltung des Vermögens von nicht in der Sowjetzone ansässigen Personen. 2. Aufl. 1958. Vgl. zu diesen Sozialisierungsakten in der DDR: *Weber,* H., Kleine Geschichte der DDR, 1980, S. 29 f.; *Straßburger,* J., Das Wirtschaftssystem der DDR, in: *Erbe,* G., Politik, Wirtschaft und Gesellschaft in der DDR, 2. Aufl. (1980), S. 241 f.; DDR-Handbuch (Fn. 17), Bd. 1, Stichwort: Enteignung, S. 357 f.

[120] Vgl. Fn. 118.

[121] Vgl. Tabelle der Preisentwicklung in der Bundesrepublik Deutschland, in: Deutsches Institut für Wirtschaftsforschung (Hrsg.), Heft 3, 1986, S. 208 f.; zuletzt: Bundesministerium für Wirtschaft (Hrsg.), Die wirtschaftliche Lage in der Bundesrepublik Deutschland, Monatsbericht 7, 1987, Tabelle 6.

Mark der Staatsbank der DDR, wäre, die *bei uns* und international[122] solche Triumphe feiern könnte? Die Konsequenzen wären gar nicht abzusehen. Man sollte jedenfalls diese Konstellation kennen, weil die politisch verwertbare Bedeutung und Rolle der D-Mark bei kluger Handhabung zu einem Aktivum westdeutscher Wiedervereinigungspolitik werden könnte.

7.

Abschließend muß noch ein kurzer Blick auf die Aussagen des Grundgesetzes zur *Außenpolitik*[123] geworfen werden. Die grundsätzliche völkerrechtsfreundliche Haltung des Grundgesetzes ist aus einer Reihe von Artikeln ableitbar[124]. Es ist auch dies eine Reaktion auf die Völkerrechtsmißachtung der NS-Zeit. Außenpolitik versteht sich nach dem Grundgesetz als europäische Regionalpolitik und klassische Außenpolitik in allen vier Himmelsrichtungen. Die in der Präambel des Grundgesetzes enthaltene Entscheidung, sich als gleichberechtigtes Glied in die Staatengemeinschaft, insbesondere Europas, einzuordnen, hat Anlaß gegeben, nach 1949 eine außerordentlich sanfte und behutsame Außenpolitik zu betreiben, alles andere als Machtpolitik. Die deutsche Außenpolitik will nicht auffallen und bemüht sich deshalb bisweilen wohl zu weitgehend, die Interessen des Kontrahenten, vor allem der östlichen Seite, sehr genau zu definieren und schon auf westdeutscher Seite in Rechnung zu stellen. Ohne die Potenz unserer wirtschaftlichen und monetären Stellung könnte das leicht als Schwächezeichen gedeutet werden.

Eine behutsame, freilich auch die eigenen Interessen gebührend in Rechnung stellende Außenpolitik ist in hohem Maße geeignet, historisch gewachsene Vorbehalte unserer Nachbarstaaten und auch der Vier Mächte gegen die Lösung der deutschen Frage durch Ausübung des Selbstbestimmungsrechtes abzubauen. So kann Außenpolitik sogar in hervorragender Weise in den Dienst des Deutschlandauftrages der Präambel des Grundgesetzes gestellt werden[125].

[122] Zur Entwicklung des Außenwertes der D-Mark vgl. Monatsberichte der Deutschen Bundesbank, 39. Jahrgang, Nr. 7, Juli 1987, IX. Außenwirtschaft, S. 81 (Entwicklung von 1973 bis 1987).

[123] Vgl. *Grewe,* W., *Menzel,* E., Die auswärtige Gewalt der Bundesrepublik, in: VVdStRL Heft 12 (1954), S. 129 ff., 179 ff.; *Baade,* H. W., Das Verhältnis von Parlament und Regierung im Bereich der auswärtigen Gewalt der Bundesrepublik Deutschland, 1962; *Dittmann/Kilian* (Hrsg.), Kompetenzprobleme der auswärtigen Gewalt, 1982; *Patz,* G., Parlamentarische Kontrolle der Außenpolitik, 1976; *Schuppert,* F., Die verfassungsrechtliche Kontrolle der auswärtigen Gewalt, 1973; *Treviranus,* H. D., Außenpolitik im demokratischen Rechtsstaat, 1966.

[124] Von der Tendenz her schon die Präambel und Art. 1 Abs. 2, vor allem aber Art. 24 Abs. 3, 25, 26 Abs. 1 und 100 Abs. 2 GG. Das Bundesverfassungsgericht spricht von einer »völkerrechtsfreundlichen Tendenz« des Grundgesetzes, BVerfGE 6, 309 (362); 18, 112 (121); 31, 58 (75). Vgl. zu diesem Themenkreis etwa: *Bleckmann,* A., Grundgesetz und Völkerrecht, 1975, S. 241, 298 ff., und *Stern* I (Fn. 45), S. 475 f.

[125] Vgl. z. B. zur bisherigen gemeinsamen Deutschlandpolitik im Rahmen der NATO: Auswärtiges Amt (Hrsg.), Die Bemühungen der deutschen Regierung und ihrer Verbündeten um die Einheit Deutschlands 1955–1966, 1966; *Zieger/Lina/Garbe,* Die offene deutsche Frage und die Beschlüsse des westlichen Bündnisses, 1986; vgl. allg. zur Außenpolitik der Bundesrepublik Deutschland *Joffe,* J., Von Adenauer bis Schmidt: Grundzüge der Außenpolitik, in: *Jesse* (Fn. 43), S. 151 ff.

8.

Versuchen wir noch, ein knappes *Resümee* aus dem skizzierten Verfassungsbild der Bundesrepublik Deutschland zu ziehen, so läßt sich sagen, daß die gelebte und von einem breiten Konsens getragene Verfassungsordnung in Westdeutschland aus der *Mäßigung* aller staatlichen Gewalt lebt. Selbst die mit viel Verfassungsgewalt ausgerüstete Funktion des Bundeskanzlers hat sich diesem Mäßigungsgebot einordnen müssen. Es geht nicht primär um die Quantität der staatlichen Gewalt, die dem Bürger heute überall im modernen Verwaltungsstaat entgegentritt. Es geht aber sehr wohl um die Qualität der öffentlichen Gewalt, die sich eher bedeckt halten soll: Denken wir an den Einsatz der Polizei und das in der Öffentlichkeit höchst zurückhaltend in Erscheinung tretende Militär – auch in diesem Punkte ganz konträr zu der Militarisierung vieler Lebensbereiche in dem anderen deutschen Staat[126].

Die Notwendigkeit des Staates wird überwiegend bejaht, und zwar – was wichtig ist – in der vom Grundgesetz geformten und seitdem fortentwickelten Version.

Die Bürger haben sich in dieser Verfassungsordnung eingerichtet. Sie sind nicht ängstlich, von ihren demokratischen, rechtsstaatlichen und sozialstaatlichen Rechten voll Gebrauch zu machen. So überwiegt die Anspruchshaltung des Bürgers gegenüber dem Staat. Nach der Überbetonung des Pflichtenstatus in der NS-Zeit mag das derzeit noch verständlich sein.

Mäßigung der Staatsgewalt ist erwünscht. So gibt es keine ernsthaften Bestrebungen für eine Stärkung der Staatsführung. Im Gegenteil lassen sich die differenzierenden Wahlentscheidungen der Bürger bei Landtagswahlen und bei Bundestagswahlen auch i. S. eines Gleichgewichtsdenkens interpretieren. Doch auch im Sinne des Wechsels von Regierung und Opposition in Bund und Ländern, wenn es an der Zeit ist, neue Ideen zum Nutzen aller behutsam in den politischen Prozeß einzuführen oder Ordnungsmängel einer Regierung durch Beauftragung der Opposition auszuräumen, zeigen sich solche Elemente der Mäßigung und des Gleichgewichtes.

Die Gewaltenteilung zwischen den Bundesorganen ist ebensowenig angefochten wie die zweite Form der Gewaltenteilung durch Aufgabenverteilung zwischen Bund und Ländern[127]. Ich möchte mit der These schließen, daß der Wähler durch seine Wahlentscheidung am 25. Januar 1987[128] vielleicht noch eine Art *dritter Gewaltenteilung* anstrebt: eine Gewaltenmäßigung selbst innerhalb der Regierung als dem aktivsten und darum für die Ruhe und Bequemlichkeit des Bürgers möglicherweise lästigsten Exekutivorgan. Die Wahl vom 25. Januar 1987 hat zunächst das Ergebnis erbracht, daß keine Partei allein mit absoluter Mehrheit regieren kann; sie bedarf also eines bremsenden Koalitionspartners. Zum anderen war dies eine Wahlentscheidung, welche die großen Partner kleiner und die kleinen Partner hat größer werden lassen, möglicherweise um auch auf diesem Wege für eine Mäßigung künftiger Regierungspolitik zu sorgen. Dies wäre dann eine wahlpolitische Entscheidung, die in dieser Weise so getroffen werden

[126] Zu denken ist beispielsweise an die Betriebskampfgruppen und an den Wehrkundeunterricht in der DDR.

[127] Zur Darstellung und Kritik des Gewaltenteilungssystems nach dem Grundgesetz sei auf *Fastenrath,* U., Gewaltenteilung – Ein Überblick, in: JuS 1986, S. 194 ff. (197 ff.) verwiesen. Vgl. ferner: *Ossenbühl,* F., Aktuelle Probleme der Gewaltenteilung, in: DÖV 1980, S. 545 ff.; *Leisner,* W., Gewaltenteilung innerhalb der Gewalten. Ein Beitrag zum Problem der Hierarchie, in: *Spanner,* H. (Hrsg.), Festgabe für Th. Maunz zum 70. Geburtstag, 1971, S. 267 ff.

[128] SPD 37,0 %, CDU 34,5 %, CSU 9,8 %, FDP 9,1 %, Grüne 8,3 %, AdG vom 25. Januar 1987, S. 30697 A/2. (30699).

konnte, weil keine Gefahr bestand, daß die größer gewordenen kleineren Parteien während der Legislaturperiode etwa den Partner auswechseln. Weil diese Alternative ausgeschlossen ist, läßt sich diese Wahlentscheidung innerhalb unserer Verfassungsordnung nicht allein als Zeichen der staatsbürgerlichen Bequemlichkeit deuten, denn vielmehr als ein Zeichen politischer Reife. Ein junger DDR-Deutscher, der jetzt das erste Mal in den Westen reisen konnte, meinte, wir hätten kaum eine Vorstellung davon, was die Deutschen in der DDR dafür geben würden, sich an einer solchen Bundestagswahl beteiligen zu können. In der Tat zeigt sich in diesem Akt der Bestellung des Parlamentes durch den Wahlakt der Bürger als Form des internen Selbstbestimmungsrechtes schlaglichtartig der qualitative Unterschied der Verfassungsordnungen der beiden Staaten in Deutschland.

Georg Brunner und Dietmar Funke

Die Staats- und Verfassungsordnung der DDR

I. Vorbemerkung

Der folgende Beitrag will, ausgehend von vier grundlegenden Verfassungsprinzipien des Grundgesetzes, einen Vergleich zwischen den Staats- und Verfassungsordnungen der Bundesrepublik Deutschland und der DDR ziehen. Gegenübergestellt werden die Dezentralisierung des Staatsaufbaus und der »demokratische Zentralismus«, die Rechtsstaatlichkeit und die »sozialistische Gesetzlichkeit«, die Demokratie und die »sozialistische Demokratie« sowie die Sozialstaatlichkeit, wobei zum letzten Prinzip eine ausdrückliche Entsprechung im Staats- und Verfassungsrecht der DDR fehlt. Für die genannten Verfassungsprinzipien des Grundgesetzes wird auf eine Darstellung ihrer Entwicklung, eine umfassende inhaltliche Auslotung und Bewertung sowie staats- und rechtstheoretische Streitpunkte verzichtet. Auch die gegenübergestellte Staats- und Verfassungsordnung der DDR kann nur in wichtigen Grundlinien dargestellt werden. Auf zwei für die Bundesrepublik Deutschland wesensfremde, die Staats- und Verfassungsordnung der DDR aber bestimmende Voraussetzungen muß einleitend hingewiesen werden. Es sind dies die Herrschaft einer einzig maßgebenden und allgemeinverbindlichen Systemideologie in Gestalt des Marxismus-Leninismus und das in Art. 1 Abs. 1 der Verfassung der DDR von 1968/74 staatsrechtlich verankerte Führungsmonopol der SED[1]. Die Systemideologie versteht sich als eine Wissenschaft, die absolute Wahrheiten erkennt und vermittelt und dem Menschen »die grundlegende Orientierung für sein Verhalten und Handeln in allen Bereichen seines Lebens, in Beruf und Familie, im politischen Leben, überhaupt in allen sozialen Bindungen« gibt[2]. Wichtige Elemente einer rechtsstaatlichen Demokratie, wie die Freiheit und Offenheit des politischen Willensbildungsprozesses, die Meinungsfreiheit und die Kritik an den jeweiligen Inhabern politischer Herrschaft, haben in einem solchen System keinen Platz. Eine unantastbare Privatsphäre des Individuums kann es unter diesen Bedingungen ebensowenig geben wie rechtliche Vorkehrungen zu ihrer Gewährleistung, etwa in Gestalt von durchsetzbaren Freiheitsrechten. Die SED wähnt sich als das Subjekt der richtigen Erkenntnis, damit als die Elite des gesamten Volkes und leitet daraus ihren Führungsanspruch für die gesamte Gesellschaft ab. Die Parteibeschlüsse sind nicht nur für SED-Mitglieder, sondern auch für alle Staatsorgane und -funktionäre unmittelbar verbindlich[3]. Zwischen Partei und Staat besteht auf allen Ebenen eine personelle Verschmelzung, indem alle wichtigen Positionen im Staatsapparat mit SED-Mitgliedern besetzt werden. Die Partei

1 Näheres hierzu bei *G. Brunner*, Das Staatsrecht der Deutschen Demokratischen Republik, in: Handbuch des Staatsrechts, Bd. I, 1987, § 10, Rn. 14–22.

2 Dialektischer und historischer Materialismus. Lehrbuch für das marxistisch-leninistische Grundlagenstudium, Berlin (Ost) 1983, S. 8.

3 Vgl. § 2 Abs. 2 der Verordnung über die Pflichten, die Rechte und die Verantwortlichkeit der Mitarbeiter in den Staatsorganen vom 19. 2. 1969 (GBl. II, S. 163).

ist Inhaber der Personalkompetenz, die sie über die Kaderpolitik und das Nomenklatursystem realisiert. Die Tätigkeit der Staatsorgane, der Wirtschaftsorganisationen und der gesellschaftlichen Organisationen wird vom hauptamtlichen Parteiapparat angeleitet und von den jeweiligen Grundparteiorganisationen und Parteigruppen kontrolliert[4].

II. Die Dezentralisierung des Staatsaufbaus und der »demokratische Zentralismus«

Die Bundesrepublik Deutschland ist ein Bundesstaat (Art. 20 Abs. 1 GG). Soweit das Grundgesetz keine andere Regelung trifft oder zuläßt, sind die Ausübung der staatlichen Befugnisse und die Erfüllung der staatlichen Aufgaben Sache der Länder (Art. 30 GG). Den Gemeinden muß das Recht gewährleistet sein, alle Angelegenheiten der örtlichen Gemeinschaft im Rahmen der Gesetze in eigener Verantwortung zu regeln (Art. 28 Abs. 2 Satz 1 GG). Bund, Länder und Gemeinden verfügen über ein eigenes Steueraufkommen zur Erfüllung ihrer Aufgaben (Art. 106 GG) und sind in ihrer Haushaltsführung selbständig und voneinander unabhängig (Art. 109 Abs. 1 GG). Die Länder haben das Recht der Gesetzgebung, soweit nicht nach dem Grundgesetz die Gesetzgebungsbefugnis dem Bunde zusteht (Art. 70 Abs. 1 GG). In diesem Falle steht den Ländern jedoch über den Bundesrat ein Mitwirkungsrecht an der Gesetzgebung zu (Art. 50, 77 und 78 GG). Eine Änderung des Grundgesetzes, durch welche die bundesstaatliche Ordnung berührt wird, ist unzulässig (Art. 79 Abs. 3 GG).

Neben der territorialen Dezentralisierung greift in der Bundesrepublik eine weitverzweigte funktionale Dezentralisierung Platz, indem bestimmte öffentliche Aufgaben aus der allgemeinen Behördenorganisation ausgegliedert und verselbständigten juristischen Personen des öffentlichen Rechts (Anstalten, Körperschaften, Stiftungen), des Privatrechts (hauptsächlich Aktiengesellschaften und Gesellschaften mit beschränkter Haftung) oder Privatpersonen (Beliehene) übertragen werden. Diese mittelbare Staatsverwaltung durch selbständige Verwaltungsträger bewirkt eine weitere Teilung der öffentlichen Gewalt.

Im Ergebnis der territorialen und funktionalen Dezentralisierung entsteht in der Bundesrepublik eine Pluralität der politischen Leitungsgewalt. Formal ist damit eine Delegierung von Verantwortung verbunden. Es bestehen Sachbereiche mit eigenen Entscheidungsträgern und eigener Entscheidungsgewalt. Inhaltlich ermöglichen der föderalistische Staatsaufbau, die kommunale Selbstverwaltung und die mittelbare Staatsverwaltung das Miteinander, Nebeneinander und Gegeneinander unterschiedlicher politischer Kräfte und garantieren damit Freiheit, Pluralität, eine größere Durchschaubarkeit staatlichen Handelns und Schutz vor Gewaltmonismus[5].

Ganz anders stellt sich insoweit der Staatsaufbau in der DDR nach der dortigen Staats- und Verfassungsordnung dar. Für ihn ist in vertikaler Hinsicht der »demokratische Zentralismus« maßgebend.

Der Aufbau der Verwaltungsgebiete und -organe nach 1945 lehnte sich in der SBZ zunächst an den Zustand vor 1933 an. Durch den SMAD-Befehl Nr. 5 vom 9. Juli 1945 wurden fünf regionale Gebietseinheiten (Land Mecklenburg-Vorpommern, Provinz Mark Brandenburg, Provinz Sachsen-Anhalt, Land Sachsen, Land Thüringen) festgelegt, in denen unter der Leitung eines Präsidenten Landes- bzw. Provinzverwaltungen

[4] Vgl. Ziff. 49c, 63 II und 69 des SED-Statuts vom 22. 5. 1976, abgedruckt in: *K. W. Fricke*, Programm und Statut der SED, 1976.

[5] Vgl. zu diesem Abschn. *K. Stern*, Das Staatsrecht der Bundesrepublik Deutschland, Bd. I, 2. Aufl. 1984, § 19 II 2; *O. Kimminich*, Der Bundesstaat, in: Handbuch des Staatsrechts, Bd. I, 1987, § 26, Rn. 22–24.

eingesetzt wurden, die zunehmend kommunistisch dominiert waren[6]. Diese Gliederung der SBZ in Länder findet sich auch in Art. 1 Abs. 1–3 der Verfassung der DDR vom 7. Oktober 1949 wieder. Danach baut sich die Republik auf den deutschen Ländern auf, die alle Angelegenheiten selbständig entscheiden, soweit sie nicht für den Bestand und die Entwicklung des deutschen Volkes in seiner Gesamtheit wesentlich sind, und die grundsätzlich die Entscheidungen der Republik ausführen. Ein föderalistisch-dezentralisierter Staatsaufbau mit der Möglichkeit mehrerer Entscheidungszentren entsprach allerdings schon bei Gründung der DDR nicht den Vorstellungen der SED, die zu diesem Zeitpunkt bereits ihre kommunistisch-totalitäre Einparteiendiktatur errichtet hatte. Nach dem Selbstverständnis der SED entsprach die Gliederung der Republik in Länder den Bedingungen der »antifaschistisch-demokratischen Ordnung«, in der die »bürgerlich-demokratische Revolution« vollendet und in die »sozialistische Revolution« übergeleitet werden sollte. Diese »bürgerlich-demokratische Revolution« sah die SED im Jahre 1952 als vollendet an. Sie beschloß deshalb auf ihrer 2. Parteikonferenz im Juni 1952 den »Aufbau des Sozialismus« und beseitigte alsbald danach durch das »Gesetz über die weitere Demokratisierung des Aufbaus und der Arbeitsweise der staatlichen Organe in den Ländern der DDR« vom 23. Juli 1952 (GBl. S. 613) die Reste der Bundesstaatlichkeit. Mit diesem Gesetz wurde die territoriale Neuordnung der Länder in Bezirke und Kreise angeordnet. Die Abgrenzung hatte nach § 1 Abs. 2 und § 2 Abs. 2 des Gesetzes so zu erfolgen, daß sie den wirtschaftlichen Erfordernissen entspricht und die Durchführung aller staatlichen Aufgaben, insbesondere die wirksame Anleitung und Kontrolle, gewährleistet. Zwei Tage später erließen die Landtage entsprechende Gesetze und stellten ihre Tätigkeit ein, ohne daß sie gesetzlich ausdrücklich beseitigt worden wären. An ihre Stelle traten die Bezirkstage und die Räte der Bezirke. Da die Befugnisse der Länder nicht auf die Bezirke übergingen, war nunmehr auch formal ein zentralisierter Einheitsstaat geschaffen. Diese territoriale Neugliederung erfolgte ohne Verfassungsänderung. Erst durch das verfassungsändernde Gesetz vom 8. 12. 1958 (GBl. I S. 867) wurde die bis dahin noch bestehende Länderkammer aufgelöst[7].

Das gleiche Schicksal widerfuhr dem Recht der Gemeinden und Gemeindeverbände auf kommunale Selbstverwaltung (Art. 139 Verfassung der DDR von 1949). Es wurde durch die »Ordnungen« des Ministerrates vom 24. Juli 1952 (GBl. S. 621 und 623) für die Bezirke und Landkreise bzw. vom 8. Januar 1953 (GBl. S. 53 u. 60) für die Städte und Stadtbezirke beseitigt, während die zentralistische Gleichschaltung der Gemeinden ohne rechtliche Grundlage erfolgte. So hieß es in Abschnitt II Abs. 6 u. 7 der »Ordnung für den Aufbau und die Arbeitsweise der staatlichen Organe der Kreise« vom 24. Juli 1952, daß die Beschlüsse des Kreistages für alle Organe der Staatsgewalt, die dem Kreistag unterstehen, verbindlich sind und daß die Beschlüsse des Kreistages vom Bezirkstag aufgehoben und vom Rat des Bezirkes vorläufig ausgesetzt werden können. Der Rat des Kreises war für die Anleitung, Aufsicht und Kontrolle der Arbeit der Räte der Städte und Gemeinden verantwortlich; seine Beschlüsse konnten vom Rat des Bezirkes aufgehoben werden (Abschn. III Abs. 6 u. 7 der »Ordnung«). Entsprechende Bestimmungen enthielten die »Ordnungen« vom 8. Januar 1953 für die kreisfreien Städte und deren Stadtbezirke. In ihnen war zudem eine Rechenschaftspflicht des Rates der Stadt

[6] Näheres hierzu bei *G. Brunner* (Anm. 1), § 10, Rn. 1–4; *G. Brunner*, Die Verwaltung in der SBZ und DDR, in: Deutsche Verwaltungsgeschichte, Bd. V, 1987, S. 1223 ff.; *S. Mampel*, Die Entwicklung der Verfassungsordnung in der sowjetisch besetzten Zone Deutschlands von 1945 bis 1963, Jahrbuch des öffentlichen Rechts, NF Bd. 13, S. 494 ff.

[7] Näheres hierzu bei *G. Brunner* (Anm. 1), § 10, Rn. 7; *ders.* (Anm. 6), S. 1232 f.; *S. Mampel* (Anm. 6), S. 526 ff.

für seine gesamte Arbeit gegenüber der Stadtverordnetenversammlung und dem Rat des Bezirkes bzw. des Rates des Stadtbezirkes gegenüber der Stadtbezirksversammlung und dem Rat der Stadt verankert (jeweils Abschn. V Ziff. 2 der »Ordnungen«).

Mit diesem strikten System der Unterordnung und Rechenschaftspflicht tritt uns im Kern bereits das Prinzip des sog. »demokratischen Zentralismus« entgegen, das als für den Aufbau des Staates maßgebend erstmals im »Gesetz über die örtlichen Organe der Staatsmacht« vom 8. Januar 1957 (GBl. I S. 65) in § 5 Abs. 1 genannt und mit der Verfassung der DDR von 1968/74 zum tragenden Prinzip des Staatsaufbaus erklärt wird. Weder dort noch im derzeit gültigen »Gesetz über die örtlichen Volksvertretungen in der Deutschen Demokratischen Republik« vom 4. Juli 1985 (GBl. I S. 213), nach dem der demokratische Zentralismus Grundlage der Leitung und Planung sein soll, findet sich eine Definition dieses Prinzips. Für den Bereich der Partei bedeutet »demokratischer Zentralismus« nach Auffassung der SED jedenfalls: Leitung der Partei von einem gewählten Zentrum aus; Wahl aller leitenden Parteiorgane von unten nach oben; Kollektivität der Leitung; periodische Rechenschaftspflicht der Parteiorgane; straffe Parteidisziplin und Unterordnung der Minderheit unter die Mehrheit; unbedingte Verbindlichkeit der Beschlüsse der höheren Organe für die unteren Organe und die Mitglieder; aktive Mitarbeit der Parteimitglieder in ihren Organisationen[8]. Für die Beziehungen zwischen den Volksvertretungen soll »demokratischer Zentralismus« beinhalten: 1) die Verbindlichkeit der Beschlüsse der übergeordneten Volksvertretungen für die nachgeordneten; 2) die Verpflichtung, vor den übergeordneten Volksvertretungen über die Erfüllung der Beschlüsse Rechenschaft abzulegen; 3) das Recht der übergeordneten Volksvertretungen auf Aufhebung und das Recht der übergeordneten Räte auf Suspendierung von Beschlüssen nachgeordneter Volksvertretungen, wenn diese gegen Gesetze, andere Rechtsvorschriften oder Beschlüsse der höheren Volksvertretungen verstoßen; 4) das Recht der nachgeordneten Volksvertretungen, an der Ausarbeitung von Entscheidungen der übergeordneten Volksvertretungen mitzuwirken, die die materiellen, kulturellen und sozialen Bedürfnisse der Bürger ihres Territoriums berühren[9].

Diese Definitionen lassen sich nicht wortwörtlich auf die staatliche Verwaltung übertragen. Was »demokratischer Zentralismus« für diesen Bereich bedeutet, wird auch aus dem DDR-Schrifttum nicht eindeutig klar. Kein Zweifel wird dort aber daran gelassen, daß dieses Prinzip für das gesamte politische System der DDR gelten soll und daß es auch die Unterordnung des Staates unter die Partei beinhaltet[10]. Jedenfalls führt die Anwendung dieses Prinzips folgerichtig zu einem hierarchisch-zentralistisch aufgebauten Einheitsstaat, der sich in territoriale und funktionale Einheiten gliedert. Autonome Gebietskörperschaften und Institutionen der mittelbaren Staatsverwaltung würden diesem Prinzip widersprechen. Die SED akzeptiert deshalb lediglich ein für die Erfüllung der staatlichen Aufgaben zweckmäßiges und unerläßliches Ausmaß an Dekonzentration, dagegen keine Dezentralisation[11]. Natürlich ist für die Entscheidung der tagtäglich auf jeder Leitungsebene auftretenden mehr oder weniger wichtigen Probleme ein bestimmtes Maß an Eigenverantwortung und selbstbestimmter Entscheidungsfindung unerläßlich. Notwendig wäre deshalb eine eindeutige und verbindliche vertikale Kompetenzabgrenzung. Gerade in diesem Punkt aber werden verbindliche Festlegungen vermieden. Für die staatlichen Organisationsnormen ist es charakteristisch, daß sie meist keine fest umrissenen Kompetenzen statuieren, sondern lediglich Aufgaben zuweisen.

[8] Kleines politisches Wörterbuch, Berlin (Ost) 1986; Ziff. 23 des Statuts der SED.

[9] Staatsrecht der DDR, Lehrbuch, Berlin (Ost), 2. Aufl. 1984, S. 267.

[10] Staatsrecht der DDR (Anm. 9), S. 252 f.

[11] Näheres hierzu bei *G. Brunner* (Anm. 1), § 10, Rn. 27.

Es bleibt somit Aufgabe der Verwaltungspraxis, aus der häufig gebrauchten Formel von der »Verbindung der zentralen staatlichen Leitung und Planung der Grundfragen mit der Eigenverantwortung der örtlichen Staatsorgane« die jeweils richtige Einzelentscheidung abzuleiten. Letztlich steht die für die Verwaltungspraxis maßgebliche Generallinie der SED, die auf eine höchstmögliche, unter Effektivitätsgesichtspunkten gerade noch vertretbare Konzentration der Entscheidungsfindung auf der zentralen Ebene abzielt, der an sich für eine effektive Verwaltung gebotenen Dekonzentration entgegen. Dies trifft sich mit dem Bestreben der Verwaltung, möglichst viele Entscheidungen an übergeordneter Stelle treffen zu lassen, um gegen den Vorwurf eigener Fehlentscheidung besser gesichert zu sein.

III. Rechtsstaatlichkeit und »sozialistische Gesetzlichkeit«

Das Grundgesetz der Bundesrepublik Deutschland bekennt sich ausdrücklich zum rechtsstaatlichen Prinzip. Die hierfür grundlegenden Bestimmungen sind insbesondere Art. 20 Abs. 3 GG, nach dem die Gesetzgebung an die verfassungsmäßige Ordnung, die vollziehende Gewalt und die Rechtsprechung an Gesetz und Recht gebunden sind; Art. 28 Abs. 1 S. 1 GG, nach dem die verfassungsmäßige Ordnung in den Ländern den Grundsätzen des Rechtsstaats im Sinne des Grundgesetzes entsprechen muß; Art. 19 Abs. 2 GG, nach dem kein Grundrecht in seinem Wesensgehalt angetastet werden darf; Art. 19 Abs. 4 GG, der für die Verletzung von Rechten durch die öffentliche Gewalt den Rechtsweg eröffnet; Art. 79 Abs. 3 GG, der die Änderung der in Art. 1 und 20 GG niedergelegten Grundsätze für unzulässig erklärt. Rechtsstaatlichkeit kann dahingehend definiert werden, »daß die Ausübung staatlicher Macht nur auf der Grundlage der Verfassung und von formell und materiell verfassungsmäßig erlassenen Gesetzen mit dem Ziel der Gewährleistung von Menschenwürde, Freiheit, Gerechtigkeit und Rechtssicherheit zulässig ist«[12]. Das Grundanliegen der Rechtsstaatlichkeit besteht mithin in der individuellen Freiheitssicherung durch Rechtsbindung der Staatsgewalt. Auf einzelne Elemente des Rechtsstaatsprinzips wird nachfolgend in Gegenüberstellung mit der Situation in der DDR eingegangen.

Der Stellenwert des Rechts im politischen System der DDR wird durch das Prinzip der »sozialistischen Gesetzlichkeit« bestimmt. Die Verfassung der DDR von 1968/74 widmet ihm in den Art. 86–104 im Zusammenhang mit der Rechtspflege einen eigenen Abschnitt. In funktionaler Hinsicht weist dieses Prinzip Berührungspunkte mit dem herkömmlichen Grundsatz der Rechtsstaatlichkeit auf. Inhaltlich aber unterscheiden sich beide Prinzipien wesentlich, wie noch zu zeigen sein wird. In der DDR selbst wurde in den 60er Jahren die Frage diskutiert, ob das Rechtsstaatsprinzip im Sozialismus eine Daseinsberechtigung habe[13]. Dies wurde im Ergebnis verneint.

Während in der Bundesrepublik Deutschland das für die Rechtsstaatlichkeit wesentliche Prinzip der Gewaltenteilung, mit dem einerseits eine unerwünschte Machtkonzentration verhindert und andererseits die Teilhabe vieler an der Macht verwirklicht werden soll, grundgesetzlich verankert ist (vgl. insbesondere Art. 20 Abs. 2 S. 2, 28 Abs. 1 S. 1 und 92 GG), wird dieses Prinzip in der DDR strikt abgelehnt. Statt dessen gilt für die einzelnen Ebenen der staatlichen Organisation der Grundsatz der Gewalteneinheit, der auch als »Einheit von Beschlußfassung, Durchführung und Kontrolle« sowie »Einheit von Volksvertretung und Staatsapparat« bezeichnet wird. So erklärt Art. 5 Abs. 1

[12] *K. Stern* (Anm. 5), § 20 III 1.

[13] Vgl. hierzu *K. Sieveking,* Die Entwicklung des sozialistischen Rechtsstaatsbegriffs in der DDR, 1975.

der Verfassung von 1968/74, daß die DDR-Bürger »ihre politische Macht durch demokratisch gewählte Volksvertretungen« ausüben. Die Allmacht der Volksvertretungen kann freilich in Übereinstimmung mit dem »demokratischen Zentralismus« nur so verstanden werden, daß bei den einzelnen Volksvertretungen derjenige Teil der Staatsgewalt konzentriert sein soll, der nach dem jeweiligen Stand der Dekonzentration ihrer Gebietseinheit zur Ausübung zugewiesen ist. Die an sich unteilbare Staatsgewalt muß bei der Volkskammer liegen, die als »das oberste staatliche Machtorgan der DDR« (Art. 48 Abs. 1 der Verfassung) genannt wird und »in ihrer Tätigkeit den Grundsatz der Einheit von Beschlußfassung und Durchführung« (Art. 48 Abs. 2 S. 2 der Verfassung von 1968/74) verwirklichen soll. Nach dieser wirklichkeitsfremden rechtlichen Konstruktion können die vollziehend-verfügenden Organe der Staatsverwaltung und die Organe der Rechtspflege nur delegierte Staatsaufgaben wahrnehmen. Sie müßten von ihrer Volksvertretung bestellt und abberufen werden und dieser rechenschaftspflichtig sein. Nach der positiven Rechtslage besteht dieses Abhängigkeitsverhältnis indes nur auf der obersten Stufe in den Beziehungen der Verfassungsorgane zur Volkskammer uneingeschränkt. In den Territorien ist es lediglich in bezug auf die Organe der allgemeinen Verwaltung vorhanden. Die Beziehungen der Organe der Sonderverwaltungen, der Gerichte und der Staatsanwaltschaft zu den örtlichen Volksvertretungen sind demgegenüber recht locker. In der Praxis macht aber auch die Volkskammer von ihren umfassenden Befugnissen kaum Gebrauch. In den letzten Jahren ist sie jährlich nur zu zwei eintägigen Sitzungen zusammengetreten, um die ihr vorgelegten Gesetzesvorlagen und politischen Entschließungen regelmäßig einstimmig[14] zu verabschieden. Insgesamt stehen der Grundsatz der Gewalteneinheit und die propagandistische Überhöhung der Rolle der Volksvertretungen in einem krassen Widerspruch zur Wirklichkeit.

Wird jemand durch die öffentliche Gewalt in seinen Rechten verletzt, so steht ihm nach Art. 19 Abs. 4 S. 1 GG der Rechtsweg offen. Diese Verfassungsnorm gewährt in ihrer näheren Ausgestaltung durch die Verwaltungsverfahrensgesetze des Bundes und der Länder sowie durch die Verwaltungsgerichtsordnung ein rechtsstaatliches Verwaltungs- und Verwaltungsgerichtsverfahren[15]. Soweit die Zuständigkeit der Verwaltungsgerichte nicht gegeben ist, steht nach Art. 19 Abs. 4 S. 2 GG der ordentliche Rechtsweg offen.

Im Gegensatz hierzu existieren Verwaltungsgerichte in der DDR nicht. Ihre Existenz wird als mit dem Prinzip der Gewalteneinheit unvereinbar abgelehnt[16]. Die nach 1945 in den Ländern der SBZ eingerichteten und in Art. 138 der Verfassung von 1949 ausdrücklich aufgenommenen Verwaltungsgerichte wurden mit der oben beschriebenen Beseitigung der Länder aufgelöst[17]. Zwar wäre eine Anfechtungsklage nach § 10 Abs. 1 Ziff. 6 ZPO/DDR in gesetzlich besonders vorgesehenen Fällen zulässig, doch hat der Gesetzgeber derartige Fälle so gut wie nicht vorgesehen. Der einzige Fall eindeutig öffentlich-rechtlicher Natur ist praktisch belanglos und kann in Anbetracht der wahren Funktion der Wahlen in der DDR nur als eine Verhöhnung des Rechtsschutzgedankens angesehen werden: Die Streichung eines Bürgers aus der Wählerliste und die Ablehnung seiner Aufnahme in sie durch den örtlichen Rat können beim Kreisgericht mit dem

[14] Die bislang einzige Ausnahme stellte das »Gesetz über die Unterbrechung der Schwangerschaft« v. 9. 3. 1972 (Fristenlösung) dar, das bei 14 Gegenstimmen und 8 Stimmenthaltungen aus den Reihen der CDU-Fraktion angenommen wurde.

[15] Näheres hierzu bei *I. v. Münch* (Hrsg.), Grundgesetz-Kommentar, Bd. I, 3. Aufl. 1985, Art. 19, Rn. 40, 52.

[16] Verwaltungsrecht. Lehrbuch, Berlin (Ost) 1979, S. 336.

[17] *S. Mampel* (Anm. 6), S. 551.

Einspruch angefochten werden[18]. Eine Inzidentprüfung von Verwaltungsakten wird von der Rechtsprechung abgelehnt[19]. Von der Rechtslehre wird diese auch im »sozialistischen Rechtskreis« einmalige Situation prinzipiell gebilligt. Die von Bernet im Jahre 1983 befürwortete Einführung der gerichtlichen Nachprüfbarkeit von bestimmten Verwaltungsakten[20] führte zu einer überwiegend negativen Reaktion[21]. Die Möglichkeit, die die Rechtsordnung der DDR dem einzelnen zur Verfügung stellt, um seine subjektivöffentlichen Rechte gegen die Verwaltung durchzusetzen und Eingriffe in sie abzuwehren, erschöpfen sich in der Eingabe und der Beschwerde. Das in Art. 103 der Verfassung von 1968/74 gewährleistete und im Eingabengesetz[22] näher ausgestaltete Eingabenrecht stellt seinem Wesen nach eine Art von Petitionsrecht dar. Folglich ergibt sich aus ihm auch kein förmlicher Rechtsbehelf. Die Entscheidung über Eingaben erfolgt durch den jeweils zuständigen Leiter bzw. einen von ihm Bevollmächtigten (§ 4 Abs. 1 S. 1 EingabenG). Ist ein Bürger mit der Entscheidung über seine Eingabe nicht einverstanden, kann er sich an das übergeordnete Organ oder den übergeordneten Leiter wenden (§ 8 Abs. 1 S. 1 EingabenG). Die Entscheidungen sind grundsätzlich jeweils innerhalb von vier Wochen zu treffen (§ 7 Abs. 2 und 3 EingabenG). Der Entscheidungsinhalt ist dem Ermessen des jeweiligen Leiters überlassen. Der einzige förmliche Rechtsbehelf ist die Beschwerde. Sie ist nach dem Enumerationsprinzip nur in den gesetzlich besonders vorgesehenen Fällen zulässig, die allerdings sehr zahlreich sind. Die Beschwerdefrist beträgt 1–4 Wochen. Über die mündliche oder schriftliche Beschwerde entscheidet das Organ, das die angefochtene Entscheidung erlassen hat. Wenn es der Beschwerde nicht stattgeben will, muß es die Sache dem übergeordneten Organ vorlegen, das endgültig entscheidet. Für die Entscheidung sind Fristen von 1–4 Wochen vorgesehen. Die aufschiebende Wirkung der Beschwerde ist sehr unterschiedlich geregelt. In Angelegenheiten der Ordnungs- und Abgabenverwaltung ist sie in aller Regel ausgeschlossen, während sie im Bereich der Leistungsverwaltung häufig gegeben ist. Stärker formalisiert ist das Verfahren in Patent- und Sozialversicherungssachen, wo über die Beschwerde kollegiale Spruchkörper entscheiden. In jüngster Zeit wird im Schrifttum der DDR die Bedeutung der verwaltungsinternen Rechtsbehelfe für den Rechtsschutz der Bürger zunehmend betont und in diesem Zusammenhang auch die Schaffung einer allgemeinen Verwaltungsverfahrensordnung kontrovers erörtert[23].

Weitere traditionelle Bestandteile der Rechtsstaatlichkeit, wie die Verfassungsstaatlichkeit, die Gesetzmäßigkeit der Verwaltung, die richterliche Unabhängigkeit, die Gewährleistung von Grundrechten und die Rechtsgebundenheit der politischen Gewalt, werden nach der Staats- und Rechtsordnung der DDR nicht ausdrücklich abgelehnt, sind aber bis zur Unkenntlichkeit deformiert.

Verfassungsstaatlichkeit drückt sich vor allem in der Höchstrangigkeit der Verfassung aus, die als normative Grundordnung für die Ausübung aller Staatsgewalt verbindlich

18 § 27 Abs. 3, Abs. 4 des »Gesetzes über die Wahlen zu den Volksvertretungen der DDR – Wahlgesetz –« vom 24. 6. 1976 (GBl. I S. 301).

19 Urteile des Obersten Gerichts v. 10. 7. 1979 (NJ 1979, S. 561), v. 15. 4. 1980 (NJ 1980, S. 379) und v. 9. 12. 1980 (NJ 1981, S. 188) bezüglich des behördlich genehmigten Kaufpreises; Urteil des Obersten Gerichts v. 15. 7. 1982 (NJ 1982, S. 516) bezüglich der Zustimmung der Verwaltungsbehörde zu Baumaßnahmen bei Nachbarklagen.

20 *W. Bernet*, Gerichtliche Nachprüfbarkeit von Verwaltungsakten für die DDR?, in: Bürger im sozialistischen Recht, Jena 1983, S. 48 ff. (49, 58 ff.).

21 Näheres hierzu bei *G. Brunner* (Anm. 1), Rn. 90.

22 »Gesetz über die Bearbeitung der Eingaben der Bürger – Eingabengesetz –« v. 19. 6. 1975 (GBl. I S. 461).

23 Näheres zum Verwaltungsrechtsschutz bei *G. Brunner* (Anm. 1), Rn. 87 ff.

ist[24]. Diesen Vorrang der Verfassung legt Art. 20 Abs. 3 GG fest. Er wird für die Grundrechte noch einmal durch Art. 1 Abs. 3 GG hervorgehoben. Die Verfassungsstaatlichkeit wird durch Art. 79 Abs. 3 GG geschützt. Aufgabe der Verfassungsgerichtsbarkeit ist es, die Widerspruchsfreiheit zwischen Gesetzgebung und Verfassung zu sichern.

In der DDR wird die Notwendigkeit einer schriftlichen Verfassungsurkunde als juristischer Maßstab für die Rechtsetzung und Rechtverwirklichung gesehen[25]. Rechtsvorschriften dürfen der Verfassung nicht widersprechen (Art. 89 Abs. 3 S. 1 Verfassung der DDR von 1968/74). Die Verfassung hat nach ihrem Art. 105 nicht lediglich programmatischen Charakter, sondern ist unmittelbar geltendes Recht. Art. 63 Abs. 2 S. 2 und Art. 106 geben ihr besondere Bestandsgarantien, da die Verfassung nur von der Volkskammer mit Zustimmung von mindestens zwei Dritteln der gewählten Abgeordneten durch Gesetz geändert werden kann, das den Wortlaut der Verfassung ausdrücklich ändert oder ergänzt. Inhaltlich dient die Verfassung dazu, die Gestaltung der Gesellschaft nach den Vorstellungen der SED zu verwirklichen[26]. Dies findet besonders in Art. 1 und 2 der Verfassung ausdrücklich seinen Niederschlag. Eine Verfassungsgerichtsbarkeit wird, ausgehend von dem Prinzip der Gewalteneinheit, entschieden abgelehnt[27]. Nach Art. 89 Abs. 3 S. 2 der Verfassung von 1968 war es Aufgabe des Staatsrates, über Zweifel an der Verfassungsmäßigkeit von Rechtsvorschriften des Ministerrates und anderer staatlicher Organe zu entscheiden. Diese Kompetenz hat der Staatsrat mit der Verfassungsänderung von 1974 verloren. Über Zweifel an der Verfassungsmäßigkeit von Rechtsvorschriften entscheidet nunmehr die Volkskammer (Art. 89 Abs. 3 S. 2). Wer die Verfassungswidrigkeit von Rechtsvorschriften geltend machen kann, ist nicht geregelt. Es muß angenommen werden, daß die Volkskammer von Amts wegen, gegebenenfalls auf Anregungen hin, tätig werden soll. Nicht geregelt ist auch, in welcher Form die Volkskammer zu entscheiden hätte und wie diese Entscheidung zu veröffentlichen wäre. Tatsächlich ist bisher keine Entscheidung der Volkskammer über die Verfassungsmäßigkeit von Rechtsvorschriften bekanntgeworden.

Die Bindung der vollziehenden Gewalt an Gesetz und Recht (Art. 20 Abs. 3 GG) ist ein zentraler Grundsatz des Rechtsstaatsgedankens in der Staats- und Verfassungsordnung der Bundesrepublik Deutschland. Dieser als Gesetzmäßigkeit der Verwaltung bezeichnete Grundsatz wird durch zwei Komponenten bestimmt. Es sind dies der Gesetzesvorrang und der Gesetzesvorbehalt. Gesetzesvorrang bedeutet, daß Verwaltungsmaßnahmen nicht gegen Rechtssätze verstoßen dürfen. Der Vorbehalt des Gesetzes besagt, daß die vollziehende Gewalt für Eingriffe in die Rechts- und Freiheitssphäre positiv einer rechtssatzmäßigen Ermächtigung bedarf[28].

In der DDR waren in den 50er Jahren die offenen Rechtsbrüche gängige Verwaltungspraxis und wurden im Schrifttum im Namen der »sozialistischen Gesetzlichkeit« zum Teil ausdrücklich begrüßt. Es wurde die Frage diskutiert, ob die »sozialistische Gesetzlichkeit« ein Abgehen von der Rechtsnorm dann gebiete, wenn ihre strikte Anwendung den Fortschritt hemme[29]. Die Frage wurde im Ergebnis mit der Begründung ver-

24 *K. Stern* (Anm. 5), § 20 IV 1b; *E. Schmidt-Aßmann*, Der Rechtsstaat, in: Handbuch des Staatsrechts (Anm. 1), Rn. 28.

25 Staatsrecht der DDR (Anm. 9), S. 33.

26 Staatsrecht der DDR (Anm. 9), S. 37 f.

27 *E. Poppe*, Reflexionen zum Staatsrecht als grundlegendem Rechtszweig, Staat und Recht 1984, S. 435 ff. (438).

28 Vgl. zu diesem Abschnitt *K. Stern* (Anm. 5), § 20 IV 4b; *I. v. Münch* (Anm. 15), Art. 20, Rn. 36 ff.

29 *J. Leymann – S. Petzold*, Zum Wesen der sozialistischen Gesetzlichkeit in der Deutschen Demokratischen Republik, Staat und Recht 1959, S. 691 ff.; *S. Mampel*, Die sozialistische Verfassung der DDR. Kommentar, 2. Aufl. 1982, Art. 19, Rn. 53 f.

neint, daß Verstöße gegen das sozialistische Recht und die sozialistische Gesetzlichkeit der sozialistischen Gesellschaft wesensfremd und mit ihrer Entwicklung unvereinbar seien. Auf dem Gebiete der Rechtsetzung wird heute nicht nur der Vorrang des Gesetzes im Sinne eine Normenhierarchie anerkannt, sondern auch der Vorbehalt des Gesetzes in dem Sinne praktiziert, daß die Rechtsetzungskompetenzen der Staatsorgane festgelegt sind. Kraft Verfassung sind die Volkskammer (Art. 48 Abs. 2, 49 Abs. 1), der Staatsrat (Art. 66 Abs. 1 S. 3), der Ministerrat (Art. 78 Abs. 2) und die örtlichen Volksvertretungen (Art. 82 Abs. 1) ermächtigt, Rechtsnormen zu erlassen. Kraft einfachen Gesetzes sind der Nationale Verteidigungsrat[30], die einzelnen Mitglieder des Ministerrates[31] und die örtlichen Räte[32] zur Rechtsetzung generell ermächtigt. Den Leitern zentraler Staatsorgane, die nicht Mitglieder des Ministerrates sind, kann eine derartige Ermächtigung generell oder für den Einzelfall erteilt werden[33]. Dies ist vielfach geschehen. Die Rechtsetzung vollzieht sich unter der Anleitung der SED. Die »führende Rolle der Partei« wird normalerweise so zur Geltung gebracht, daß die staatlichen Rechtsetzungsorgane auf der Grundlage der rechtspolitischen Vorgaben und zum Teil in Ausführung konkreter Rechtsetzungsaufträge der Parteiführung tätig werden.

Ob die so geschaffenen Rechtsnormen inhaltlich dem rechtsstaatlichen Grundsatz des Gesetzesvorbehaltes genügen, erscheint zweifelhaft. Da der materiell-demokratische Gesetzesbegriff in der DDR unbekannt ist, bewirken die gesetzlichen Rechtsetzungsermächtigungen kein an inhaltlichen Kriterien ausgerichtetes System der Rechtsquellen. Die Wahl der jeweiligen Rechtsetzungsebene ist eine Zweckmäßigkeitsentscheidung. In struktureller Hinsicht sind die Rechtsnormen so beschaffen, daß ihre Anwendung parteilich erfolgen kann. Meist ist ihnen eine allgemein-politische Präambel vorangestellt, die auf die »führende Rolle« der Partei verweist. Es folgen Rahmenregelungen, politische Generalklauseln und unbestimmte Rechtsbegriffe auf der Tatbestands- und unüberprüfbares Verwaltungsermessen auf der Rechtsfolgeseite. Häufig sind Aufgabennormen, deren logische Struktur in einer Zweck-Mittel-Relation besteht und deren Anwendung primär auf die Auswahl der zweckentsprechenden Mittel gerichtet ist[34]. Dies führt bei der Rechtanwendung zu einem unter rechtsstaatlichen Gesichtspunkten unvertretbaren Entscheidungsspielraum der Verwaltung. Unklar geregelt sind meist auch die Zuständigkeiten für eine konkrete Entscheidung.

Die sachliche (Art. 97 Abs. 1 GG) und persönliche Unabhängigkeit (Art. 97 Abs. 2 GG) der Richter ist einer der wesentlichen Grundsätze unseres Staatsaufbaus. Er soll die Freiheit jedes Richters zu eigenverantwortlicher Entscheidung im Rahmen von Gesetz und Recht (Art. 20 Abs. 3 GG) sichern und dem Bürger garantieren, daß er sein Recht auch gegen den Staat erhält[35].

Die Unabhängigkeit der Richter ist in Art. 96 Abs. 1 der Verfassung der DDR von 1968/74 proklamiert; eine inhaltsgleiche Regelung enthielt Art. 127 der Verfassung von 1949. In Wirklichkeit ist die persönliche und sachliche Unabhängigkeit der Richter kaum vorhanden. Eine persönliche Unabhängigkeit ist schon deshalb nicht gegeben, weil die Richter absetzbar und versetzbar sind. Alle Berufsrichter werden für die relativ kurze Zeit von fünf Jahren gewählt, und zwar die Richter des Obersten Gerichts auf Vorschlag des Staatsrats von der Volkskammer, die Richter der Bezirks- und Kreisgerichte auf

30 § 2 Abs. 1 S. 3 »Gesetz über die Landesverteidigung der DDR (Verteidigungsgesetz)« v. 13. 10. 1978 (GBl. I, S. 377).

31 § 8 Abs. 3 S. 1 »Gesetz über den Ministerrat der DDR« v. 16. 10. 1972 (GBl. I, S. 253).

32 § 9 Abs. 3 »Gesetz über die örtlichen Volksvertretungen in der DDR« v. 4. 7. 1985 (GBl. I, S. 213).

33 § 8 Abs. 3 S. 2 MinRatG (Anm. 31).

34 *G. Brunner* (Anm. 1), § 10, Rn. 32 f.

35 Vgl. zu diesem Abschnitt *K. Stern* (Anm. 5), § 20 IV 5d; *I. v. Münch* (Anm. 15), Art. 97, Rn. 1 ff.

Vorschlag des Justizministers von der stufengleichen örtlichen Volksvertretung und die Richter der Militärober- und Militärgerichte auf Vorschlag des Nationalen Verteidigungsrates vom Staatsrat. Die Personalkompetenz für die Richterwahlen liegt bei der SED. »Richter . . . kann nur sein, wer dem Volk und seinem sozialistischen Staat treu ergeben ist . . .[36].« Während der Wahlzeit können die Richter von ihrem Wahlgremium unter Umgehung des förmlichen Disziplinarverfahrens wegen einer Pflichtverletzung abberufen werden. Das förmliche Disziplinarverfahren kann zu einer Abberufung führen, wenn der Richter seine Grundpflichten aus § 45 Gerichtsverfassungsgesetz (Verwirklichung der sozialistischen Gesetzlichkeit in der Rechtsprechung, aktiver Einsatz für die Erfüllung der Aufgaben des Gerichts, Erläuterung des sozialistischen Rechts, enge Zusammenarbeit mit den Werktätigen und ständige Festigung des Vertrauensverhältnisses zu ihnen, aktive Teilnahme am gesellschaftlichen Leben, Wahrung der Staatsdisziplin) oder die Arbeitsdisziplin gröblichst verletzt oder sich innerhalb oder außerhalb seines Dienstes eines Richters unwürdig verhält[37].
Die nach ihrer Treue zur Partei ausgewählten und auswechselbaren Richter sind in ihren Einzelfallentscheidungen an sich weisungsfrei. Sie unterliegen aber neben dem Führungsanspruch der Partei einer spezifischen inhaltlichen Anleitung durch die höheren Gerichte. So erläßt das Plenum des Obersten Gerichts für die Rechtanwendung und -auslegung aller Gerichte verbindliche Richtlinien (§§ 20 Abs. 2, 39 Abs. 1, 40 Abs. 1 GVG/DDR). Eine weitere Anleitungsform ist die Möglichkeit der Kassation jeder rechtskräftigen Entscheidung grundsätzlich binnen Jahresfrist durch die höhere Gerichtsinstanz (§§ 311–313 StPO/DDR, § 160 ZPO/DDR)[38].

Zum Thema Rechtsstaatlichkeit gehört an sich auch die rechtliche Ordnung des Verhältnisses zwischen Bürger und Staat durch Grundrechte. Da dieses Thema in diesem Band von Luchterhandt näher behandelt wird, wird an dieser Stelle lediglich auf seine Ausführungen verwiesen.

Zum Prüfstein für die »Rechtsstaatlichkeit des politischen Systems der DDR« wird auch die Frage, inwieweit sich die letztlich von der SED repräsentierte politische Gewalt an das gesetzte Recht gebunden hält. Auf diesem Gebiet ist ein entscheidender Unterschied zwischen den Staats- und Rechtsordnungen im geteilten Deutschland offensichtlich. Die »sozialistische Gesetzlichkeit« unterscheidet sich vom Rechtsstaatsbegriff schon in ihrem dynamisch-instrumentalen Ansatz insofern, als das Recht als ein politisches Gestaltungs- und Leitungsinstrument in den Händen von Partei und Staat begriffen wird, mit dessen Hilfe die von der SED bestimmten Ziele des sozialistischen Aufbaus durchgesetzt werden sollen. Der Geltungsbereich der »sozialistischen Gesetzlichkeit« ist sehr weit gefaßt: Sie gilt für die Rechtsetzung und Rechtanwendung gleichermaßen und erstreckt sich in personeller Hinsicht auf alle Normadressaten, also nicht nur auf die Staatsorgane, sondern auch auf alle gesellschaftlichen Organisationen und Bürger. Inhaltlich setzt sie sich aus zwei Elementen zusammen, die in einem Spannungsverhältnis zueinander stehen: Rechtsbindung und politische Zweckmäßigkeit. Dies wird mit den Forderungen nach »strikter Beachtung der Rechtsnormen« einerseits und nach »Übereinstimmung mit den objektiven Erfordernissen der gesellschaftlichen Entwicklung« oder »Parteilichkeit« andererseits zum Ausdruck gebracht. Die Existenz eines Spannungsverhältnisses wird allerdings geleugnet. »Parteilichkeit und Gesetzlichkeit

36 § 44 Abs. 1 »Gesetz über die Verfassung der Gerichte der Deutschen Demokratischen Republik – Gerichtsverfassungsgesetz –« v. 27. 9. 1974 (GBl. I, S. 457).

37 § 1 »Anordnung über die Voraussetzungen und die Durchführung des Disziplinarverfahrens gegen Richter der DDR – Disziplinarordnung –« v. 21. 4. 1978 (GBl. I, S. 179).

38 Näheres zur richterlichen Unabhängigkeit bei *G. Brunner* (Anm. 1), § 10, Rn. 71 f.; *S. Mampel* (Anm. 29), Art. 96, Rn. 4–7.

stehen nicht in einem alternativen oder einander ergänzenden Verhältnis zueinander. Die sozialistische Gesetzlichkeit ist Ausdruck der Parteilichkeit[39].« Langfristig kann festgestellt werden, daß mit der Konsolidierung des politischen Systems und der Umgestaltung der überkommenen »bürgerlichen« Rechtsordnung in eine »sozialistische« der Rechtsbindung tendenziell zunehmendes Gewicht beigelegt wird und Rechtsbrüche abgelehnt werden. Voraussetzung für diese Akzentverschiebung ist die Ausgestaltung der Rechtsordnung in der Weise gewesen, daß die Rechtsnormen die längerfristigen politischen Zweckmäßigkeitsentscheidungen beinhalten und im übrigen so elastisch sind, daß eine an der tagespolitischen Zweckmäßigkeit orientierte Rechtsanwendung auch ohne offene Rechtsbrüche möglich ist. So hat das Oberste Gericht im Jahre 1967 ausgesprochen[40], daß eine Auslegung, mit deren Hilfe ein Gesetz gegen seinen eindeutigen Inhalt angewendet wird, ungesetzlich sei. Die Anpassung gesellschaftlich überholter Normen an den aktuellen Stand der Entwicklung sei Aufgabe der Gesetzgebung und nicht der Rechtsprechung.

IV. Demokratie und »sozialistische Demokratie«

Die Bundesrepublik Deutschland ist ein demokratischer Staat (Art. 20 Abs. 1 GG). Alle Staatsgewalt geht vom Volke aus (Art. 20 Abs. 2 S. 1 GG). Diese verfassungsmäßige Grundentscheidung für die Demokratie ist unantastbar (Art. 79 Abs. 3 GG). Sie wird durch eine Vielzahl weiterer Verfassungsbestimmungen konkretisiert und garantiert. Zu nennen sind insbesondere die Wahlrechtsgrundsätze des Art. 38 GG, die Meinungsfreiheit, Pressefreiheit, Freiheit der Berichterstattung (Art. 5 Abs. 1 S. 1 und 2 GG), die Versammlungsfreiheit (Art. 8 GG), die Vereinigungs- und Koalitionsfreiheit (Art. 9 GG), die Freiheit der Parteigründung (Art. 21 GG). Damit geht das Grundgesetz von einem offenen Prozeß der politischen Willensbildung aus, in dem die Mehrheit entscheidet, sich die Amtsträger periodischen Wahlen stellen und die Voraussetzungen für echte Wahlmöglichkeit durch ein Mehrparteiensystem, das Institut der Opposition und umfassende Informationsmöglichkeiten gegeben sind. Letzten Endes soll durch das demokratische Prinzip die Mitwirkung des Volkes bei der Konstituierung und Ausübung der Staatsgewalt gesichert werden[41].

Grundlegend anders wird Demokratie in der Staats- und Verfassungsordnung der DDR verstanden. Sie geht aus vom Begriff der »sozialistischen Demokratie«, der synonym zu den je nach Opportunität ebenfalls verwendeten Begriffen »Arbeiter-und-Bauern-Macht« und »Diktatur des Proletariats« gebraucht wird. Zugleich werden zwei Grundprämissen der Demokratie geleugnet.

Erstens wird die demokratische Annahme, daß es kein A-priori-Gemeinwohl gebe und deshalb die Betroffenen selbst darüber zu befinden hätten, was ihrem Wohl förderlich sei, zurückgewiesen. Ihr wird die Erkenntnisgewißheit der marxistisch-leninistischen Systemideologie entgegengesetzt, die mit einem absoluten Unfehlbarkeitsanspruch auftritt. Da nach dieser ideologischen Weichenstellung das Gemeinwohl »wissenschaftlich« vorgegeben und für die kommunistische Partei erkennbar ist, ist in der »sozialistischen Demokratie« für Pluralismus und Toleranz kein Platz.

Zweitens wird die politische Gleichheit der Menschen in Abrede gestellt. Das – in dieser Form freilich selten offen abgelegte – Bekenntnis zur Ungleichheit der Menschen

[39] Marxistisch-leninistische Staats- und Rechtstheorie. Lehrbuch, hrsg. vom Institut des Staates und des Rechts der Akademie der Wissenschaften der DDR, Berlin (Ost), 3. Aufl. 1980, S. 426.

[40] Urt. v. 23. 6. 1967 (Neue Justiz 1976, S. 583).

[41] Näheres hierzu bei *I. v. Münch* (Anm. 15), Art. 20, Rn. 11 ff.; Bd. III, 1983, Art. 79, Rn. 39 ff.

beruht auf der Klassenlehre, die den gesellschaftlichen Wert des Menschen an seiner Klassenzugehörigkeit mißt. Es liegt in der Konsequenz dieser Konstruktion, daß das Volk als Souverän nicht als eine ungegliederte Einheit begriffen, deren maßgebender Wille etwa durch Abstimmungen nach dem Mehrheitsprinzip ermittelt werden müßte, sondern als eine Struktur betrachtet wird, deren Teilen ein abgestufter sozialer und politischer Wert zukommt. Unter sozialistischen Bedingungen wird das Prinzip der Ungleichheit im Zeichen des Klassenbündnisses zwar abgemildert, doch ändert dies nichts an der Höherwertigkeit der Arbeiterklasse, deren Elite die kommunistische Partei darstellt. Hieraus ergibt sich, daß der wahre, wohlverstandene Volkswille durch die kommunistische Parteiführung zum Ausdruck gebracht werde. Nur so kann die auf den ersten Blick groteske Behauptung des staatsrechtlichen Schrifttums der DDR verstanden werden, die »führende Rolle der SED« sei »die wichtigste Garantie wahrhafter Volkssouveränität«[42]. Die Partei selbst bezeichnet sich in der Präambel ihres Statuts als »der bewußte und organisierte Vortrupp der Arbeiterklasse und des werktätigen Volkes«.

Letztlich folgt aus diesem Führungsanspruch die totalitäre Einparteiendiktatur der SED in der DDR. Demzufolge sind alle »demokratischen« Institutionen und Prozeduren keine pluralistischen Veranstaltungen zur Ermittlung des Volkswillens nach dem durch einen Minderheitenschutz gedämpften Mehrheitsprinzip, sondern Mechanismen zur Mobilisierung der Bevölkerung zur Durchsetzung der SED-bestimmten Ziele. So erkennen die vier Gefolgsparteien der SED (CDU, LDPD, DBD und NDPD) die führende Rolle der SED ausdrücklich an[43]. Ihr »gesellschaftlicher Auftrag« wird darin erblickt, »die Innen- und Außenpolitik der DDR aktiv verwirklichen zu helfen und mit allen Kräften zur Stärkung der Staatsmacht beizutragen«[44]. Ähnliches gilt für die gesellschaftlichen Organisationen. Mit ihnen versucht die SED, alle sozialen Gruppen und Schichten der Gesellschaft für ihre Ziele zu organisieren und zu mobilisieren, wobei die Mitglieder gleichzeitig die Möglichkeit haben sollen, ihre spezifischen Interessen organisiert und kontrolliert wahrzunehmen. Darüber hinaus erfüllen diese Organisationen jeweils spezifische Funktionen und dienen regelmäßig der Heranziehung und Erprobung von Führungskräften für Partei, Staat und Wirtschaft. So werden die Schüler, Lehrlinge und Studenten fast vollständig von der Pionierorganisation bzw. der FDJ erfaßt und können dadurch nicht nur in ihren Ausbildungsstätten, sondern auch über diese Organisationen politisch indoktriniert werden. Dieser Personenkreis ist zudem weitgehend in der Gesellschaft für Deutsch-Sowjetische Freundschaft und in der Gesellschaft für Sport und Technik organisiert, wobei letztere der Wehrerziehung dient. Die zahlenmäßig größte Massenorganisation ist der Freie Deutsche Gewerkschaftsbund, dem wichtige Aufgaben der Arbeits- und Sozialverwaltung übertragen sind (vgl. Art. 44 und 45 der Verfassung von 1968/74). Seinen organisierten Ausdruck soll das Klassenbündnis gem. Art. 3 der Verfassung in der Nationalen Front finden. Sie ist weder eine politische Partei noch eine Massenorganisation, sondern eine »Volksbewegung«, die von einem hauptamtlichen Apparat getragen wird. In ihr sollen die politischen Parteien und Massenorganisationen, aber auch einzelne Bürger politisch zusammenarbeiten. Ebenfalls im Zeichen der Bündnispolitik wirkt der Demokratische Block, dem neben den fünf politischen Parteien vier gesellschaftliche Organisationen (FDGB, FDJ, DFD, Kulturbund)-

42 *G. Schüßler*, Wichtigste verfassungsrechtliche Garantie der Volkssouveränität: Führungsrolle der SED im sozialistischen Staat, Staat und Recht 1985, S. 14 ff. (19).

43 Präambel LDPD-Satzung 1982, Teil I DBD-Statut 1977, Präambel NDPD-Satzung 1977, nur indirekt in Präambel CDU-Satzung 1977. Texte abgedruckt in: Statuten und Satzungen der Blockparteien in der DDR, hrsg. v. Gesamtdeutschen Institut – Bundesanstalt für gesamtdeutsche Aufgaben, 1984.

44 Staatsrecht der DDR (Anm. 9), S. 121.

angehören[45]. Die Aufgabenverteilung zwischen den beiden Bündnisorganisationen gleicher Zielsetzung ist so vorgenommen worden, daß über den Demokratischen Block die interne Steuerung der Blockparteien und -organisationen erfolgt, während die Nationale Front hauptsächlich öffentlich in Erscheinung tritt, indem sie propagandistisch-agitatorische Aktivitäten entfaltet, Volksaussprachen und Masseninitiativen organisiert und die Bevölkerung zur Mitwirkung an der örtlichen Staatsverwaltung heranzieht.

Die genannte Aufgabenverteilung zeigt sich sehr deutlich bei den Wahlen zu den Volksvertretungen aller Ebenen. Die Erstellung der Einheitsliste erfolgt im Rahmen des Demokratischen Blocks. Dabei werden den Parteien und Organisationen von vornherein Sitzkontingente zugewiesen und die einzelnen Kandidaten nach den kaderpolitischen Richtlinien der SED und dem Nomenklatursystem bestimmt. Nachdem ein Teil der Kandidaten von ihren »Arbeitskollektiven geprüft und vorgeschlagen« worden ist[46], übernimmt die Nationale Front die Regie. Sie organisiert die »Wahlbewegung«, stellt auf »öffentlichen Tagungen« die Kandidaten den Wählern vor und läßt hierbei die Wahlvorschläge förmlich beschließen (§ 18 WahlG). Am Wahltag wird die Einheitsliste bei einer Wahlbeteiligung von über 99 Prozent mit über 99,8 Prozent Ja-Stimmen plebiszitär bestätigt. »Verletzt ein Abgeordneter gröblich das in ihn gesetzte Vertrauen der Werktätigen, können die Wähler und ihre Kollektive sowie die Parteien und Massenorganisationen in Übereinstimmung mit dem Nationalrat bzw. dem zuständigen Ausschuß der Nationalen Front der Deutschen Demokratischen Republik seine Abberufung verlangen. Die Volksvertretung entscheidet über die Abberufung des Abgeordneten[47].«

Art. 65 Abs. 3 der Verfassung von 1968/74 sieht vor der Verabschiedung grundlegender Gesetze eine Volksaussprache vor, deren Ergebnisse bei der endgültigen Gesetzesfassung auszuwerten sind. Tatsächlich haben solche Aussprachen teils in Fachkreisen, teils in breitem Umfang wie bei der Diskussion des Entwurfs des Arbeitsgesetzbuches der DDR vom 16. Juni 1977 (GBl. I S. 185) mehrfach stattgefunden. Zu Abänderungen kam es daraufhin in Randfragen, technischen Fragen und Formulierungen. Daß in einer Volksaussprache eine Gesetzesvorlage abgelehnt und daraufhin zurückgezogen wird, erscheint undenkbar. Zu der einschneidenden Verfassungsänderung von 1974 oder den wesentlichen Strafrechtsänderungen von 1974, 1977 und 1979, mit denen vor allem das politische Strafrecht ausgeweitet und verschärft wurde, fand eine Volksaussprache bezeichnenderweise nicht statt.

Auch die Heranziehung der Bürger zu Verwaltungs- und Kontrollaufgaben, wie sie sich verfassungsrechtlich insbesondere aus dem allgemeinen Mitbestimmungs- und Mitgestaltungsrecht des Art. 21 der Verfassung von 1968/74 ableiten läßt, ist auf die Verwirklichung von der SED vorgegebener Ziele gerichtet. Als Beispiel hierfür kann die Arbeiter-und-Bauern-Inspektion (ABI) dienen. Sie wird als umfassendes staatliches und gesellschaftliches Kontrollorgan verstanden und »arbeitet unmittelbar im Auftrag der Partei der Arbeiterklasse und der Regierung und unter ihrer Leitung als aktiver Helfer bei der Durchsetzung einer hohen Staatsdisziplin und bei der Festigung der sozialistischen Gesetzlichkeit«[48]. Als entscheidend für die »sozialistische Demokratie« in der DDR erweist sich somit die umfassende Personal- und Sachkompetenz der SED. Sie kann den Volkswillen berücksichtigen, wenn sie es für zweckmäßig erachtet, und kann andernfalls versuchen, ihn zu kanalisieren und in die gewünschte Richtung zu lenken.

45 Staatsrecht der DDR (Anm. 9), S. 119.

46 § 17 »Gesetz über die Wahlen zu den Volksvertretungen der DDR – Wahlgesetz –« v. 24. 6. 1976 (GBl. I 1976, S. 301).

47 § 47 Abs. 4 Wahlgesetz. Näheres zu diesem Abschnitt bei *G. Brunner* (Anm. 1), § 10, Rn. 26.

48 Präambel »Beschluß des Zentralkomitees der SED und des Ministerrates der DDR über die Arbeiter-und-Bauern-Inspektion der DDR« v. 6. 8. 1974 (GBl. I, S. 389).

V. Sozialstaatlichkeit

Art. 20 Abs. 1 und 28 Abs. 1 GG bestimmen für den Bund und die Länder eine sozialstaatliche Ordnung. Diese von der Verfassung vorgegebene Wertentscheidung will soziale Gerechtigkeit und soziale Sicherheit gewährleisten. Seine Ausprägung hat das Sozialstaatsprinzip insbesondere in den Bereichen der Sozialversicherung, der Sozialhilfe, der sozialen Entschädigungsleistungen, des Arbeitsrechts, der Leistungs- und Daseinsvorsorgeverwaltung, der Bildungspolitik und der staatlichen Wachstumsvorsorge gefunden[49]. Prägend für das Gesellschaftssystem der Bundesrepublik Deutschland ist damit eine Wirtschafts- und Sozialpolitik, in der die marktwirtschaftliche Steuerung durch Besteuerung, staatliche Arbeitsvermittlung, Tarifautonomie, Arbeitnehmerschutz, Mitbestimmung und soziale Sicherung ergänzt wird[50].

Bis zur Mitte der 60er Jahre wurde in der DDR Sozialpolitik als für den Kapitalismus typisch abgelehnt, da die Sorge um den Menschen ohnehin Hauptanliegen des Sozialismus sei und die Politik insgesamt den Interessen der Mehrheit der Bevölkerung diene[51]. Nach einer Diskussion dieser These Ende der 60er Jahre wurde seit den 70er Jahren eine aktive Sozialpolitik propagiert. Die Verfassung der DDR von 1968/74 enthält einen Komplex sozialer Leistungsrechte, zu denen das Recht auf Arbeit (Art. 24), Bildung und Teilnahme am kulturellen Leben (Art. 25, 26), Freizeit und Erholung (Art. 34), Schutz der Gesundheit und Arbeitskraft (Art. 35), Fürsorge (Art. 36) und Wohnraum (Art. 37) gehören. An die Verkündung dieser Grundrechte schließt sich typischerweise einerseits die Aufzählung materieller Garantien an, andererseits die Hinzufügung verschiedener Verfassungsvorbehalte (gesellschaftliche Erfordernisse, volkswirtschaftliche Möglichkeiten, persönliche Qualifikation u. ä.). Wichtigste Grundlage für die sozialen Leistungsrechte ist die in Art. 9 geregelte Wirtschaftsverfassung, die das sozialistische Eigentum an den Produktionsmitteln sowie die zentrale Plan- und Verwaltungswirtschaft festschreibt und als Ziel der Volkswirtschaft die »Stärkung der sozialistischen Ordnung«, die »ständig bessere Befriedigung der materiellen und kulturellen Bedürfnisse der Bürger«, die »Entfaltung ihrer Persönlichkeit und ihrer sozialistischen gesellschaftlichen Beziehungen« nennt. Die SED stellt sich nach ihrem Parteiprogramm von 1976 das Ziel, in der DDR »weiterhin die entwickelte sozialistische Gesellschaft zu gestalten und so grundlegende Voraussetzungen für den allmählichen Übergang zum Kommunismus zu schaffen«. Demzufolge bestehe die Hauptaufgabe in »der weiteren Erhöhung des materiellen und kulturellen Lebensniveaus des Volkes auf der Grundlage eines hohen Entwicklungstempos der sozialistischen Produktion, der Erhöhung der Effektivität, des wissenschaftlich-technischen Fortschritts und des Wachstums der Arbeitsproduktivität«[52]. Damit wird das Wirtschaftswachstum in den Vordergrund gestellt und von ihm die weitere soziale Entwicklung abhängig gemacht.

Im einzelnen ist es schwierig, die Sozialleistungen in beiden deutschen Staaten miteinander zu vergleichen, zumal hier wie dort Sozialpolitik bereits begrifflich nicht verbindlich definiert ist. Eine detaillierte Gegenüberstellung der Hauptaspekte der sozialen Sicherung in beiden deutschen Staaten ist in den Materialien zum Bericht zur Lage der Nation 1987 enthalten[53]. Danach ist das Netz der sozialen Sicherung sowohl in der Bun-

[49] Vgl. zu diesem Absatz *K. Stern* (Anm. 5), § 21 II 3 u. 4.

[50] Materialien zum Bericht zur Lage der Nation im geteilten Deutschland 1987, hrsg. vom Bundesministerium für Innerdeutsche Beziehungen, S. 568.

[51] Vgl. Materialien zum Bericht zur Lage der Nation . . . (Anm. 50), S. 568.

[52] Programm der SED (Anm. 4), Abschn. II.

[53] Vgl. Anm. 50, S. 566 ff.

desrepublik als auch in der DDR eng. Im Vergleich zur DDR zeigt sich, daß die Absicherung der Rentner durch die Orientierung an der Erhaltung des Lebensstandards der Erwerbsphase in der Bundesrepublik ein deutlich höheres Niveau hat. In der DDR sichern die Renten aus der Pflichtversicherung durch die geringe Beitragsbemessungsgrenze von 600 Mark pro Monat lediglich eine Grundversorgung. Langfristig wird sich aber die Lage der Rentner durch die 1968 eingeführte[54] und seitdem weiter ausgebaute Freiwillige Zusatzrentenversicherung in gewissem Umfang bessern. Die Sicherung bei vorübergehender Erwerbsunfähigkeit wegen Krankheit oder Arbeitsunfall ist heute in beiden deutschen Staaten grundsätzlich ausreichend und an der Höhe der jeweiligen Nettoeinkommen orientiert. Mutterschafts- und Familienleistungen sind in der DDR günstiger als in der Bundesrepublik und werden bewußt als ein Instrument der Bevölkerungspolitik eingesetzt. Ein Anspruch auf Arbeitslosengeld, Arbeitslosenhilfe und Konkursausfallgeld ist in der DDR nicht vorgesehen. Können Arbeitnehmer nicht mehr am vereinbarten Arbeitsplatz beschäftigt werden, sind in erster Linie die freisetzenden Betriebe für die Absicherung der Betroffenen verantwortlich. Dies soll durch Unterbringung im selben Betrieb auf einem anderen Arbeitsplatz oder Beschaffung eines Arbeitsplatzes in einem anderen Betrieb[55] geschehen. Gelingt dies nicht, müßte die Sozialfürsorge eintreten, wenn der Arbeitslose über kein sonstiges Einkommen oder Vermögen verfügt bzw. keine unterhaltspflichtigen Familienangehörigen hat.

Ein Vergleich zwischen den öffentlichen Sozialleistungen mit dem Bruttoinlandsprodukt und der daraus zu errechnenden Sozialleistungsquote macht deutlich, daß die relativen Ausgaben für Sozialleistungen in der Bundesrepublik wesentlich höher sind als in der DDR. Für die Bundesrepublik Deutschland ergibt sich ein stetiger Anstieg der Sozialleistungsquote. In der DDR ist die Sozialleistungsquote infolge der »sozialpolitischen Maßnahmen« Mitte der 70er Jahre leicht angestiegen und seitdem konstant geblieben. Dies soll die nachfolgende Tabelle[56] verdeutlichen:

Öffentliche Sach- und Geldleistungen an private Haushalte

in der Bundesrepublik Deutschland	1970	1977	1983
Sozialleistungen in Mrd. DM	109,13	266,47	369,91
Bruttoinlandsprodukt in Mrd. DM	675,30	1196,11	1667,48
Sozialleistungsquote in %	16,2	22,3	22,2

in der DDR	1970	1977	1983
Sozialleistungen in Mrd. Mark	18,1	ca. 28,1	34,7–35,7
Bruttoinlandsprodukt in Mrd. Mark	151,2	211,2	264,5
Sozialleistungsquote in %	12,0	ca. 13,3	13,1–13,5

Zu ähnlichen Ergebnissen sind Vortmann[57] und Mitzscherling[58] bei der Berechnung der Sozialleistungsquote gelangt.

54 Abschn. II.2. »Erlaß des Staatsrates der DDR über die Weiterentwicklung des Rentenrechts und zur Verbesserung der materiellen Lage der Rentner sowie zur Verbesserung der Leistungen der Sozialfürsorge« v. 15. 3. 1968 (GBl. I S. 187).

55 §§ 49, 51 u. 53 »Arbeitsgesetzbuch der DDR« v. 16. 6. 1977 (GBl. I, S. 185).

56 Materialien zum Bericht zur Lage der Nation . . . (Anm. 50), S. 784 u. 785.

57 *H. Vortmann*, Einkommensverteilung als Instrument der Sozialpolitik in der DDR, Deutschland Archiv, Sonderheft 1975, S. 58 ff. (59).

58 *P. Mitzscherling*, Zweimal deutsche Sozialpolitik, 1978, S. 124 f.

Ungeachtet der methodologischen Probleme, denen ein sozialstaatlicher Leistungsvergleich zwischen beiden deutschen Staaten begegnet, lassen sich im Hinblick auf die Sozialleistungsquote, in der sich die Leistungsbereitschaft und nicht etwa die – im Falle der DDR unzweifelhaft erheblich niedrigere[59] – Leistungsfähigkeit ausdrückt, zwei globale Feststellungen treffen: 1. Im Vergleich zur beträchtlichen Erhöhung der sozialstaatlichen Leistungen der Bundesrepublik in den 70er Jahren kann die DDR nur einen geringfügigen Anstieg aufweisen. 2. Die Bereitschaft der »kapitalistischen« Bundesrepublik, soziale Gerechtigkeit und Sicherheit zu gewährleisten, ist erheblich höher einzuschätzen als das soziale Engagement der »sozialistischen« DDR.

[59] Das Bruttosozialprodukt der DDR pro Kopf der Bevölkerung dürfte etwa 60 % desjenigen in der Bundesrepublik betragen. Zu den unterschiedlichen westlichen Berechnungen, deren Ergebnisse zwischen 45 % und 70 % variieren, vgl. Materialien zum Bericht zu Lage der Nation . . . (Anm. 50), S. 480.

Boris Meissner

Der Staatsbegriff aus der Sicht der UdSSR und DDR

In ihrer Staats- und Rechtstheorie betont die DDR die völlige Übereinstimmung ihres Staatsbegriffs mit der Staatskonzeption von Marx und Engels. Tatsächlich hat die DDR den marxistischen Staatsbegriff in der leninistischen Gestalt und stalinistischen Ausprägung von der UdSSR rezepiert. Zwischen der marxistischen und leninistischen Staatsauffassung bestehen nur scheinbar geringere Unterschiede wie beim Nationsbegriff.

Tatsächlich gilt dies im vollen Maße selbst dann nicht, wenn von der unterschiedlichen Einstellung zur Partei und ihrem Verhältnis zum Staat im Marxismus einerseits und dem Leninismus andererseits abgesehen wird.

Bei der Betrachtung des engeren Staatsbegriffs sollte nicht übersehen werden, daß die Staatskonzeption von Marx und Engels, welche die Grundlage der Staatsauffassung Lenins bildete, keineswegs so eng gewesen ist, wie das oft angenommen wird. Sie enthält bestimmte Ansätze, die einen gewissen Grad von Demokratie eher ermöglichen können, als dies die Staatsauffassung Lenins zuläßt, auch wenn sie in der Verabsolutierung des Staates nicht so weit geht wie Stalin.

I. Der marxistische Staatsbegriff[1]

Den Ausgangspunkt der marxistischen Staatskonzeption bildet die Annahme, daß die politische Machtverteilung in der Gesellschaft durch die Eigentumsverteilung in der Produktion und durch die damit verbundene Klassenstruktur bedingt sei.

Infolgedessen wird das Eigentum an den Produktionsmitteln als die alleinige Quelle aller Herrschaft angesehen, die nur aufgrund der jeweiligen Gesellschaftsformation, die sich aus dem gesellschaftlichen Entwicklungsstand ergibt, Unterschiede aufweist.

Der Staat als die umfassendste Form einer Herrschaftsorganisation bildet daher eine politische Klassenorganisation. Er stellt »die organisierte Gewalt einer Klasse zur Unterdrückung einer anderen« dar. Mit Hilfe der staatlichen Zwangsgewalt wird andererseits die Einheit der klassengespaltenen Gesellschaft herbeigeführt.

Der Staat gewährleistet aufgrund seiner Klassenstruktur in erster Linie die Interessen der stärksten Klasse, deren unbeschränkte Herrschaft auf der Eigentumsordnung beruht. Er ist jedoch zugleich das Instrument zur Führung der Geschäfte der gesamten

[1] Vgl. *M. Adler:* Die Staatsauffassung des Marxismus, Darmstadt 1964; *H. Cunow:* Die Marxsche Geschichts-, Gesellschafts- und Staatslehre, 2 Bde., Berlin 1921; *I. Fetscher:* Der Marxismus. Seine Geschichte in Dokumenten, Bd. III Politik, München 1965; *E. Hennig, J. Hirsch, H. Reichelt, G. Schäfer* (Hrsg.): Karl Marx, Friedrich Engels: Staatstheorie. Materialien zur Rekonstruktion der marxistischen Staatstheorie, Frankfurt a. M. 1974; *J. I. Löwenstein:* Vision und Wirklichkeit. Marx contra Marxismus, Basel, Tübingen 1970; *L. S. Mamut:* Karl Marks kak teoretik gosudarstva (Karl Marx als Theoretiker des Staates), Moskau 1979; *G. Ch. Šachnazarov* (Red.): Marks i sovremennaja političeskaja teorija (Marx und die moderne politische Theorie), Moskau 1986.

Gesellschaft. Er wirkt auf diese Weise nach der Auffassung von Marx im Sinne des »Gemeinwohls«, die bestimmte Partizipationsmöglichkeiten der Beherrschten einschließt.

Eine Verwirrung der Begriffe muß in dem Moment eintreten, wenn jede staatliche Zwangsgewalt, unabhängig von der Staatskonstruktion, als Diktatur bezeichnet wird. Erst recht muß dies bei einer Lehre der Fall sein, deren Endziel die Aufhebung jeder Herrschaft bildet. Jeder Staat war entsprechend dem marxistischen Ursprungskonzept eine Diktatur, dagegen nicht jeder Staat eine Demokratie. Eine solche fortschrittliche Herrschaftsordnung wurde nach Marx und Engels erst auf den höheren Entwicklungsstufen der Klassengesellschaft möglich.

Sie trat zunächst in ihrer bürgerlich-kapitalistischen Frühform in Erscheinung, um im Verlauf einer als geschichtsnotwendig empfundenen Entwicklung durch die Spätform der proletarisch-sozialistischen Demokratie abgelöst zu werden, die ihrerseits nur den Übergang zu einer klassenlosen und damit herrschaftsfreien Idealgesellschaft bildete, die von Marx als das Endziel der Menschheitsgeschichte angesehen wurde.

Klammert man die eschatologischen Züge des Marx-Engelschen Geschichtsbildes aus, so bleibt als Grundgedanke ihrer Staatskonzeption festzuhalten, daß der geschichtliche Prozeß zu immer vollkommeneren Formen der Demokratie bei gleichzeitigem Abbau der Diktatur, d. h. der Repressivgewalt des Klassenstaates, und damit in letzter Konsequenz zum »Absterben des Staates« führen wird. Auf diese Weise soll die Herrschaft von Menschen über die Menschen beseitigt und durch die Verwaltung von Sachen ersetzt werden. Im Ergebnis soll die Selbstverwaltung der emanzipierten Gesellschaft die auf der staatlichen Zwangsgewalt beruhende Klassendiktatur des Staates ablösen.

Im Grunde ist es eine Quadratur des Zirkels, auf der die marxistische Staatsauffassung, die in dieser Hinsicht von Lenin übernommen wurde, beruht. Der Zustand der Herrschaftslosigkeit, ohne den für Marx die Selbstverwirklichung des Menschen in einem Zustand der vollkommenen Freiheit und Gleichheit nicht möglich ist, soll über eine proletarische Übergangsdiktatur, d. h. mit staatlicher Zwangsgewalt, wenn auch unter bestimmten Voraussetzungen, herbeigeführt werden.

Die Fortschrittlichkeit der proletarisch-sozialistischen Demokratie wird nach dieser Konzeption damit begründet, daß sie auf einer tatsächlichen Herrschaft der Mehrheit und nicht der Minderheit beruht. Die Errichtung der »Diktatur des Proletariats«, die den Volksmassen die unmittelbare Beteiligung an den Staatsangelegenheiten ermöglichen soll, setzt dabei einen hohen Grad ökonomischer und sozialer Reife voraus, die aufgrund der kapitalistischen Entwicklung erreicht werden soll. Soweit diese Entwicklung im Rahmen eins bürgerlich-demokratischen Staates erfolgt, der eine fortschrittliche demokratische Ordnung aufweist, brauchte der revolutionäre Umbruch nicht gewaltsam zu erfolgen. Marx hat 1872 Amerika, England und Holland, Engels 1891 Frankreich, Amerika und England als Beispiele für die Möglichkeit eines friedlichen Hinüberwachsens der einen in die andere Herrschaftsordnung genannt.

Nach der ursprünglichen marxistischen Auffassung konnte die kapitalistische Entwicklungsstufe ohne üble politische und ökonomische Folgen nicht übersprungen werden. Die mit der proletarisch-sozialistischen Revolution verbundene Machtübernahme durch das Proletariat stellte in diesem Sinne die Vollendung der Entwicklung dar, die durch die bürgerlich-demokratische Revolution in Gang gesetzt worden war.

Infolge des vorausgesetzten Reifegrades konnte sich der proletarische Staat nach der Errichtung der »Diktatur des Proletariats« auf einige wenige Maßnahmen beschränken, um den Übergang zu einer vollkommenen kommunistischen Gesellschaftsordnung herbeizuführen.

Zu diesen sollte vor allem eine Vergesellschaftung der Produktionsmittel gehören. Nach einer kurzen Übergangszeit sollte der Staat »absterben«, um der angestrebten

»klassenlosen Gesellschaft« Platz zu machen. Von Marx und Engels wurde die demokratische Republik als die spezifische Form der Diktatur des Proletariats angesehen, wobei Marx den »Kommunestaat« in Paris 1871 als ein besonders geeignetes Vorbild einer volksnahen Demokratie ansah.

II. Der leninistische Staatsbegriff[2]

Die ursprüngliche marxistische Staatskonzeption auf der Grundlage des Zwei-Revolutionen-Schemas lag auch dem Parteiprogramm der Sozialdemokratischen Arbeiterpartei Rußlands von 1903, das zusammen mit Plechanow von Lenin erarbeitet worden war, zugrunde. In ihm wurde die gewaltsame Ersetzung der zaristischen Autokratie durch eine demokratische Republik als die der bürgerlich-demokratischen Revolution gemäße Staatsform gefordert, während die »Diktatur des Proletariats« als ein Fernziel bezeichnet wurde, das erst durch die spätere soziale Revolution erreicht werden sollte.

Diese orthodoxe Auffassung wurde anfangs von allen Richtungen in der russischen Sozialdemokratie geteilt. Dagegen befürwortete Trotzki aufgrund der besonderen Eigenart der russischen Verhältnisse den sofortigen Übergang von der bürgerlich-demokratischen zur proletarisch-sozialistischen Revolution.

Er sah daher die unverzügliche Errichtung der »Diktatur des Proletariats«, ungeachtet der wirtschaftlichen und sozialen Rückständigkeit Rußlands, vor. Trotzki begründete seine abweichende Auffassung mit seiner Theorie von der »permanenten Revolution«, bei der er Anregungen dem deutschen Sozialdemokraten Parvus-Helphand verdankte.

Lenin wandte sich anfangs entschieden gegen diese »halbanarchistischen« Gedankengänge Trotzkis und wies auf die gefährlichen Folgen eines sofortigen Übergangs zur zweiten Revolutionsphase hin.

Es war die Gefahr einer neuen Minderheitsdiktatur im Staate, die ihn beunruhigte und ihn zu dem Ausspruch veranlaßte:[3]

> »Wer auf einem anderen Wege zum Sozialismus gelangen will außer auf dem des politischen Demokratismus, der gelangt unvermeidlich zu Schlußfolgerungen, die sowohl im ökonomischen als auch politischen Sinn absurd und reaktionär sind.«

Das Parteiprogramm wurde auf dem II. Parteikongreß der SDAPR 1903 angenommen, auf dem der von Lenin geführte radikale Flügel zeitweilig die Mehrheit über den gemäßigten Flügel unter Martow errang. Die durch den Streit zwischen den beiden Flügeln, den Bolschewisten und Menschewisten, bewirkte Spaltung wurde durch unterschiedliche Auffassungen in den Fragen des organisatorischen Aufbaus einer Partei, die den Anspruch erhob, die »Avantgarde des Proletariats« zu sein, und nicht durch die programmatischen Aussagen verursacht.

2 Vgl. *I. Fetscher:* Von Marx zur Sowjetideologie, 4. Aufl., Frankfurt a. M. 1959; derselbe: Lenin, Studienausgabe, 2 Bde., Frankfurt a. M. 1970; *A. I. Denisov:* Teorija gosudarstva i prava (Theorie des Staates und Rechts), Moskau 1967; derselbe: W. I. Lenin kak teoretik gosudarstva (W. I. Lenin als Theoretiker des Staates), Sovetskoe gosudarstvo i pravo (Sowjetstaat und Recht), 1966, Nr. 4, S. 10 ff.; *G. L. Furmanov:* Razvite V. I. Leninym istoričeskogo materializma (Entwicklung des Historischen Materialismus durch Lenin), Moskau 1962; *W. Mautner:* Der Bolschewismus, Berlin 1920; *B. Meissner:* Partei, Staat und Nation in der Sowjetunion. Ausgewählte Beiträge, Berlin 1985, S. 54 ff.; *G. Wagenlehner:* Staat oder Kommunismus. Lenins Entscheidung gegen die kommunistische Gesellschaft, Stuttgart 1978.

3 *W. I. Lenin:* Ausgewählte Werke, Bd. I, Berlin 1960, S. 368.

Die entscheidende Wende und damit die Abkehr vom Zwei-Revolutionen-Schema trat erst nach der Februarrevolution von 1917 ein. Sie führte zur Annäherung der unterschiedlichen Auffassungen Lenins und Trotzkis sowohl in der Frage des Staates als auch der Partei. Die Wende in der Staatsfrage wurde von Lenin mit der »Imperialismustheorie« vollzogen, die es ihm ermöglichte, das von den bürgerlich-demokratischen Staaten bestimmte »kapitalistische Weltsystem« als Ganzes für den revolutionären Umsturz als reif zu bezeichnen. Er rechtfertigte damit auch die Machtergreifung einer kommunistischen oder nationalrevolutionären Gruppe in einem einzelnen Lande, unabhängig von dessen Entwicklungsstand.

Nach der weltrevolutionären Konzeption Lenins fiel der vorweggenommenen »Diktatur des Proletariats« oder dem Übergangstypus einer »demokratischen Diktatur der Arbeiter und Bauern«, die er für Entwicklungsländer im heutigen Sprachgebrauch vorsah, die Aufgabe zu, die Entwicklung des jeweiligen wirtschaftlich rückständigen Landes unter staatskapitalistischen Vorzeichen voranzutreiben. Auf die Inkonsequenz, die sich aus dieser Funktion des Sozialismus als »Ersatzkapitalismus« zwangsläufig ergeben müßte, hat kein anderer als Plechanow in einem Artikel im Juni 1917, das heißt noch vor der Oktoberrevolution, hingewiesen. Für Lenin bildete seine »Imperialismustheorie« aufgrund der revolutionären Lage Rußlands eine hinreichende Rechtfertigung für die gewaltsame Machtergreifung der bolschewistischen Partei in der »Oktoberrevolution«, wobei das bestehende System der Sowjets, der Räte, als Grundlage für eine von Marx und Engels abgelehnte Minderheitsdiktatur diente, die bald den Charakter einer dauerhaften Einparteiherrschaft annehmen sollte.

Die für die spätere sowjetische Staatsordnung charakteristischen Institutionen bestanden bereits vor der Oktoberrevolution. Die Herausbildung eines Sowjetstaates mit einem sozialistischen Mehrparteiensystem wäre durchaus eine mögliche Alternative nicht nur zum parlamentarischen System, das mit der »Konstituierenden Versammlung« angestrebt wurde, sondern auch zu dem diktatorischen System, das sich nach der Oktoberrevolution herausbildete, gewesen. Erst mit der bolschewistischen Machtergreifung trat eine grundlegende Änderung in der Verfassungslage ein. Die gemäßigten sozialistischen Parteien, die rechten Sozialrevolutionäre, die bei den Wahlen zur Konstituierenden Versammlung, das heißt der Verfassunggebenden Nationalversammlung, im Dezember 1917 die absolute Mehrheit gewannen, und die Menschewisten schieden unter Protest gegen den von den Bolschewisten ausgelösten bewaffneten Aufstand aus dem Sowjetkongreß aus. Im Sommer 1918 folgten die linken Sozialrevolutionäre, die mit den Bolschewisten zunächst eine Koalitionsregierung eingegangen waren. Es verblieben so nur einzelne sozialistische Splittergruppen neben den Bolschewisten. Diese waren es, welche die Räte im Grunde genommen gegen ihren Willen in Staatsorgane, den Staat in einen Sowjetstaat verwandelten, gleichzeitig aber das alleinige Machtmonopol für sich beanspruchten.

Mit seiner vor der Oktoberrevolution von 1917 verfaßten Schrift »Staat und Revolution« rechtfertigte Lenin im Widerspruch zur Lehre vom »absterbenden Staat« den Fortbestand der »Diktatur des Proletariats« in einer längeren Übergangsperiode. In Abänderung seiner früher vertretenen Auffassung bezeichnete er nunmehr die Sowjetrepublik und nicht die »demokratische Republik« als die ihr gemäße Staatsform.

In zwei weiteren Punkten wich er vom marxistischen Ursprungskonzept ab. Erstens ging er in Verbindung mit der sozialen Revolution in der Regel von der Notwendigkeit einer gewaltsamen Machtergreifung aus, welche die Zerschlagung des bestehenden Staatsapparates erforderte. Zweitens wies er dem proletarischen Staat, den er wesentlich als eine Erziehungsdiktatur ansah, die Aufgabe zu, durch eine Umformung des menschlichen Bewußtseins einen neuen, kommunistischen Menschen zu schaffen.

Soweit Lenin den Staat als eine mit unbeschränkter Zwangsgewalt ausgestattete Klassendiktatur betrachtet, besteht kein wesentlicher Unterschied zu seinen beiden Lehrmeistern. Auch für Marx und Engels war die »Diktatur des Proletariats« eine Klassendiktatur und damit ein Machtstaat. Sie sollte jedoch als Mehrheitsdiktatur nicht mehr den Charakter eines Ausbeuterstaates aufweisen. Er sollte nur der »Halbstaat« einer kurzen Übergangszeit sein. Obwohl Lenin den Sowjetstaat ebenfalls in diesem Sinne charakterisierte und an der Lehre vom »absterbenden Staat« festhielt, fehlten ihm die in der ursprünglichen marxistischen Staatstheorie geforderten Voraussetzungen. Der utopische Charakter der Lehre vom »absterbenden Staat« mußte sich daher besonders klar in einem Lande wie Rußland erweisen, das nicht nur in vielerlei Hinsicht rückständig, sondern auch durch die Jahrhunderte hindurch durch die autokratische Staatsform geprägt worden war. Durch den bolschewistischen Staatsstreich in einer noch nicht abgeschlossenen Revolution wurden die Ansätze zu einer freiheitlich-demokratischen Entwicklung, die seit der Februarrevolution im verstärkten Ausmaße vorlagen, vernichtet.

Indem Lenin den Zwangscharakter und die Unterdrückungsfunktion des Staates, wie seine Schriften zeigen, überbetonte, vernachlässigte er die anderen Elemente des Marx-Engelsschen Staatsbegriffs. Er setzte einfach den »Staatsapparat« der »Staatsgewalt« und diese dem Staate gleich. Damit lief die Leninsche Staatskonzeption auf eine dem russischen Denken vertraute Gleichstellung von Staat und Autokratie hinaus. Das Besondere an der neuen Inkarnation der Autokratie in Gestalt des bolschewistischen Einparteistaates war allerdings darin zu sehen, daß es sich bei ihm um einen völlig neuartigen Staatstypus handelte.

Es ist ein mechanistischer und zugleich ein dynamischer Staatsbegriff, der uns bei Lenin entgegentritt und der im Bild von der Maschine seinen symbolischen Ausdruck findet. Lenin definiert den Staat als eine Maschine, als einen Zwangsapparat zur Aufrechterhaltung der Herrschaft einer Klasse über eine andere. Der Motor, der diese Maschine treibt, das Getriebe des Zwangsapparates, ist die Gewalt.

> Lenin schreibt:[4] »Die Methoden der Gewalt änderten sich, doch existierte überall dort, wo es den Staat gab, stets eine Gruppe von Personen, die regierten, die kommandierten, die herrschten und zur Aufrechterhaltung ihrer Macht einen Apparat zur Ausübung von physischem Zwang, einen Gewaltapparat in den Händen hatten, ausgerüstet mit denjenigen Waffen, die dem technischen Niveau der jeweiligen Epoche entsprachen.«

Diese Vorstellung vom Staat als einer jeder Geistigkeit entkleideten Apparatur fällt mit dem Diktaturbegriff Lenins zusammen, bei dem er mit Marx übereinstimmt.

Für ihn besitzt jeder Staat einen Diktaturcharakter, wobei er die Diktatur als ein »durch nichts, durch keine Gesetze, durch keinerlei Regeln beschränkte, sich unmittelbar auf die Gewalt stützende Macht« definiert.

Von Marx sind in seiner »Kritik des Gothaer Programms« der deutschen Sozialdemokratie von 1875 in der Übergangsperiode von der proletarisch-sozialistischen Revolution bis zum kommunistischen Endziel der »klassenlosen Gesellschaft« zwei Phasen unterschieden worden.

Von Lenin ist die erste, niedere Phase als »Sozialismus«, die zweite, höhere Phase als »Kommunismus« bezeichnet worden. Die Unterscheidung zwischen diesen beiden Phasen bildete seitdem einen wesentlichen Bestandteil der marxistisch-leninistischen Transformationslehre. Sie ermöglichte es Lenin, nicht nur den Prozeß des »Absterbens des Staates« theoretisch über einen längeren Zeitraum auszudehnen, sondern auch beim

[4] Lenin – Stalin: Über den Staat, Singen 1946, S. 18.

»Aufbau des Sozialismus« die schrittweise Entwicklung einer proletarischen Demokratie bei gleichzeitiger Beschränkung und dem Abbau des diktatorischen Herrschaftsapparates zu fordern. Die Möglichkeit dazu sah er in einer Verknüpfung der Legislative und Exekutive in der kollegialen Struktur der Exekutivorgane, in einer Stärkung der Selbstverwaltungsfunktion der lokalen Sowjets und in einer umfassenden »Kontrolle von unten«.

Erfolge konnte Lenin mit dieser Zielsetzung nicht erreichen. Sie stand im Widerspruch nicht nur zum zentralistischen Aufbau der bolschewistischen Einparteidiktatur, sondern auch zu seiner eigenen instrumentalen Staatsauffassung. Außerdem widersprach sie den bürokratischen Tendenzen des staatssozialistischen Systems, die nach der »Neuen Ökonomischen Politik« voll zum Durchbruch kommen sollten.

III. Die Staatsauffassung Stalins[5]

Für Stalin, der vom Staatsbegriff Lenins ausging, bildete der Staat beim Aufbau einer sozialistischen Gesellschaft das wichtigste Werkzeug.

Mit Hilfe der Staatsmacht führte er jene tiefgehende Umwälzung der sowjetischen Wirtschafts- und Gesellschaftsordnung ab 1929 durch, die er später selber als eine »Revolution von oben« bezeichnet hat.

Die Forderung nach einer maximalen Verstärkung des Staates zur Durchführung der revolutionären Veränderungen begründete Stalin mit der These vom »verschärften Klassenkampf beim Aufbau des Sozialismus«. In seinem Bericht zu den Ergebnissen des ersten Fünfjahrplans im Januar 1933 sagte er:[6]

> »Die Aufhebung der Klassen wird nicht durch das Erlöschen des Klassenkampfes, sondern durch seine Verstärkung erreicht. Das Absterben des Staates wird nicht durch Abschwächung der Staatsmacht kommen, sondern durch ihre maximale Verstärkung, die notwendig ist, um die Überreste der sterbenden Klassen zu vernichten und die Verteidigung gegen die kapitalistische Einkreisung zu organisieren, die noch bei weitem nicht vernichtet ist und nicht bald vernichtet sein wird.«

Diese Sätze bedeuteten eine Verabsolutierung des Staates, die weit über das hinausging, was Lenin zur Begründung des Fortbestandes eines proletarischen Staates gesagt hatte. Zugleich war sie eine weitere Revision der Lehre vom »absterbenden Staat«, indem der Fortbestand des Sowjetstaates in erster Linie mit seiner außenpolitischen Lage begründet wurde. Dazu hat Stalin 1939, als er seine Lehre vom »Sozialismus in einem Lande« zu einer Lehre vom »Kommunismus in einem Lande« ausweitete, nähere Ausführungen gemacht.

Erst 1950 hat er den Fortbestand des Staates nach der Vollsozialisierung mit zwei nach innen gerichteten Hauptaufgaben und nicht nur mit der äußeren Lage gerechtfertigt.

Danach hatte der »sozialistische Staat«, um dessen Begründung sich besonders Wyschinskij an der Seite Stalins bemühte, einen doppelten Zweck zu erfüllen:

1. eine schöpferische Aufgabe, indem der kontinuierliche Aufbau des Sozialismus und im Falle der Sowjetunion auch des Kommunismus durch revolutionäre Eingriffe von oben beschleunigt werden sollte;

[5] Vgl. *B. Meissner:* Partei, Staat und Nation in der Sowjetunion (Anm. 2), S. 78 ff.; *K. Westen:* Die rechtstheoretischen und rechtspolitischen Ansichten Josef Stalins, Lindau/Konstanz 1959; *A. Ja. Wyschinskij:* Die Lehre Lenins-Stalins von der proletarischen Revolution und vom Staat, Berlin (Ost) 1949.

[6] *J. W. Stalin:* Werke, Bd. 13, Berlin (Ost), S. 189.

2. eine konservierende Aufgabe, indem die Kontinuität der gegebenen Machtverhältnisse, d. h. des unter Stalin entstandenen autokratisch-totalitären Herrschaftssystems, besonders betont wurde.

Nach der ursprünglich marxistischen, aber auch leninistischen Auffassung hätte der Staat nach der Vollsozialisierung absterben müssen. Ein totaler sozialistischer Staat war in dieser Konzeption nicht vorgesehen.

Der Staatsbegriff Lenins, der bereits eine Verengung des ursprünglichen marxistischen Staatsbegriffs bedeutete, ist von Stalin mit einem völlig neuen Inhalt gefüllt und damit grundlegend verändert worden. Damit hat sich die Kluft zwischen dem theoretischen Anspruch, der von der Gleichsetzung der »Diktatur des Proletariats« mit einer volksnahen Demokratie ausging, und der sowjetischen Wirklichkeit, die durch die persönliche Autokratie Stalins und die totalitäre Form des Einparteistaates bestimmt wurde, gewaltig vergrößert.

Die ungeheuere Machtkonzentration ermöglichte eine Mobilisierung der Massen in einem bisher nicht gekannten Umfange. Die Kluft zwischen dem Staat und der Gesellschaft mußte jedoch auf die Dauer die Leistungsfähigkeit des Gesamtsystems beeinträchtigen.

IV. Die Volksstaatskonzeption unter Chruschtschow und Breschnew[7]

Mit der »Entstalinisierung«, zu welcher der XX. Parteitag der KPdSU im Februar 1956 den entscheidenden Anstoß gab, leitete Chruschtschow die Abkehr von der totalitären Staatsauffassung Stalins mit dem Ziel einer Belebung der gesellschaftlichen Dynamik ein. Er versuchte dies durch eine Reihe von Reformmaßnahmen, die er als einen Ausbau der »sozialistischen Demokratie« und zugleich als ein »Absterben des Staates« bezeichnete, zu begründen.

Auf dem XXI. Parteitag im Januar 1959 wurde von ihm die Behauptung aufgestellt, daß die Sowjetunion einen solchen Entwicklungsstand erreicht habe, daß es ihr nunmehr möglich sei, mit dem umfassenden »Aufbau des Kommunismus« zu beginnen.

Diese Aussage ist von Chruschtschow in dem neuen Parteiprogramm der KPdSU, das vom XXII. Parteitag im Oktober 1961 angenommen wurde, näher begründet und vertieft worden. Er hat dabei eine wesentliche Veränderung des totalitären Gehalts des von Stalin übernommenen Staatsbegriffs vorgenommen. Dies geschah durch die unter Chruschtschow entwickelte Lehre vom »Staat des gesamten Volkes«. Ihr lag die These zugrunde, daß der Klassenkampf mit der Vollendung und Sicherung des Sozialismus sein Ende gefunden habe und daß daher die Diktatur des Proletariats vor dem Staat abgestorben sei. Der sozialistische Staat habe sich mit dem Beginn des Aufbaus der materiell-technischen Basis des Kommunismus in einen »Staat des gesamten Volkes« verwandelt. In dem Parteiprogramm wurde festgestellt, daß die »Diktatur des Proletariats« nach Erfüllung »ihrer historischen Mission« im Bereich der Sowjetunion nach innen abgestorben sei. An ihre Stelle sei der »Staat des gesamten Volkes« getreten, der berufen sei, »bis zum völligen Siege des Kommunismus« fortzubestehen.

[7] *B. Meissner:* Das Parteiprogramm der KPdSU 1903–1961, 3. Aufl., Köln 1965, S. 100 ff.; Das Verhältnis von Staatslehre und politischer Theorie in der Sowjetunion, in: *F.-Chr. Schroeder, B. Meissner, K. Westen:* Kontinuität und Wandel in der kommunistischen Staatstheorie, Berlin 1985, S. 9 ff.; *F.-Chr. Schroeder:* Wandlungen der sowjetischen Staatstheorie, München 1979; *K. Westen:* Die Kommunistische Partei und der Sowjetstaat, Köln 1968, S. 20 ff.

Mit der Lehre vom »Staat des gesamten Volkes« war die Behauptung verbunden, daß sich auch die KPdSU aus einer »Avantgarde des Proletariats« in eine »Partei des gesamten Volkes« gewandelt habe und auch in der »klassenlosen Gesellschaft« eine regulierende Funktion ausüben würde.

Die Volksstaatskonzeption Chruschtschows bedeutete eine tiefgehende Revision der bisherigen marxistisch-leninistischen Staatstheorie, da sie in ganz entscheidenden Punkten nicht nur eine Abweichung vom posthum entthronten Stalin, sondern auch von den drei weiter anerkannten »Klassikern« (Marx, Engels, Lenin) darstellte.

Bis zum Parteiprogramm der KPdSU von 1961 ging die marxistisch-leninistische Staatstheorie – trotz aller Unterschiede in ihren einzelnen Entwicklungsphasen – davon aus, daß jeder Staat eine Klassendiktatur darstellte, die mit einer bestimmten Gesellschaftsformation verbunden war. Infolgedessen war die Unterscheidung zwischen zwei Staatsformen in der Periode vom Sozialismus zum Kommunismus in theoretischer Hinsicht nicht zulässig.

Eine weitere theoretische Neuerung unter Chruschtschow war die Propagierung des Begriffs der »politischen Organisation der Gesellschaft«, der von ihm erstmals auf dem XXI. Parteitag erwähnt wurde. Er ist unter Breschnew durch den Begriff des »politischen Systems« ergänzt worden. Durch diese beiden Begriffe erfolgte eine Ausweitung der bisherigen marxistisch-leninistischen Staatslehre zu einer allgemeinen politischen Theorie. Damit ist die Frage des Verhältnisses dieser vorwiegend politikwissenschaftlichen Begriffe zum Staatsbegriff aufgeworfen worden[8]. Die durch sie bewirkte Beschränkung der bisherigen Allzuständigkeit des Staates war mit der Möglichkeit einer inhaltlichen Ausweitung des Staatsbegriffs verbunden. Sie erfolgte größtenteils durch einen Rückgriff auf die ursprüngliche marxistische Staatsauffassung.

Diese Entwicklung ist durch die bereits erwähnte Ausweitung der Staatstheorie aufgrund der Einbeziehung der beiden politischen Schlüsselbegriffe gefördert worden.

Beim Begriff der politischen Organisation der Gesellschaft war dies im ersten und dritten Band des Lehrbuchs »Marxistisch-leninistische Theorie des Staates und des Rechts« (1970, 1972), das von der Akademie der Wissenschaften der UdSSR herausgegeben wurde, der Fall. Die verantwortlichen Redakteure waren Manov und Farberov, während der Vorsitz des Redaktionskollegiums des vierbändigen Gesamtwerkes bei Čchikvadze lag[9].

Eine Gruppe innerhalb dieser Richtung ist bestrebt gewesen, unter Berufung auf Karl Marx eine Veränderung des bisherigen allgemeinen Staatsbegriffs herbeizuführen. Diese Versuche sind in der Monographie von Mamut über »Karl Marx als Theoretiker des Staates« (1979) und den von ihm, Manov und Farberov verfaßten Abschnitten in den beiden historischen Darstellungen der Entwicklung der marxistisch-leninistischen Staats- und Rechtstheorie (1977, 1978)[10] festzustellen gewesen.

Den Ausgangspunkt dieser Bemühungen bildete ein Aufsatz von Burlackij, der heute, ebenso wie unter Chruschtschow, einer der Berater Gorbatschows ist. Er erschien unter der Überschrift »Einige Fragen der Theorie des gesamten Volkes« im Ok-

[8] Die Ansätze zu einer sowjetischen Politikwissenschaft ergaben sich aus der Herausbildung der »Theorie des wissenschaftlichen Kommunismus« als Bestandteil der marxistisch-leninistischen Ideologie unter Chruschtschow. Vgl. Meissner (Anm. 7), S. 13 ff.

[9] Marksistko-leninskaja obščaja teorija gosudarstva i prava, 4 Bde., Moskau 1970–1973; deutsch: Marxistisch-leninistische allgemeine Theorie des Staates und Rechts, 4 Bde., Berlin 1974–1976.

[10] Vgl. *N. V. Vitruk, L. S. Mamut, N. P. Farberov, A. F. Šebanov* (Red.): Marksistko-leninskoe učenie o gosudarstve i prave (Die marxistisch-leninistische Lehre vom Staat und Recht), Moskau 1977; dieselben: Učenie K. Marksa, F. Engel' sa, V. I. Lenina o socialitičeskom gosudarstve i prave (Die Lehre von K. Marx, F. Engels, W. I. Lenin vom sozialistischen Staat und Recht), Moskau 1978.

toberheft 1962 von »Sovetskoe gosudarstvo i pravo« (Sowjetstaat und Recht). In ihm versuchte Burlackij unter Hinweis auf Marx und Engels zu einer wesentlichen Ausweitung des bis dahin üblichen allgemeinen Staatsbegriffs zu gelangen. Die von ihm vorgeschlagene Definition lautete:[11]

»Der Staat ist die öffentliche Gewalt, die nicht unmittelbar mit der Bevölkerung zusammenfällt, die ein bestimmtes Territorium bewohnt; er ist die Macht, die als Instrument der Herrschaft und Verwaltung der ökonomisch stärksten Klasse (in einer Gesellschaft, in der noch antagonistische Klassen bestehen) oder als Instrument der Leitung der Angelegenheiten der ganzen Gesellschaft dient (in einer Gesellschaft, in der die Klassengegensätze liquidiert sind).« »Po rukovodstvu ego delami« kann im Sinne von Marx und Engels auch mit »Führung der Geschäfte« übersetzt werden.

Mit Recht haben Joffe und Šargorodskij in einem Aufsatz »Über die Bedeutung allgemeiner Definitionen in Fragen des Rechts und der sozialistischen Gesetzlichkeit« im Mai-Heft 1963 von »Sovetskoe gosudarstvo i pravo«[12] Burlackij vorgehalten, in beiden Teilen seiner Definition die beiden Seiten des Staates vertauscht und damit das eigentliche Wesen des Staates im marxistischen Sinne nicht zum Ausdruck gebracht zu haben. Es war Fuks, der in ähnlicher Weise Kritik an Burlackij übte und die »Verrichtung der gemeinsamen Geschäfte, die aus der Natur aller Gemeinwesen hervorgehen«, zur Kennzeichnung des allgemeinen Staatsbegriffs unter Modifizierung der Staatsdefinition Burlackijs als den allgemeinen Teil hervorhob, zugleich aber den Repressionscharakter des Staates in der »ausbeuterischen Gesellschaft« besonders betonte.

In dem von der Akademie herausgegebenen Lehrbuch wird die »Verrichtung der gemeinsamen Geschäfte« der politischen Organisation der Gesellschaft zugewiesen, der Staat als ihr Bestandteil dagegen definiert »als die historisch vergängliche aus der Gesellschaft herausgehobene und durch ihre ökonomische Ordnung bedingte politische Klassenorganisation einer souveränen öffentlichen Gewalt, die die gemeinsamen Interessen der Eigentümer der grundlegenden Produktionsmittel sichert und verteidigt«[13].

Von Fuks ist auf der ukrainischen republikanischen Konferenz über Fragen des Staates und des Rechts in der entwickelten sozialistischen Gesellschaft 1975 diese Definition aus zwei Gründen scharf kritisiert worden[14]. Erstens, weil sie mit dem allzu weiten Begriff der »politischen Organisation einer souveränen öffentlichen Gewalt eine der entscheidenden Seiten des Staates – die Staatsmaschine als Apparat der Verwaltung und Unterdrückung – verwischt und auflöst«. Zweitens wäre die »Durchführung der gemeinsamen Angelegenheiten (Geschäfte), die aus der Natur aller Gemeinwesen hervorgehen«, als ein ständiger Aspekt des Staates nicht erwähnt worden.

Fast alle Lehrbücher der Theorie des Staates und des Rechts, die seit dem Akademie-Lehrbuch erschienen sind, entsprachen zwar im ersten, aber nicht im zweiten Punkt der Kritik von Fuks. Sie blieben damit hinter der Begriffsbestimmung im Akademie-Lehrbuch zurück.

Das Dilemma, das mit der ursprünglichen Fassung der Lehre vom »Staat des gesamten Volkes« für die traditionelle marxistisch-leninistische Staatstheorie verbunden war,

[11] *F. M. Burlackij:* O nektorych voprosach teorii obščenarodnogo socialističeskogo gosudarstva, SGP, 1962, Nr. 10, S. 7.

[12] Vgl. *O. S. Joffe, M. D. Šargorodskij:* O značenii obščich opredelenij v issledovanii voprosov prava i socialističeskoj zakonnosti, SGP, 1963, Nr. 5, S. 51.

[13] Marxistisch-leninistische allgemeine Theorie des Staates und des Rechts, Bd. 1 (Anm. 9), S. 160.

[14] Vgl. *S. L. Fuks:* Obščee ponjatie gosudarstva i obščenarodnoe gosudarstvo (Der allgemeine Staatsbegriff und der Staat des gesamten Volkes), in: Voprosy gosudarstva i prava razvitogo socialističeskogo obščestva (Fragen des Staates und Rechts der entwickelten sozialistischen Gesellschaft), Charkow 1975, S. 9 ff.

ist den sowjetischen Parteiideologen und Staatstheoretikern durchaus bewußt gewesen. Nach dem Sturz Chruschtschows im Oktober 1964 ist daher die Volksstaatslehre teilweise modifiziert worden. Der allgemeine Volksstaat wurde jetzt des öfteren nur als eine Fortentwicklung und damit höhere Stufe der weiter fortbestehenden »Diktatur des Proletariats« dargestellt. Alle diejenigen Kräfte, die an den Reformansätzen der Chruschtschow-Ära festhalten wollten, traten für eine Beibehaltung der Volksstaatskonzeption in der ursprünglichen Fassung mit geringfügiger Modifikation ein. Sie haben sich unter Breschnew durchsetzen können, da die neue Bundesverfassung der UdSSR von 1977 von dem mit der Volksstaatslehre verbundenen Staatsbegriff ausgeht. Neu war, daß der Unionsverfassung auch die Theorie von der »entwickelten sozialistischen Gesellschaft«, die zuerst von Ulbricht auf die Verhältnisse in der DDR bezogen worden war, in einer modifizierten Form zugrunde gelegt wurde. Neben dem Volksstaatsbegriff hat der weiter gefaßte Begriff des »politischen Systems« und nicht der engere Begriff der »politischen Organisation« Eingang in die Verfassung gefunden.

Bemerkenswert ist ferner, daß in der Verfassung die bereits im Schrifttum festzustellende Bereitschaft zu einer Begrenzung der diktatorischen Staatsmacht durch das Recht teilweise zum Ausdruck gekommen ist.

V. Die Auslegung des marxistisch-leninistischen Staatsbegriffs in der DDR[15]

In der sowjetischen Besatzungszone in Deutschland und später in der DDR ist der marxistisch-leninistische Staatsbegriff zunächst in seiner stalinistischen Ausprägung rezepiert worden. Er ist von Karl Polak, einem Schüler Wyschinskijs, in einem Sammelband »Zur Dialektik in der Staatslehre«, der ausgewählte Schriften aus den Jahren 1957 und 1958 enthielt, näher behandelt worden. Von Ulbricht wurde anfangs die DDR als »Arbeiter-und-Bauern-Staat« in ihrer Eigenschaft als »Diktatur des Proletariats« dargestellt. Er verband mit der instrumentalen Staatsauffassung die Forderung nach einer umfassenden zentralen »Leitung« aller gesellschaftlichen Angelegenheiten durch den Staat. Eine der Folgen dieser übertriebenen Betonung der staatlichen Leitung war, daß das Staatsrecht zeitweilig ganz das Verwaltungsrecht verdrängte. Die Funktion eines Lückenbüßers übernahm ein »Leitungsrecht«, wobei die unzutreffende Übersetzung des russischen Begriffs »Upravlenie«, der »Verwaltung« bedeutet, als »Leitung« die Abweichung von der sowjetischen Rechtssystematik verdeckte.

Im ersten Parteiprogramm der SED, das auf dem VI. Parteitag der SED im Januar 1963 angenommen wurde[16], ist eine Periodisierung der Entwicklung des DDR-Staates von Ulbricht vorgenommen worden. Es wurden zwei Phasen der »volksdemokratischen

[15] Vgl. *G. Brunner:* Einführung in das Recht der DDR, 2. Aufl., München 1979; *R. Lange, B. Meissner, K. Pleyer* (Hrsg.): Probleme des DDR-Rechts, Köln 1973; *S. Mampel:* Die sozialistische Verfassung der Deutschen Demokratischen Republik. Kommentar, 2. Aufl., Frankfurt a. M. 1982; *K. Westen:* Die Staatstheorie in der DDR, in: Kontinuität und Wandel in der kommunistischen Staatstheorie (Anm. 7), S. 31 ff. Von seiten der DDR: *K. Polak:* Die Dialektik in der Staatslehre, Berlin (Ost), 3. Aufl. 1963; *G. Schüßler* (Hrsg.): Marxistisch-leninistische Partei und sozialistischer Staat, Berlin (Ost) 1978; derselbe: Staat, Recht und Politik im Sozialismus, Berlin (Ost) 1984; derselbe: Die Staatskonzeption des Programms der SED – Realität unserer Staatlichkeit, Staat und Recht, 30. Jg., 1981, S. 194 ff.; *K. H. Schöneburg:* Staat und Recht in der Geschichte der DDR; *G. Quilitzsch:* Zum Verhältnis von Staat und Demokratie im Sozialismus, Staat und Recht, 34. Jg., 1985, S. 867 ff.; *W. Weichelt:* Zur Profilierung der staats- und rechtswissenschaftlichen Forschung nach dem XI. Parteitag der SED, Staat und Recht, 35. Jg. 1986, S. 595 ff.

[16] Wortlaut: *A. Riklin, K. Westen:* Selbstzeugnisse des SED-Regimes, Köln 1963, S. 80 ff.

Revolution« unterschieden: die »antifaschistisch-demokratische Umwälzung« und die »sozialistische Revolution«. Die eine habe zur »demokratischen Diktatur der Arbeiter und Bauern«, die andere zur »Diktatur des Proletariats« geführt. Hinsichtlich der Staatsform wurde erklärt, daß der »Arbeiter-und-Bauern-Staat« immer mehr das Wesen eines »sozialistischen Staates« annehmen werde.

Nach dem Parteitag erfolgte eine stärkere Anpassung an die theoretischen Begriffsbildungen Chruschtschows. Auch bei der DDR wurde jetzt die These vertreten, daß sie sich zu einem »Volksstaat« entwickeln werde.

Die Umwandlung des »sozialistischen Staates« in einen »Staat des ganzen Volkes« und der SED in eine »Partei des gesamten Volkes« wurde dabei als »gesetzmäßiger Prozeß« bezeichnet.

Eine neue Entwicklung wurde durch das »Neue Ökonomische System der Planung und Leitung der Volkswirtschaft«, mit dem Mitte 1963 begonnen wurde, ausgelöst.

Der Aufschwung, der mit der veränderten Wirtschaftspolitik erreicht werden konnte, veranlaßte Ulbricht, in der Frage der Periodisierung noch weiter zu gehen. Auf dem VII. Parteitag der SED im April 1967 sprach er vom Beginn einer neuen Periode, die bis zur Vollendung des Sozialismus reichen würde, deren Ziel es sei, das »entwickelte System des Sozialismus« zu gestalten. Er betonte die Bedeutung, welche die wissenschaftlich-technische Revolution bei einem »hochentwickelten Industriestaat« wie der DDR für die weitere Entwicklung des Sozialismus »auf seiner eigenen Grundlage« haben würde. In Verbindung mit diesem Entwicklungsprozeß würde eine einheitliche »sozialistische Menschengemeinschaft der DDR« unter Führung der SED unter Ausnutzung der Bündnispolitik im Rahmen des »sozialistischen Mehrparteiensystems« entstehen und sich festigen[17].

In seiner Festrede anläßlich des 100. Jahrestages des »Kapitals« von Karl Marx im September 1967[18] vertrat Ulbricht die These, daß der Sozialismus nicht »eine kurzfristige Übergangsphase in der Entwicklung der Gesellschaft« darstellen würde. Er sei vielmehr als »eine relativ selbständige sozialökonomische Formation in der historischen Epoche des Übergangs vom Kapitalismus zum Kommunismus« anzusehen. Gleichzeitig erklärte er, daß die DDR »den Beweis für den demokratischen Weg zum Sozialismus und für die Lebenskraft eines sozialistischen Systems in einem entwickelten Industriestaat« erbracht habe.

Mit seiner These wich Ulbricht von dem bisherigen marxistisch-leninistischen Periodisierungsschema ab und stellte die DDR als Vorbild für den Sozialismus in den entwickelten Industrieländern hin, ähnlich wie dies Mao Tse-tung bei der Volksrepublik China im Hinblick auf die Entwicklungsländer getan hat.

Die zweite, im April 1968 verabschiedete Verfassung der DDR, die als »sozialistische Verfassung« bezeichnet wird, stellte im Sinne dieser Konzeption die verfassungsrechtliche Fixierung des »entwickelten gesellschaftlichen Systems des Sozialismus« dar, dessen Vollendung noch lange Zeit in Anspruch nehmen sollte, wobei dieser Entwicklungsprozeß offenbar evolutionär und nicht revolutionär gemeint war.

Unter Ulbricht machte sich in Verbindung mit der Rezeption kybernetischer Vorstellungen zur Verwirklichung des »Neuen Ökonomischen Systems« im Schrifttum der DDR die Tendenz zu einer Auflockerung des nach dem Vorbild der Sowjetunion errichteten autokratisch-totalitären Herrschaftssystems bemerkbar. In diesem Sinne ist Heuer

[17] Protokoll der Verhandlungen des VII. Parteitages der Sozialistischen Einheitspartei Deutschlands, Bd. 1, Berlin (Ost) 1967, S. 97 ff.

[18] *W. Ulbricht:* »Die Bedeutung des Werkes ›Das Kapital‹ von Karl Marx für die Schaffung des entwickelten Systems des Sozialismus in der DDR«, Neues Deutschland vom 13. 9. 1967.

von einem Gesellschaftsmodell ausgegangen, das neben einem zentralen Leistungsmechanismus, in dem die SED als führende und integrierende Kraft dominierte, einen besonderen dezentralisierten Mechanismus der »relativen Selbstregelung und Selbstorganisation von Teilsystemen« vorsah[19].

Diese Ansätze zum Übergang zu einer freieren, autoritären Form des Einparteistaates sind nach der sowjetischen Intervention in der Tschechoslowakei 1968, an der sich die DDR beteiligte, wieder aufgegeben worden.

Der Charakter des sozialistischen Staates als einer »Diktatur des Proletariats« wurde wieder stärker betont. Das »Neue Ökonomische System« wurde durch das wesentlich begrenztere »Ökonomische System des Sozialismus« abgelöst. Der Hauptnachdruck wurde auf die Einheit und Geschlossenheit des diktatorischen Systems gelegt. Im Schrifttum wurden alle Tendenzen zu einer Dezentralisierung und zur Förderung einer größeren Eigenständigkeit der Basis bekämpft[20].

Auf dem VIII. Parteitag der SED im Juni 1971 betonte Honecker als Nachfolger Ulbrichts, daß der DDR-Staat eine »Diktatur des Proletariats« sei, erklärte aber zugleich, daß er »die Interessen des ganzen Volkes« vertreten würde. Nach dem Parteitag ist die These Ulbrichts vom Sozialismus als einer relativ selbständigen Gesellschaftsformation sowohl von DDR- als auch von Sowjetideologen kritisiert worden[21].

Dies geschah zur gleichen Zeit, wo seine Theorie von dem »System des entwickelten Sozialismus« von sowjetischer Seite in modifizierter Weise rezipiert wurde[22]. Es wurde dabei mit deutlicher Kritik an Ulbricht betont, daß der Sozialismus nur die niedere Phase bei der Errichtung der kommunistischen Gesellschaftsformation und nicht eine »relativ selbständige Gesellschaftsformation« darstellen würde, von der eine besondere kommunistische Gesellschaftsformation unterschieden werden könne. Gleichzeitig wurde das Stadium des »entwickelten Sozialismus« in zwei Phasen untergliedert: die Phase der Herausbildung oder Gestaltung der entwickelten sozialistischen Gesellschaft, in der sich die DDR neben den meisten anderen Volksdemokratien befindet, und die Phase der reifen entwickelten sozialistischen Gesellschaft selbst, die angeblich nur die

19 Vgl. *U.-J. Heuer:* Demokratie und Recht im neuen ökonomischen System der Planung und Leitung der Volkswirtschaft, Berlin (Ost) 1965; derselbe: Gesellschaft und Demokratie, Staat und Recht, 16. Jg. 1967, S. 907 ff.

20 Vgl. *K. Sorgenicht:* Partei und entwickelte sozialistische Gesellschaft, Staat und Recht, 15. Jg., 1968, S. 1539 f.

21 *K. Hager:* Die entwickelte sozialistische Gesellschaft, Einheit 1971, S. 1203 ff.; *O. Reinhold:* Die entwickelte Gesellschaft – historischer Platz und Kriterien, Horizont, 1973, Nr. 9, wiedergegeben in: Drei Phasen des Kommunismus. Diskussion um die Formationslehre, Deutschland Archiv, 6. Jg., 1973, S. 423 ff. Im November 1971 veranstalteten die Akademie für Gesellschaftswissenschaften beim ZK der KPdSU und das Institut für Gesellschaftswissenschaften beim ZK der SED ein Symposium über das Thema: Grundlegende Kriterien des entwickelten Sozialismus und Kritik revisionistischer Theorien über »Sozialismus-Modelle«. Vgl. hierzu den Bericht in der Einheit, 1972, S. 91 ff.

22 Vgl. *B. Topornin:* Političeskaja sistema socializma na sovremennom etape (Das politische System des Sozialismus auf der gegenwärtigen Etappe), Kommunist, 1971, Nr. 12, S. 80 ff., deutsche Übersetzung: Neues Deutschland vom 2. 10. 1971; derselbe: Postroenie razvitogo socialističeskogo obščestva i političeskaja vlast' (Der Aufbau der entwickelten sozialistischen Gesellschaft und die politische Macht), Sovetskoe gosudarstvo i pravo (Sowjetstaat und Recht), 1972, Nr. 2, S. 3 ff.; deutsche Übersetzung: Sowjetwissenschaft, Gesellschaftswissenschaftliche Beiträge, 1972, Nr. 5, S. 459 ff.; *M. Suslov:* KPSS – Partija tvorčeskogo marksizma (Die KPdSU – Die Partei des schöpferischen Marxismus), Kommunist, 1971, Nr. 14, S. 15 ff.; deutsche Übersetzung in: Der XXIV. Parteitag der KPdSU und die Entwicklung der marxistisch-leninistischen Theorie, Berlin (Ost) 1971; *P. N. Fedossejew:* Die ökonomischen Gesetzmäßigkeiten des Übergangs vom Sozialismus zum Kommunismus, Einheit, 1972, S. 1454 ff.

Sowjetunion erreicht habe. Damit ist der Führungsanspruch der Sowjetunion durch Verschiebung der Entwicklungsstufen wiederhergestellt und zugleich der Modellcharakter der DDR für die hochentwickelten Industriestaaten bestritten worden.

Diese Änderung der bisherigen Konzeption besagt außerdem, daß allein der Staat der »Diktatur des Proletariats« und nicht auch die Wissenschaft, wie es W. Ulbricht 1967 behauptet hat, als das »Hauptinstrument für den gesellschaftlichen Aufbau« anzusehen sei.

In dem Lehrbuch der marxistisch-leninistischen Staats- und Rechtstheorie (1975) wird dazu bemerkt:[23]

> »Aus allen diesen Gründen hat auch mit dem Sieg der sozialistischen Produktionsverhältnisse die Diktatur des Proletariats ihre historische Aufgaben noch nicht vollständig und bis zu Ende erfüllt. Der sozialistische Staat bleibt beim Aufbau der entwickelten sozialistischen Gesellschaft noch Staat der Diktatur des Proletariats.«

Unter Betonung der wirtschaftsorganisatorischen und erzieherischen Rolle des DDR-Staates wird im Verlauf der gegenwärtigen Entwicklungsphase mit einer allmählichen Verminderung der Unterdrückungsfunktion gerechnet, die den Übergang zum »sozialistischen Staat des ganzen Volkes« ermöglichen werde. Es heißt dazu:[24]

> »Im Prozeß der Gestaltung der entwickelten sozialistischen Gesellschaft wächst der Staat der Diktatur des Proletariats in den Staat des ganzen Volkes hinüber.«

In dieser Form würde er ein »Machtinstrument des gesamten Volkes« und »nicht mehr Herrschaft einer Klasse über die andere« bilden.

Auf dem IX. Parteitag der SED im Mai 1976 wurde das zweite Parteiprogramm der SED angenommen[25]. Die Überschrift eines Abschnittes lautete: »Die politische Organisation der Gesellschaft«. Damit wurde diesem Begriff und nicht dem Begriff des politischen Systems der Vorzug gegeben. In der Begriffsbestimmung des sozialistischen Staates, der im Einklang mit der Forderung Honeckers »allseitig gestärkt werden sollte«, trat keine Änderung ein.

Sie hat in dieser Fassung Eingang in die erste Auflage des Lehrbuches »Staatsrecht der DDR« (1977) gefunden.

Bemerkenswert war, daß 1979 wieder ein Lehrbuch »Verwaltungsrecht« erscheinen konnte. Die Abgrenzung der beiden Rechtszweige fand in der zweiten Auflage des Lehrbuchs des Staatsrechts (1984) ihren Niederschlag.

In Übereinstimmung mit der Sowjetverfassung von 1977 ist seitdem die DDR-Verfassung, deren Normen als der Kern des Staatsrechts bezeichnet werden, als eine Staats- und Gesellschaftsverfassung charakterisiert worden.

An dem Übergewicht der zentralen staatlichen Leitung aufgrund der autoritären Auslegung des Organisationsprinzips des »demokratischen Zentralismus« wurde weiterhin festgehalten. Infolgedessen ist bisher bei der Vervollkommnung der »sozialistischen Demokratie«, die als die »Hauptrichtung bei der Gestaltung des entwickelten Sozialismus« bezeichnet wird, kein wesentlicher Wandel im bestehenden zentralistisch-bürokratischen System erfolgt.

Die Möglichkeit eines Rückgriffs auf Marx und Engels ist in der DDR in geringerem Maße als in der Sowjetunion zur Ausweitung des Staatsbegriffs genutzt worden[26]. Auch

[23] Marxistisch-leninistische Staats- und Rechtstheorie. Lehrbuch, Berlin (Ost) 1975, S. 212.

[24] Ebenda, S. 71.

[25] Wortlaut: *U. Lohmann* (Hrsg.): Verfassung und Programm in der DDR, Berlin 1977, S. 88 ff.

[26] In den Thesen »Die Staatslehre von Karl Marx und ihre Aktualität in der DDR«, die anläßlich des 100. Todestages von Marx veröffentlicht wurden, heißt es lapidar: »Die Orientierung auf die Verwirklichung der Leninschen Staatsideen – das ist zugleich die konsequenteste Realisierung der

die Diskussion über die gesellschaftlichen Widersprüche, die durch die polnische Krise ausgelöst wurde, hat sich in begrenzterem Umfange als in der Sowjetunion vollzogen.

Sie hat in der Staatstheorie der DDR nur zu einer stärkeren Beachtung der durch sie verursachten Triebkräfte in ihrer Bedeutung für den gesellschaftlichen Wandel geführt[27].

Auch in der DDR ist das Streben nach einer Ausweitung der Staatstheorie zu einer allgemeinen politischen Theorie festzustellen gewesen[28]. Es hat dadurch Auftrieb bekommen, daß auch in der DDR nach sowjetischem Vorbild die »Theorie des wissenschaftlichen Kommunismus«, gleichsam als Ersatz für die fehlende Politikwissenschaft, als Bestandteil der marxistisch-leninistischen Ideologie eingeführt worden ist[29].

VI. Gorbatschows Reformpolitik und die DDR

Die ideologischen Korrekturen, die in der Sowjetunion mit Hilfe der modifizierten Theorie von der »entwickelten sozialistischen Gesellschaft« vorgenommen wurden, ermöglichten es Breschnew, durch die Phasenverschiebung von den unhaltbaren Voraussagen Chruschtschows im Parteiprogramm von 1961 abzurücken, ohne damit die utopische Zielsetzung, die in der marxistisch-leninistischen Ideologie begründet ist, aufzugeben.

In der Unionsverfassung von 1977 wurde vermerkt, daß die entwickelte und reife sozialistische Gesellschaft die Grundlage des »sozialistischen Staates des gesamten Volkes« bilde.

Im Verlauf des Interregnums, das über Andropow und Tschernenko zur Wahl Gorbatschows 1985 zum Generalsekretär der KPdSU führte, ist die Sowjetführung von dieser optimistischen Beurteilung des Entwicklungsstandes der Sowjetunion abgerückt. In der Neufassung des Parteiprogramms der KPdSU von 1986[30] wird die Auffassung vertreten, daß sich die Sowjetunion erst am Beginn und nicht etwa in der Mitte der Phase des »entwickelten Sozialismus« befinden würde.

An der Lehre vom »Staate des gesamten Volkes« wird auch im neugefaßten Parteiprogramm festgehalten. Daher hat sich am Staatsbegriff, auf den im Kapitel »Politisches System« eingegangen wird, nichts wesentliches geändert. Der Sowjetstaat wird weiterhin als das »Hauptinstrument zur Vervollkommnung des Sozialismus in unserem Lande« angesehen.

Eine Änderung liegt in der starken Betonung der »sozialistischen Selbstverwaltung«, die von Gorbatschow, sowohl auf dem wirtschaftlichen als auch politischen Gebiet angestrebt wird. Weitgehende inhaltliche Änderungen ergeben sich aus der programmatischen Begründung und der praktischen Ausgestaltung seiner Reformpolitik im Zeichen der »Perestroika« (Umgestaltung, Umbau).

Marxschen Staatsauffassung«, vgl. Staat und Recht, 32. Jg., 1983, S. 83; vgl. hierzu auch die Beiträge im Sonderheft »Karl Marx – Begründer der Staats- und Rechtstheorie der Arbeiterklasse« von Staat und Recht, 4/1983.

27 Vgl. *E. Lieberam:* Widersprüche, Triebkräfte und sozialistischer Staat, Staat und Recht, 34. Jg., 1985, S. 451 ff.

28 Vgl. *U.-J. Heuer:* Gesellschaftliche Gesetze und politische Organisation, Berlin (Ost) 1974; derselbe: »Die Staatsmacht als ökonomische Potenz«, Staat und Recht, 34. Jg., 1985, S. 404 ff.

29 Der »wissenschaftliche Kommunismus« ist in der DDR als Fachrichtung »wissenschaftlicher Sozialismus« benannt worden. Vgl. *H. Weber:* Ansätze einer Politikwissenschaft in der DDR, Düsseldorf 1971.

30 Vgl. *B. Meissner:* Das Aktionsprogramm Gorbatschows. Die Neufassung des dritten Parteiprogramms der KPdSU, Köln 1987.

Von besonderer Bedeutung ist, daß zu der von ihm zuerst entwickelten wirtschaftspolitischen Entwicklungsstrategie eine gesellschaftspolitische Erneuerungsstrategie hinzugetreten ist. Sie ist durch sein Eintreten für mehr Glasnost (Offenheit)[31] und damit für einen bestimmten Grad von Meinungsfreiheit durch bestimmte Demokratisierungspläne, welche die Auswahl zwischen mehreren Kandidaten bei den Wahlen zu den Partei- und Sowjetorganen sowie Betriebsleitungen ermöglichen sollen, durch eine weitgehende Dezentralisierung der Staats- und Wirtschaftsverwaltung, durch das Eintreten für mehr Rechtssicherheit und eine liberalere Kulturpolitik gekennzeichnet.

Gorbatschow strebt die tiefgehende Umgestaltung im Rahmen des sozialistischen, d. h. des sowjetkommunistischen Systems an. Er will es nicht aus den Angeln heben. Er betont jedoch, daß die Sowjetunion die Demokratie wie den Atem braucht, und stellt alle bisherigen Behauptungen, daß die Sowjetunion bereits eine vollkommene Form der sozialistischen Demokratie entwickelt habe, in Frage.

In seiner Rede auf dem ZK-Plenum im Januar 1987, auf dem er seine Erneuerungsstrategie näher begründete[32], hat er die unter Breschnew eingetretene Stagnation unter anderem darauf zurückgeführt, daß die »theoretischen Konzepte des Sozialismus« in einem hohen Maße »auf dem Niveau der dreißiger und vierziger Jahre« verharrt hätten. Er hat daher ein geistiges Umdenken gefordert, das die theoretische Grundlage für den Umgestaltungsprozeß auf allen Gebieten, somit auch der Staats- und Rechtstheorie, bilden würde.

Inwieweit Gorbatschow stark genug sein wird, ungeachtet aller großen inneren Widerstände, sein weitgespanntes Reformprogramm zu verwirklichen, ist vorläufig ungewiß. In jedem Fall bedeutet es für die sowjetischen Gefolgsstaaten eine Herausforderung, der sie sich stellen müssen. Dies gilt vor allem für die DDR, wo die SED-Führung dem Reformkurs Gorbatschows von vornherein mit gemischten Gefühlen gegenüberstand[33]. Honecker hat sich in bezug auf die wirtschaftspolitische Beschleunigungsstrategie Gorbatschows zurückhaltend verhalten, da er bei der DDR auf dem wirtschaftlichen und technologischen Gebiet keinen Nachholbedarf erblickte.

Er fürchtet aber, daß die gesellschaftspolitische Erneuerungsstrategie Gorbatschows das politische System der DDR destabilisieren könnte.

Seit dem Januar-Plenum 1987 hat sich Honecker von den Reformvorhaben Gorbatschows, soweit sie über eine technokratische Modernisierung hinausführten, entschieden abgegrenzt. Dies geht besonders deutlich aus seiner Rede vor den Kreissekretären am 6. Februar 1987 hervor[34], in der er ein Kontrastprogramm auf der Grundlage der in der DDR bestehenden Errungenschaften gegenüber der Reformpolitik Gorbatschows vertrat, ohne diesen selbst ein einziges Mal zu erwähnen.

Dieses Verhalten war möglich, weil Gorbatschow bereit gewesen ist, im innenpolitischen Bereich den sowjetischen Gefolgsstaaten mehr Spielraum zu gewähren. Auf die Dauer wird sich die DDR diese ablehnende Haltung gegenüber den Reformvorstellungen Gorbatschows, die auch zu einer inhaltlichen Ausweitung des bisherigen Staatsbegriffs führen würden, nicht leisten können.

Die Wiederbelebung der in Verbindung mit dem »Neuen Ökonomischen System« vertretenen Auffassungen in der »Staatsfrage« wird dabei ebenso wenig wie ein Rück-

31 Vgl. *H. Brahm:* Gorbatschows Glasnost', Osteuropa, 37. Jg., 1987, S. 592 ff.

32 Vgl. *B. Meissner:* Gorbatschows »Perestrojka«: Reform oder Revolution?, Außenpolitik, 38. Jg., 1987, S. 211 ff.

33 Vgl. *H. Timmermann:* Gorbatschows Reformansätze – eine Herausforderung für die SED, Aktuelle Analysen des BiOst, 17/1987.

34 Vgl. *C. Burrichter:* Honecker vor den 1. SED-Kreissekretären, Deutschland Archiv, 20. Jg., 1987, S. 374 ff.

griff auf die ursprüngliche marxistische Staatsauffassung, soweit sie das Gemeinwohl der ganzen Gesellschaft im Auge hat, ausreichen können.

Auf die Dauer wird sich die SED-Führung der Forderung nach mehr Meinungsfreiheit, Freizügigkeit und Rechtsstaatlichkeit nicht entziehen können.

Felix Ermacora

Strukturelle Möglichkeiten eines Ausgleichs in umstrittenen Gebieten

Es ist ein schwieriges Thema, das mir zur Behandlung gestellt ist: Die strukturellen Möglichkeiten eines nationalen Ausgleichs in umstrittenen Gebieten. Das Thema ist unter Beachtung tauglicher Vergleiche abzuhandeln. Die Deutschlandfrage steht im Mittelpunkt Ihrer Beratungen. Sie müßte aber nicht im Mittelpunkt meines Themas stehen, weil es eine ganze Reihe von Situationen gibt, die dem Titel des Themas unterstellt werden könnten. Denn besondere Gebiete können heute als umstritten angesehen werden, die einen nationalen Ausgleich erheischen. Die Lösungsmöglichkeiten für solche Gebiete weisen auch besondere strukturelle Möglichkeiten aus. Es steht zur Frage, ob die Lage Deutschlands in der Gegenwart von historischen oder parallelen Beispielen lernen könnte, oder sollte man sie zumindest historischen Beispielen gegenüberstellen, um aus ihnen für die Deutschlandfrage zu lernen. Oder ist die Deutschlandfrage so speziell, so sehr ein Fall sui generis, daß aus gleichartig scheinenden Situationen keine tauglichen Schlüsse für sie gezogen werden können?

Folgende Gebiete können heute als umstrittene Gebiete angesehen werden, die einen Ausgleich erheischen und die auch strukturelle Möglichkeiten eines solchen Ausgleiches erkennen lassen. Auf die folgend angeführten Gebiete sei verwiesen, die in der internationalen Politik zur Diskussion stehen:

das *Problem Palästina,* das Israel und die arabische Welt direkt berührt;

die *Stellung des südwestafrikanischen Namibia,* das wie ein Glacis zwischen der Republik Südafrika und Angola, symbolisch aber auch allen sogenannten afrikanischen Frontstaaten gegenübersteht;

das *Problem Afghanistan,* das nicht nur ein politisch-ideologisches Problem ist – von seiner menschenrechtlichen Seite ganz abgesehen –, sondern auch eine territoriale Frage mit einschließt;

das *Zypernproblem,* eine Insel im Mittelmeer, die zu einem Drittel von einer türkischen Invasionsarmee besetzt wurde und faktisch unter ihrer Protektion steht, ein Territorium, in dem es Tausende verschwundene Personen und über hunderttausend vertriebene Griechen gibt;

das *geteilte Korea,* das je nach seiner Teilung von kommunistischer Herrschaft und von nichtkommunistischer Diktatur beherrscht ist;

das *geteilte China,* an das niemand mehr denkt, weil offensichtlich Taiwan eine Quantité négligeable geworden zu sein scheint;

auch *Vietnam* und sein Weg aus der Teilung zur – zwar fragwürdigen – Einheit gehört in diese Übersicht.

Phasenweise waren *Südtirol* und *Kärnten* im Sog umstrittener Gebiete gestanden, und sie geben Beispiele struktureller Lösungen.

Irland mit seinen englischen Grafschaften ist gleichfalls ein Musterbeispiel des politischen Streites und struktureller Lösungsversuche.

Es gibt gewiß noch mehr umstrittene Gebiete, doch seien diese exemplarisch für die Behandlung des Themas herausgestellt. Es würde zwar zu weit führen, alle die mit diesen Territorien verknüpften Situationen näher zu analysieren; eine gewisse Analyse ist dennoch erforderlich, um aus ihr Erfahrungen zu sammeln und Antworten zu erhalten, die auf die für Deutschland maßgebende Frage angewandt werden können.

Für die Analyse seien von vornherein Maßstäbe angelegt:

Warum sind die genannten Gebiete umstritten – das ist eine Frage nach dem Grund des Entstehens der Probleme und ihrer Entwicklung;

welches sind die Faktoren des konfliktträchtigen Gebietes im regionalen und im internationalen Bereich,

wie stellt sich das Recht zu diesen Konflikten,

wie verhalten sich die Mächte, die das Sagen haben, zu diesen Konfliktfällen, wie beurteilen die internationalen Organisationen diese Konfliktfälle,

wie sind die in den konfliktvollen Regionen lebenden Völkerschaften von den Konflikten betroffen, und

welche Mittel sind bereitgestellt, um die Konflikte im Wege des Rechtes und nicht im Wege eines neuen Konfliktes zu lösen?

Von vornherein seien diese Fragen auch in bezug auf ein geteiltes Deutschland, aber mehr noch auf jenes Deutschland bezogen, von dem angestammte Gebiete unter fremder Verwaltung stehen. So darf man im Lichte des Potsdamer Abkommens von 1945 die unter polnischer und sowjetischer Verwaltung stehenden Gebiete bezeichnen, die staats- und völkerrechtlich zum Deutschland jenseits der Oder-Neiße-Linie, Pommern, Ostpreußen, Schlesien und die Sudetenländer mit eingeschlossen, gehören. Generationen von Menschen gehören, aus diesen Gebieten stammend, zu den Vertriebenen, manche Hunderttausende leben dort als Minderheiten.

Es sei ein knapper Blick auf einzelne der oben genannten Situationen geworfen. Vorweg sei genommen, daß alle diese Gebiete in der Staatengeschichte der Neuzeit ihre besondere *strategische Bedeutung* haben.

Palästina hat seine strategische Bedeutung während des Ersten und Zweiten Weltkrieges erlangt; *Namibias* strategische Bedeutung ist im Zuge der Entwicklung des Apartheidkonfliktes gewachsen; in diesem Apartheidkonflikt gewinnen die sogenannten Frontstaaten Afrikas ihr Gewicht und stellen sich auf die Seite der schwarzen Bevölkerung, die, in die 25 Millionen gehend, von einer weißen Minderheit beherrscht wird; *Afghanistan* ist seit dem 19. Jahrhundert ein strategisch bedeutendes Territorium, das von den damaligen Weltmächten Rußland und Großbritannien als Paß- und Durchgangsland, als Glacis und Brücke begehrt wurde. Heute ist es in den Schnittpunkt verschiedener, auch ideologischer Interessen gelangt. Kommunistisches Interesse hatte seinerzeit Trotzki formuliert, wenn er schrieb, daß für die Weltrevolution der Weg nach Rom, Paris und London über Kabul gehe. *Zypern* war immer Vorland und Kreuzungspunkt, Stützpunkt für die Anrainermächte und für jene Imperien, die ihren Weg durch das Mittelmeer zu den Meerengen suchten und so diese Insel benötigten: die Kreuzritter, die Venezianer, die Türken, die Briten und die Nato. Ich möchte nicht die asiatischen Strategien beleuchten, die Korea, Vietnam und China betrafen bzw. betreffen. *Südtirol,* das im Staatsvertrag von St-Germain 1919 von Österreich an Italien abgetrennt werden mußte, war immer mit dem strategischen Problem der Brennergrenze behaftet, und *Südkärnten* war sowohl nach dem Ersten als auch nach dem Zweiten Weltkrieg nach wie vor der Wunschtraum eines Großsloweniens, was in jedem Falle auch territorial verstanden werden muß.

In allen genannten Gebieten ist es jedoch nicht nur das strategische Interesse, das die Grundlage für die Konflikte bildet. Es tritt in allen fraglichen Gebieten, ganz abgesehen von den diversen Landnahmen, die die Gebiete auf die verschiedenste Weise betroffen hatten und noch betreffen, jeweils ein *rassischer und nationaler Konflikt* hinzu. Er ergibt sich aus bestimmten demographischen und ideologischen Situationen. Sie haben die genannten Territorien auch zu Orten nationaler Konflikte oder doch zu Konfliktherden gemacht. Das Zusammenleben verschiedener Rassen, Völkerschaften und Nationen führte in einer verideologisierten Welt zu einem Konfliktgemenge von strategischen, nationalen und rassischen Elementen.

So war es zu Beginn dieses Jahrhunderts in Palästina zu einer friedlichen Landnahme gekommen, nachdem sich der Zionistenkongreß zu Basel der Lehre Theodor Herzls anschloß und Palästina als das »jewish homeland« erkor. Die Balfour-Deklaration von 1917 tat ihr übriges, um diese Zielsetzung zu einem politischen Anliegen von Großmächten werden zu lassen. Über jeden Selbstbestimmungsgedanken der in dem Raume in Mehrheit siedelnden Araber hinweggehend, wuchs das »jewish homeland« zu einem unabhängigen Israel. Auch die von dem UN-Teilungsplan einschließlich der Internationalisierung Jerusalems erarbeiteten strukturellen Möglichkeiten eines nationalen Ausgleichs mit einem ausgewogenen Minderheitenschutz und entsprechenden rechtlichen Ausgleichsmitteln blieben gegenüber nationalstaatlichen Vorstellungen auf der Strecke. Das Gebiet wurde zum Konfliktherd ersten Ranges, sein Brand erfaßte den Nahen Osten; Bevölkerungsverschiebungen unter dem Titel der Vertreibung und Familienzusammenführung sind noch immer akut.

In Afghanistan geht es um einen nach außen zur Schau gestellten ideologischen Konflikt ersten Ranges, in dem die traditionsreiche islamische Welt mit einer materialistischen Welt aufeinanderprallt; der Kampf um die innere Ordnung als politisch-menschenrechtliches Problem ist verknüpft mit der großen Flüchtlingsbewegung im und aus dem Lande; die Zahl der als interne Flüchtlinge angesehenen Menschen geht auf die 2 Millionen, die Zahl der externen Flüchtlinge hat die Zahl 5,5 Millionen erreicht; eine »reconciliation policy«, die nach dem Rechten sucht, wurde in Gang gesetzt, um eine neue Ordnung einzurichten.

Bei Namibia geht es um die faktische Entlassung aus einem Mandatsstatus, der im Jahre 1922 begründet wurde, das Territorium in einen Treuhandschaftsstatus der UN führte und in dem die UN vergeblich nach einem allseits akzeptierten Modell des rassischen Ausgleichs suchen.

In Zypern geht es nach wie vor um die territoriale Selbstbestimmung, die im Jahre 1960 auf das Papier gebracht wurde, dann aber der Volksgruppenausgleich, den man sich aushandelte, nicht funktionierte und nun die türkische Staatsmacht – scheinbar unangefochten, von Verbalprotesten abgesehen – den türkischen Bevölkerungsteil abzusichern sucht, unter Mißachtung der Selbstbestimmung und der Menschenrechte.

In Kärnten beruft man sich nach wie vor auf die Volksabstimmung des Jahres 1920, die jenen Teil Kärntens, der von dem Gebirgszug der Karawanken begrenzt ist, bei Österreich beließ und wo man mit Regeln des Minderheitenschutzes eine friedliche Lösung der Volkstumskonflikte versucht. Und in Südtirol, das phasenweise einer faschistisch-nationalsozialistischen Assimilierungs- bzw. »Heimführungspolitik« unterworfen war, ist im Jahre 1945/46 wiederum die Ausübung des Selbstbestimmungsrechtes versagt geblieben. Hier hilft heute so recht und schlecht eine Autonomie, die auch den Südtirolern zugute kommt.

In den eben genannten Konfliktfällen gleichen sich die *Konfliktstrukturen:* Vertreibung von Menschen, der Wunsch nach Rückkehr der Vertriebenen in ihre Heimat, die Forderung nach Selbstbestimmung, der allseits empfohlene Ausgleich durch das Recht. In keinem Falle gibt man sich mit der Endgültigkeit der *Vertreibung* zufrieden, in jedem der genannten Fälle – von Südtirol und Südkärnten, von Vietnam und China abgesehen – wird die Rückkehr der Vertriebenen in ihre Heimat von den internationalen Organisationen anerkannt und gefordert, in keinem der Fälle – von den obigen Ausnahmen abgesehen – wird auf das Selbstbestimmungsrecht verzichtet, in jedem der Fälle spielt die Berufung auf das Recht als Inhalt und als Form, als Mittel der Lösung der Konflikte eine bedeutsame Rolle. In jedem der genannten Fälle wird an einem durch das Recht zu bewirkenden *Ausgleich* gearbeitet: In Palästina geht es um einen Ausgleich der Araber und der Juden, in Afghanistan geht es um Truppenrückzug und »reconciliation«, in Zypern, Südtirol und Kärnten geht es um einen sogenannten Volksgruppenausgleich, in Namibia um einen Rassenausgleich. Von Kärnten abgesehen, spielt die dauernde oder die sporadische Anwendung von Gewalt eine Rolle.

Der angestrebte Ausgleich ist in all den genannten Konfliktfällen gleichartig: Selbstbestimmung, Machtverteilung, Machtkontrolle, Minderheitenschutz und Diskriminierungsschutz. Bei allen bisherigen Ausgleichsversuchen scheint der Ausgleich in Südtirol in den Ansätzen gelungen zu sein. Warum? Die betroffenen Staaten haben ihn weitgehend akzeptiert, er ist von den internationalen Organisationen anerkannt, und die große Mehrheit der Bevölkerung scheint sich auf ihn einzustimmen; dieser Ausgleich ist bis ins Detail hin durchdacht und auch bis ins Detail hin reglementiert und verblieb nicht im Schlagworthaften. Er gehört zum System einer europäischen Friedensordnung. In allen anderen Situationen wird der Ausgleich wohl angestrebt, er ist in Schlagsätzen formuliert, aber er scheitert bis heute an den mit Gewalt und Gegengewalt ausgetragenen Interessenkonflikten; sie beherrschen latent die jeweiligen Situationen.

Man erkennt deutlich, daß dann, wenn der politische Wille und die politische Macht zum Ausgleich ungenügend sind, das Konflikthafte der Situation im Vordergrund steht und das Recht als Ausgleichsfaktor in den Hintergrund gedrängt wird. Aber dennoch kann der Theoretiker die *Ausgleichsmöglichkeiten* nicht übersehen, die allen Konflikten zugrunde liegen: Die Ausgleichsmöglichkeiten liegen in der Autonomie, im Volksgruppenschutz, im Diskriminierungsschutz, in der Achtung der Ethnie, im Vertreibungs- und Völkermordverbot, in der Achtung der Gruppenidentität, in der Anerkennung der Wiedervereinigung getrennter Staaten und Völker und im Bestand von wirtschaftlichen und rechtlichen Schutzmechanismen. All das lehren uns die Konflikte und die Versuche der jeweiligen Konfliktbeherrschung. Sie lehren aber auch, daß in keinem der der Situation entspringenden Fälle die Preisgabe des Rechtsstandpunktes erfolgt oder erfolgt ist; selbst in der Situation um Südtirol wagte es die die deutsche Volksgruppe tragende politische Sammelpartei – die Südtiroler Volkspartei – nicht, ausdrücklich auf das Selbstbestimmungsrecht zu verzichten. Zu alldem kommt aber auch das Engagement internationaler Organisationen, die mitunter unter dem Einsatz militärischer Mittel einen gegebenen Konflikt zu begrenzen suchen. Das letztere gilt vor allem für Zypern und Palästina. Aber auch im Falle Afghanistan, Südtirol und Namibia sind die internationalen Organisationen bemüht, mit friedlichen Mitteln den Konflikt als solchen anzuerkennen und eine Konfliktlösung anzubieten. In allen genannten Konfliktsituationen ist die Situation durch die internationalen Organisationen anerkannt, und es stehen irgendwelche Schutzmächte – wobei das Wort nicht im strengen völkerrechtlichen Sinne verstanden werden soll – zur Verfügung: die Staaten der islamischen Welt im Afghanistankonflikt, die Blockfreien, die Staaten der afrikanischen Welt im Namibiakonflikt, oder einzelne Staaten, die sich für eine bestimmte Konfliktbeherrschung in einer Region besonders einsetzen.

Was lehren uns *diese Konfliktsituationen und Konfliktbeherrschungen für Deutschland?* Obwohl die deutsche Frage aus strategischen Gründen, aus ideologischen Gründen, aus Gründen des Volkstums, der Existenz von nationalen Minderheiten in deutscher Nachbarschaft ähnlich gelagert ist wie in anderen Konfliktsituationen – es also auch hier legitime Ansprüche, ja die Legitimität der deutschen Frage gibt –, fehlen wesentliche Elemente, die zu einem Ausgleich drängen, der nicht nur die resignative Anerkennung der Macht der Fakten ist. Es fehlt für die deutsche Frage die weltweite Anerkennung, und es fehlt eine verschworene Schutzmacht, es fehlt die internationale Organisation, die sich hinter die deutsche Frage stellt, es fehlt das Konzept für eine Selbstbestimmung, die drängende Not der Rückkehr der Vertriebenen, und es scheinen die ausgleichswilligen Partner zu fehlen. Aber es fehlt nicht an den strukturellen Möglichkeiten eines Ausgleiches, der mehr ist als die Anerkennung der Macht des Faktischen.

Die strukturellen Möglichkeiten eines Ausgleiches in der deutschen Frage zu finden, scheinen meines Erachtens – von bilateralen Bemühungen abgesehen – nicht im Schoße der UN oder der EG oder des Europarats zu liegen, sondern in der Konferenz für Sicherheit und Zusammenarbeit in Europa – KSZE. Diese Konferenz, die mit ihren Nachfolgekonferenzen seit 1975 zu einem Instrumentarium, wenn nicht gar zu einer Institution geworden ist, birgt Elemente in sich, die einem geteilten und auch fremdverwalteten Deutschland zugute kommen könnten. Für die KSZE braucht man nicht Neues zu erfinden. Die wesentlichen Strukturelemente, die die deutsche Frage betreffen, sind vorhanden: Die Selbstbestimmung ist als leitender Grundsatz im Prinzip VII der Prinzipienerklärung anerkannt, im Prinzip VI sind alle wesentlichen Elemente der Menschenrechte anerkannt, die Prinzipienerklärung betont ausdrücklich die Möglichkeit friedlicher Grenzänderung. Allerdings fehlt es in dieser KSZE-Erklärung an zwei sehr wesentlichen Voraussetzungen, um jenen strukturellen Ausgleich herbeizuführen, der für umstrittene Gebiete den nationalen Ausgleich bedeuten müßte. Und diese beiden fehlenden Voraussetzungen unterscheiden die deutsche Frage grundlegend von der Frage anderer umstrittener Gebiete: Es fehlt eine europaweite Anerkennung, daß die Deutschlandfrage in Wahrheit auch eine Frage eines umstrittenen Gebietes ist, und es fehlt an einem Mechanismus, der für dieses umstrittene Gebiet strukturelle Möglichkeiten zu einem Ausgleich der Frage führt.

Das sind die beiden wesentlichen Faktoren, in denen sich die Deutschlandfrage so grundlegend von den anderen genannten Konfliktfällen unterscheidet. In den übrigen Fällen haben wir es mit einem allgemein anerkannten Fall umstrittenen Gebietes zu tun, das Völkerschaften, die zumeist im Status von Entwicklungsländern stehen, betrifft, die ein beachtenswertes Maß von Identität aufweisen, eine Identität, die Teile der genannten Völkerschaften oft mit dem Einsatz des Lebens ihrer Angehörigen durchsetzen wollen. Hier haben wir es mit einem Volke zu tun, dem geschichtliche und gesellschaftspolitische Entwicklung als Wohlstands- und Dienstleistungsgesellschaft den Nerv gezogen zu haben scheint. Ein Volk, das Gefahr läuft, seine nationale Identität zu verlieren, und dessen Teilung kaum ein wahres Problem ist oder nur das Problem von Randschichten, dem fehlt es an der Dynamik, der sich Regierungen nicht entziehen könnten.

Obwohl das Recht alle strukturellen Möglichkeiten nationalen Ausgleichs auch für die Deutschlandfrage bereithält, die mit jenen Situationen ident sind, in denen unter Opfern um den Ausgleich gerungen wird, werden diese Möglichkeiten nicht wirksam.

Daher hat der Wissenschaftler die Aufgabe zu zeigen, daß die Politiker vor einer mangelnden Legitimität der Deutschlandfrage nicht zurückschrecken sollten. Die Wissenschaftler, die sich der Frage annehmen, können nicht mehr tun, als die Probleme aufzuzeigen. Auch bei Aids geht es darum, in ihm eine verzehrende Krankheit des Individuums zu erkennen, so wie hier die mangelnde Volkskraft als eine Krankheit des Volkes zu erkennen ist.

Wenn der seinerzeitige österreichische Bundeskanzler Dr. B. Kreisky unter Berufung auf die »Grünen« schreibt, daß man sie unterschätzt habe, als sie erklärten, Brücken zwischen den beiden Staaten (gemeint sind die beiden deutschen Staaten) zu bauen, dann gilt es aber diesen Satz zu prüfen. Ja, es gibt diese Brücken – Brücken der Sprache, der Geschichte, des Güteraustausches, des Berliner S-Bahn-Netzes, des Rentner- und

Familienwesens. Aber das alles sind Brücken, die letztlich nicht jenem Ausgleich dienen, von dem hier die Rede ist. Es sind nur Wortbrücken. Jene Brücken, die zum nationalen Ausgleich führen könnten, gehen ausschließlich über ein gemeinschaftliches Verständnis der Menschenrechte. Und dieses gemeinschaftliche Verständnis gibt es nicht. Nicht in bezug auf die Frage der Selbstbestimmung, nicht in bezug auf die politischen Rechte und nicht in bezug auf den Frieden zwischen Staaten und Völkern, wie er vom Rechte anerkannt ist. Auch in der Frage einer Wiedervereinigung lassen sich keine gemeinsamen Vorstellungen finden. In allen diesen für einen strukturellen Ausgleich so wichtigen Fragen steht Deutschland allein, und damit steht es anders da als die anderen umstrittenen Gebiete in der Welt.

Dieter Blumenwitz

Die staatliche Gestalt Deutschlands – Möglichkeiten einer Reorganisation

Die staatliche Gestalt Deutschlands war nach 1945 nicht frei von Zweifeln. Zur Kapitulation der deutschen Wehrmacht (7./8. 5. 1945), zur Verhaftung der Regierung Dönitz (23. 5. 1945), zur Übernahme der obersten Staatsgewalt in Deutschland durch die Siegermächte am 5. 6. 1945 und zu den in Potsdam (2. 8. 1945) getroffenen Regelungen mußte eine deutsche Konstituante Stellung nehmen.

I.

1. Der Parlamentarische Rat hat im Sinne staatlicher Selbstbehauptung »die stets betonte Auffassung von der Fortexistenz des deutschen Staates«[1] verfassungsrechtlich festgeschrieben. Die Antwort des Parlamentarischen Rats auf diese Vorfrage deutscher Verfassungsgesetzgebung ergibt sich aus Satz 1 der Präambel zum Grundgesetz, der den Willen des deutschen Volkes, »seine nationale und staatliche Einheit zu wahren«, betont und in Verbindung mit Satz 3 alle Organe der durch das Grundgesetz geschaffenen Ordnung verpflichtet, »in freier Selbstbestimmung die Einheit und Freiheit Deutschlands zu vollenden«.

Hierdurch sollte nach den Ausführungen des Abgeordneten Zinn (SPD) darauf hingewiesen werden, »daß für uns der Anspruch auf Unteilbarkeit des nach unserer Auffassung staatsrechtlich noch existenten Deutschland unverzichtbar ist, jenes Deutschland, wie es durch die Verfassung von Weimar errichtet oder geschaffen worden ist«[2]. Die unmittelbare rechtliche Bedeutung der Präambel zum Grundgesetz war der Konstituante gegenwärtig. Carlo Schmid hat dies eindrucksvoll formuliert: »Diese Präambel ist mehr als nur ein pathetischer Vorspruch. Sie zählt – und wir sind dabei in vollem Bewußtsein dessen, was geschehen sollte, vorgegangen – die konstitutiven Faktoren auf, die wirksam geworden sind, und sie besagt, was geschaffen werden sollte und was noch nicht geschaffen werden konnte. Diese Präambel enthält ›rechtlich erhebliche Feststellungen, Bewertungen, Rechtsverwahrungen und Ansprüche zugleich‹«[3].

Der Parlamentarische Rat hat demnach die politisch formulierte Alternative »Weststaat oder deutsche Einheit« nicht zugunsten des Weststaates entschieden, sondern nur soweit und unter der Bedingung einen »Weststaat« konstituiert, als dadurch der überkommene deutsche Staat nicht berührt wird. Verfassungs- und Völkerrechtler haben zwei Modelle erarbeitet, die diesen Prämissen gerecht werden; es handelt sich um die Identitätstheorie, wonach die durch das Grundgesetz statuierte staatliche Ordnung mehr oder minder identisch ist mit der größeren Ordnung des deutschen Gesamtstaates, und die sogenannte Teilordnungslehre (auch Dachtheorie genannt), wonach die durch

1 JÖR I, 37 f.
2 JÖR I, 38.
3 JÖR I, 41.

das Grundgesetz geschaffene staatliche Ordnung nicht die des fortbestehenden Gesamtstaates ist, diese jedoch nicht verdrängen, sondern sich ihr gliedstaatsähnlich unterordnen will.

2. Adenauerscher Realismus und Pragmatismus haben die entscheidenden Akzente zugunsten des Identitätsmodells gesetzt – eine trotz zeitgenössischer und späterer Kritik richtige Entscheidung, wenn man den geringen deutschland- und außenpolitischen Spielraum bedenkt, der der Bundesrepublik in der ersten Hälfte der fünfziger Jahre zustand.

Erster Erfolg des Identitätsverständnisses der Bundesregierung war das Abweichen der DDR von ihrer kurzfristig vertretenen Identitätstheorie. Ganz gleich, wie man die Ostverträge wertet, vieles, was Anfang der siebziger Jahre Verhandlungsthema war, wäre niemals Verhandlungsthema zwischen der Bundesrepublik und ihren östlichen Nachbarn geworden, wenn diese Position in den Gründerjahren neuer deutscher Staatlichkeit nicht in zäher staatlicher Selbstbehauptung aufgebaut worden wäre. Daran ändert auch der Hinweis späterer Kritiker der Identitätstheorie nichts, selbst die westlichen Alliierten hätten den Identitätsanspruch der Bundesrepublik rechtlich nicht voll akzeptiert; in der Tat haben auch die drei Westmächte die Bundesregierung niemals als De-jure-Regierung Gesamtdeutschlands anerkannt.

Das Identitätsverständnis wird jedoch getragen vom deutschen Staat und seinen Organen und ist nicht Ausdruck des politischen Willens einer Besatzungsmacht. Hier zeigt sich vielmehr, daß deutsche Staatlichkeit sich uns nicht ausschließlich als Produkt der Siegermächte offenbarte. Trotz des Gebots der Stunde, Deutschlandpolitik unter dem Schirm der Alliierten zu betreiben, hat die Bundesrepublik auch in den ersten Jahren ihrer Existenz immer die notwendige Distanz zu den Siegermächten eingehalten; daß der von Kurt Schumacher gegen Konrad Adenauer gerichtete Vorwurf »Kanzler der Alliierten« in der Deutschlandpolitik letztendlich nicht aufrechterhalten werden kann, zeigt nicht nur die durchaus eigenständige Berlinkonzeption der Bundesrepublik, sondern auch der Umstand, daß die Bundesrepublik trotz ihrer politischen Abhängigkeit den Maßnahmen der Siegermächte nie eine verbindliche Rechtsgrundlage verschafft hat; anders als die DDR hat die Bundesrepublik die einseitigen Regelungen der Siegermächte über Deutschland immer nur als »res inter alios gesta« – als weder Deutschland noch die Bundesrepublik verpflichtende Akte Dritter betrachtet; das ergibt sich z. B. aus der Regierungsbegründung zu Art. 2 Deutschlandvertrag, der die Vorbehalte bezüglich Berlins, Deutschlands als Ganzem und des Friedensvertrages regelt: »Die Bundesrepublik nimmt diese Vorbehalte als eine gegebene Tatsache zur Kenntnis, ohne zu ihren rechtlichen Grundlagen Stellung zu nehmen. Eine Anerkennung der bisherigen Besatzungsgewalt, ihrer Grundlagen und ihrer Tragweite wird nicht ausgesprochen«[4].

International dokumentierter Erfolg dieser konsequenten Haltung war Art. 7 Deutschlandvertrag. In Art. 7 Deutschlandvertrag[5] einigten sich die Westmächte und die Bundesrepublik darauf, »eine zwischen Deutschland und seinen ehemaligen Gegnern frei vereinbarte friedensvertragliche Regelung für ganz Deutschland« anzustreben; »die endgültige Festlegung der Grenzen Deutschlands muß bis zu dieser Regelung aufgeschoben werden«; mit friedlichen Mitteln soll »ein wiedervereinigtes Deutschland, das eine freiheitlich-demokratische Verfassung, ähnlich wie die Bundesrepublik, besitzt und das in die Europäische Gemeinschaft integriert ist«, verwirklicht werden.

4 BT-Drucks. I/3500, Anl. 4, S. 7.
5 BGBl. 1955 II, S. 301, 305.

3. Verlieh das im Grundgesetz festgeschriebene Staatsideal der Bundesrepublik der jungen staatlichen Ordnung im Einklang mit ihrer freiheitlich-demokratischen Grundlegung die entscheidende politische Dynamik, so wurden doch sehr bald auch die Schranken erkennbar, die der fortgeschriebene deutsche Staatsbegriff im innen- wie im außenpolitischen Bereich jeder Bundesregierung setzte – von der Last der Geschichte, die einen (auch befreienden) Neuanfang verstellte, gar nicht zu reden.

a) Die durch das Prinzip der Verfassungsurkunde (Art. 79 GG) festgefügte Ordnung des Grundgesetzes enthält zwar gleichsam eine »Sollbruchstelle«. Nach Art. 146 GG verliert das Grundgesetz seine Gültigkeit an dem Tage, »an dem eine Verfassung in Kraft tritt, die von dem deutschen Volke in freier Entscheidung beschlossen worden ist«; nicht zuletzt deshalb ist die Bundesrepublik als ein »Provisorium« oder »Transitorium« charakterisiert worden. In der politischen Entwicklung der Nachkriegszeit ist jedoch die Schwelle der Neuordnung, das Ende der »Übergangszeit« im Sinne der Präambel, nie erreicht worden. Die Bundesregierung hat deshalb schon in den fünfziger Jahren versucht, sich deutschlandpolitisch einen gewissen Handlungsspielraum zu verschaffen.

b) Das Bundesverfassungsgericht hat sich dieser Tendenz nicht verschlossen.

(1) In seinem berühmten KPD-Urteil[6] hat das Gericht die Rechtspflicht aller politischen Organe der Bundesrepublik, »die Einheit Deutschlands mit allen Kräften anzustreben, ihre Maßnahmen auf dieses Ziel auszurichten und die Tauglichkeit für dieses Ziel jeweils als einen Maßstab ihrer politischen Handlungen gelten (zu) lassen«, mit weiten Ermessensspielräumen für die angesprochenen Staatsorgane umgeben. Den zu politischem Handeln berufenen Organen der Bundesrepublik müsse es überlassen bleiben zu entscheiden, »welche Wege sie zur Herbeiführung der Wiedervereinigung als politisch richtig und zweckmäßig ansehen«.

(2) Im Saarstatuturteil[7] hat das Bundesverfassungsgericht den Aktionsradius der Bundesregierung durch den Rechtfertigungstopos der sogenannten Annäherungstheorie erweitert. Das Grundprinzip für eine Anwendung der Annäherungstheorie ist eine Güterabwägung zwischen dem durch eine verfassungsrechtlich bedenkliche Regelung Erreichten und dem dabei geopferten Verfassungsbestand; diese Abwägung muß aber so deutlich ausfallen, daß von einer Ausnahmesituation gesprochen werden kann, daß ein Festhalten am strikten Verfassungsrecht einen Rigorismus bedeutete, der »sich in dem Satz verdichten ließe: Das Schlechte darf dem Besseren nicht weichen, weil das Beste . . . nicht erreichbar ist«.

c) Weder Annäherungstheorie noch die Reduzierung des »Wiedervereinigungs*gebotes*« der Präambel in der aktuellen Staatspraxis auf ein »Wiedervereinigungsverhinderungs*verbot*« vermochten jedoch einer neuen, an den »Fakten« sich ausrichtenden Deutschlandkonzeption zum Durchbruch zu verhelfen. Im Vorfeld der Deutschland- und Ostpolitik der siebziger Jahre mußten deshalb neue Wege ausgespäht werden. Sie wurden im wesentlichen im Bereich der Rechtsfigur des Bedeutungswandels von Verfassungsnormen und im sogenannten »stillen Verfassungswandel« gesucht.

(1) Ein Bedeutungswandel von Verfassungsnormen tritt nach allgemeiner Auffassung dann ein, wenn sich der tatsächliche Anwendungsbereich der Norm, der »Normbereich«, das »Normfeld« verändert; die Auslegung der Norm selbst muß dann den gewandelten Verhältnissen angepaßt werden, weil die ratio legis (das

[6] BVerfGE 5, 85 (126 f.).
[7] BVerfGE 4, 157 (168 ff.).

»Normprogramm«) gleich bleibt. Am deutschlandrechtlichen Normprogramm hat sich jedoch in den letzten 40 Jahren nichts geändert, da heute wie damals das Programm auf der Spannung zwischen Staatsideal und machtpolitisch gestalteter Wirklichkeit aufbaut und die Konstituante dem freiheitlich konstituierten deutschen Staat anlastet, diese Spannung zu tragen.

(2) Im Zusammenhang mit dem eng auf eine Norm begrenzten Institut des Bedeutungswandels steht das umfassende Institut des »stillen Verfassungswandels«, also der Gedanke einer begrenzten Normänderung durch Wechsel der politischen und gesellschaftlichen Gesamtanschauungen, durch Veränderungen im sogenannten Unterverfassungsrecht. Ein solcher stiller Verfassungswandel soll die Verfassung als lebendiges Gebilde erhalten, auch wenn sich das allgemeine politische und gesellschaftliche Bewußtsein gegenüber der Zeit der Verfassunggebung verändert hat. Eine solche, für die geschichtliche Kontinuität einer Verfassung im gewissen Umfang erforderliche »fließende« Betrachtungsweise versagt aber angesichts des Art. 79 GG (Grundsatz der Verfassungsurkunde) dann, wenn es sich um abrupte, dazu noch von einer Parlamentsmehrheit politisch kontrovers durchgesetzte rechtliche Änderung handelt. Das Prinzip der Verfassungsurkunde soll nämlich gerade verhindern, daß jede Änderung im tatsächlichen Bereich das Normgefüge einer Verfassung verändert.

Hinzu träte noch die Frage, welche Gruppe und welche Mehrheit im Staat überhaupt legitimiert wäre, einen grundlegenden Wandel in den tatsächlichen Gegebenheiten mit Wirkung »erga omnes« festzustellen. Es gibt vor allem keinen »Staat auf Rädern«, dessen Grenzen automatisch dem Wandel außenpolitischer Konstellation folgten. Der Staatsbegriff verdient mindestens denselben Schutz wie seine durch die Verfassung geschaffenen Institutionen. Werden und Vergehen von Staaten sind ein Ereignis, das nicht von einer einfachen Stimmenmehrheit im Parlament abhängig gemacht werden kann.

II.

Die Entscheidungen des Bundesverfassungsgerichts zu den Ostverträgen knüpfen deshalb weder an die Annäherungstheorie noch an die Lehren vom Bedeutungswandel von Verfassungsnormen oder vom stillen Verfassungswandel an.

1. Sowohl der erste[8] wie auch der zweite Senat des Bundesverfassungsgerichts[9] folgen einer restriktiven Interpretation der jeweiligen Vertragstexte. Das Bundesverfassungsgericht nutzte – in Anlehnung an die Vorarbeiten des späteren Bundesverfassungsrichters Helmut Steinberger zur Auslegung des Moskauer Vertrages – die Dissensspielräume, die die Verträge durch ihre unbestimmten Klauseln und Formelkompromisse vermitteln, voll und ganz zugunsten einer verfassungskonformen Interpretation aus. Damit wurden vor allem die in dem Vertragstext integrierten unterschiedlichen Auffassungen zu grundlegenden Rechtsfragen voll transparent. Das Bundesverfassungsgericht zog weiter aus dem Umstand, daß alle Ostverträge von der Bundesregierung als sogenannte »politische« Verträge (Art. 59 Abs. 2 S. 1 1. Alt. GG) konzipiert worden waren, die logische Folgerung, daß sie nicht »gesetzesinhaltlich« sein konnten. Die Verträge dürfen deshalb nicht so ausgelegt werden, als machten sie eine Änderung des in der Bundesrepublik geltenden Rechts erforderlich.

[8] Grundvertragsurteil vom 31. Juli 1973, BVerfGE 36, 1 ff.

[9] Ostvertragsbeschlüsse vom 7. Juli 1975, BVerfGE 40, 141 ff.

2. Die restriktive Interpretation der Ostverträge durch das Bundesverfassungsgericht führte zu den folgenden deutschlandrechtlich wichtigen Erkenntnissen:

a) In den Ostvertragsbeschlüssen betont das Bundesverfassungsgericht, daß »die Gebiete östlich von Oder und Neiße mit dem Inkrafttreten der Ostverträge« nicht »aus der rechtlichen Zugehörigkeit zu Deutschland entlassen und der Souveränität, also sowohl der territorialen wie der personalen Hoheitsgewalt der Sowjetunion und Polens, endgültig unterstellt worden seien«[10].

b) Das Grundvertragsurteil enthält eine Fülle wichtiger Entscheidungen zum Verhältnis der Bundesrepublik und der DDR:

(1) Die rechtliche Einheit Deutschlands bleibt gewahrt; hieraus ergeben sich folgende schwerwiegende Konsequenzen:
- die »Deutsche Nation« (für Gesamtdeutschland) wird auch als ein Synonym für das »Deutsche Staatsvolk« verstanden; die Viermächteverantwortung für Gesamtdeutschland erscheint deshalb nicht als letzte rechtliche Klammer für die Fortexistenz Gesamtdeutschlands, sondern als eine völkerrechtliche neben der staatsrechtlichen,
- die in Art. 3 Abs. 2 Grundvertrag erwähnte Grenze wird als »staatsrechtliche Grenze« innerhalb eines Gesamtstaates definiert,
- eine völkerrechtliche Anerkennung der DDR durch die Bundesrepublik ist nach dem Urteil nicht nur nicht ausgesprochen worden, sondern kommt für die Bundesregierung auch künftig nicht in Betracht; die DDR gehört zu Deutschland und darf in ihren Beziehungen zur Bundesrepublik nicht Ausland sein,
- andererseits ist die DDR »im Sinne des Völkerrechts ein Staat« und als solcher Völkerrechtssubjekt; für den Grundvertrag gelten deshalb die Regeln des Völkerrechts, und er hat Geltungskraft wie jeder andere völkerrechtliche Vertrag. Es gilt aber auch hier die Besonderheit, daß Bundesrepublik und DDR »Teile eines noch immer existierenden, wenn auch handlungsunfähigen, umfassenden Staates Gesamtdeutschland sind . . .« und deshalb »vor allem Inter-se-Beziehungen« geregelt werden.

(2) Die verschiedenen Erkenntnisse des Urteils lassen sich nur schwer zu einer in sich schlüssigen »Deutschlandtheorie« des Bundesverfassungsgerichts verfugen, da – wie bei allen Entscheidungen des Gerichts – die Lösung praktischer Fragen im Vordergrund steht. Das Grundvertragsurteil enthält – wie von Kommentatoren kritisch bemerkt wurde – sowohl Elemente der Identitäts- wie auch der Teilordnungslehre, die zumindest theoretisch nur schwer auf einen Nenner gebracht werden können:
- Für die Identitätstheorie sprechen die Ausführungen im Abschnitt B III 1 des Urteils: »Die Bundesrepublik Deutschland« ist also nicht »Rechtsnachfolger« des Deutschen Reiches, sondern als Staat identisch mit dem Staat »Deutsches Reich« . . ., ferner die Ausführungen im Teil B V 4 zu Art. 23 GG: »Diese Aufnahme der anderen Teile Deutschlands in einen freien deutschen Staat, der rechtlich auch nach Inkrafttreten des Vertrages möglich bleiben muß, ist die grundgesetzlich gebotene Rechtsauffassung.«
- Für die Teilordnungslehre lassen sich ebenso viele Belege finden: Bundesrepublik Deutschland und DDR sind »zwei Staaten, die Teile eines noch immer existierenden . . . umfassenden Staates Gesamtdeutschland . . . sind« (B IV 3); mit der Errichtung der Bundesrepublik Deutschland »wurde nicht ein neuer

[10] BVerfGE 40, 171, bestätigt durch BVerfGE 53, 164 (175).

westdeutscher Staat gegründet, sondern ein Teil Deutschlands neu organisiert« (B III 1); die Bundesrepublik Deutschland »umfaßt also, was ihr Staatsvolk und ihr Staatsgebiet anbelangt, nicht das ganze Deutschland« (B III 1), sondern ist mit der DDR ein Staat auf »gesamtdeutschem Fundament«.

- Es liegt deshalb nahe – wie dies auch im Schrifttum öfters geschehen ist –, Identitätstheorie und Teilordnungslehre zu einer neuen Teilidentitätslehre zusammenzufassen. Auch das Bundesverfassungsgericht verwendet in bezug auf die räumliche Ausdehnung der Bundesrepublik den Begriff »teilidentisch« (B III 1). Dies erscheint grundsätzlich akzeptabel, wenn man die Teilidentität nicht als Neutrum zwischen Identität und Nichtidentität auffaßt. »Teilidentität« bedeutet für das Bundesverfassungsgericht grundsätzlich Identität zwischen Bundesrepublik Deutschland und dem Deutschen Reich; im Hinblick auf die faktische Lage werden jedoch (ähnlich wie beim Status von Berlin nach Art. 23 GG) nicht all die staats- und völkerrechtlichen Konsequenzen gezogen, die sich an sich aus der Identität von Völkerrechtssubjekten ergäben und die in den fünfziger Jahren durch die politische These vom »Alleinvertretungsanspruch« (B III 2, am Ende) mehr akzentuiert wurden, als dies nunmehr im Rahmen der »neuen« deutschen Ostpolitik gerechtfertigt erscheint: »Die Bundesrepublik Deutschland umfaßt, was ihr Staatsvolk und ihr Staatsgebiet anbelangt, nicht das ganze Deutschland« (B III 1)[11]. Durch diese Einschränkung, was die Auswirkungen anbelangt, wird das Selbstverständnis der Bundesrepublik sehr nahe an das der Teilordnungslehre herangeführt, ohne aber das gesamtdeutsche Element ausschließlich den Siegermächten zu überantworten und dadurch ein »nationalstaatliches Vakuum« und die Chance für einen sozialistischen Nationalstaat entstehen zu lassen.

c) Das Land Berlin ist nach dem Grundvertragsurteil grundsätzlich weiterhin Teil der Bundesrepublik Deutschland im Sinne von Art. 23, 144 GG: »Der Status des Landes Berlin der Bundesrepublik Deutschland ist nur gemindert und belastet durch den sogenannten Vorbehalt der Gouverneure der Westmächte« (B III 1); »bei jedem Abkommen und bei jeder Vereinbarung mit der DDR, die ihrem Inhalt nach auf das Land Berlin und seine Bürger ausgedehnt werden können«, muß Berlin mit einbezogen werden (B V 8).

d) Der Fortbestand des Rechtssubjekts »Deutschland in den Grenzen vom 31. Dezember 1937« liefert auch die juristische Basis für den Fortbestand der deutschen Staatsangehörigkeit als des heute entscheidenden und sichtbaren Momentes personaler Verknüpfung aller Deutschen.

   (1) Im Grundvertragsurteil wird hierzu im Anschluß an den Protokollvermerk der Bundesrepublik zum Grundvertrag, daß »Staatsangehörigkeitsfragen durch den Vertrag nicht geregelt worden sind«, ausgeführt: »Art. 16 GG geht davon aus, daß die ›deutsche Staatsangehörigkeit‹, auf die auch in Art. 116 Abs. 1 GG Bezug genommen ist, zugleich die Staatsangehörigkeit der Bundesrepublik Deutschland ist. Deutscher Staatsangehöriger i. S. des GG ist also nicht nur der Bürger der Bundesrepublik Deutschland . . .; ›unbeschadet jeder Regelung des Staatsangehörigkeitsrechts in der DDR‹ muß die Bundesrepublik ›jeden Bürger

[11] In diesem Sinne nunmehr die sog. »Teso-Entscheidung« des Bundesverfassungsgerichts (Beschluß vom 21. 10. 1987 – 2 BvR 373/83 = JZ 1988, S. 144 ff.): Das Gericht geht aus von der »völkerrechtlichen Subjektsidentität der Bundesrepublik mit dem 1871 gegründeten deutschen Staat«, betont aber gleichzeitig die Beschränkung der gebietsbezogenen Hoheitsgewalt der Bundesrepublik auf den räumlichen Anwendungsbereich des Grundgesetzes.

der DDR, der in den Schutzbereich der Bundesrepublik und ihrer Verfassung gerät, gem. Art. 116 Abs. 1 und 16 GG als Deutschen wie jeden Bürger der Bundesrepublik behandeln‹ (B V 5). Auch im Hinblick auf den diplomatischen Schutz darf es für die Bundesrepublik auch künftig keinen rechtlichen Unterschied zwischen den Bürgern der Bundesrepublik und den ›anderen Deutschen‹ geben« (B V 7).

(2) In den Ostvertragsbeschlüssen wird ergänzend hierzu ausgeführt, daß die Bundesrepublik Deutschland – im Gegensatz zur DDR – an der »gesamtdeutschen Staatsangehörigkeit i. S. des Reichs- und Staatsangehörigkeitsgesetzes von 1913« festhält: »Weder die Maßnahmen des polnischen Gesetzgebers noch das Staatsbürgerschaftsgesetz der DDR von 1967 haben dazu führen können, daß die deutsche Bevölkerung in den Gebieten östlich von Oder und Neiße sowie der DDR die deutsche Staatsangehörigkeit verloren hat.«

(3) Die restriktive Interpretation der Ostverträge führt zu erheblichen Spannungen. Die Spannungen zwischen dem alle Staatsorgane verpflichtenden deutschen Staatsverständnis und den von deutschen Staatsorganen aktiv mitgestalteten außenpolitischen »Realitäten« waren zu keinem Zeitpunkt in der deutschen Verfassungsgeschichte größer als heute. Das Bundesverfassungsgericht weiß, daß sein Richterspruch allein trotz seiner umfassenden Bindungswirkung einen von Staat und Gesellschaft insgeheim propagierten Angleichungsprozeß in der deutschen Frage nicht aufzuhalten vermag; die verfassungsgerichtlichen Erkenntnisse bedürfen der Umsetzung im politischen Alltag: »Das Bundesverfassungsgericht kann dem Gesetzgeber erst entgegentreten, wenn er die Grenzen (seines) Ermessens eindeutig überschreitet, wenn seine Maßnahme also rechtlich oder tatsächlich einer Wiedervereinigung in Freiheit offensichtlich entgegensteht . . . Die Bundesregierung hat . . . in eigener Verantwortung zu entscheiden, mit welchen politischen Mitteln und auf welchen politischen Wegen sie das nach dem Grundgesetz gebotene Ziel der Wiedervereinigung zu erreichen oder ihm wenigstens näherzukommen versucht« (B III 2). Das Bundesverfassungsgericht kann nur auf die deutschlandrechtlichen und deutschlandpolitischen Pflichten aller Verfassungsorgane mit Nachdruck verweisen: »Kein Verfassungsorgan der Bundesrepublik Deutschland darf die Wiederherstellung der staatlichen Einheit als politisches Ziel aufgeben, alle Verfassungsorgane sind verpflichtet, in ihrer Politik auf die Erreichung dieses Zieles hinzuwirken – das schließt die Forderung ein, den Wiedervereinigungsanspruch im Inneren wachzuhalten und nach außen beharrlich zu vertreten – und alles zu unterlassen, was die Wiedervereinigung vereiteln würde . . .« (B III 2).

III.

Für den Betrachter der deutschlandpolitischen Szene erscheinen heute Aspekte einer weiteren Desintegration Gesamtdeutschlands virulenter als alle Elemente und Möglichkeiten seiner Reorganisation: »Wiedervereinigung keine Vision mehr« – so der Kanzlerkandidat der größten Oppositionspartei in der letzten Phase des vergangenen Wahlkampfs; Vorüberlegungen zu einer Streichung des Wiedervereinigungsgebots aus unserer Verfassung bei SPD und Grünen. Einer realistischen Betrachtung der Rekonstruktionsmöglichkeiten muß deshalb die Frage vorgeschaltet werden: Können die durch die Rechtsprechung des Bundesverfassungsgerichts akzentuierten deutschlandrechtlichen Bande durch eine Verfassungsänderung (z. B. durch die Streichung des Wiedervereingungsgebots in der Präambel) abgestreift werden, oder gibt die Präambel dem Grundgesetz einen unabänderlichen Rahmen, den auch der verfassungsändernde Gesetzgeber nach Art. 79 GG nicht zu sprengen vermag?

1. Die Fragestellung verweist sowohl auf das Staatsrecht der Bundesrepublik Deutschland als auch auf Grundsätze der allgemeinen Staatslehre.

a) Eine Besonderheit des Grundgesetzes besteht darin, daß nicht all seine Vorschriften mit der üblichen Zweidrittelmehrheit (Art. 79 Abs. 1) geändert werden können; nach Art. 79 Abs. 3 gibt es »verfassungsfestes« Verfassungsrecht; so stehen z. B. Art. 1 und 20 (nicht aber expressis verbis die Präambel) unter der sog. »Ewigkeitsgarantie«. Daß das Wiedervereinigungsgebot als solches nicht zu den verfassungsfesten Verfassungsnormen gezählt wird, schließt nicht aus, daß einige seiner Teilaspekte absolut schützenswert erscheinen.

(1) Art. 79 Abs. 3 zählt zu den änderungsfesten Verfassungsnormen den Art. 1 GG. Art. 1 Abs. 2 GG lautet: »Das deutsche Volk bekennt sich . . . zu unverletzlichen und unveräußerlichen Menschenrechten als Grundlage . . . des Friedens und der Gerechtigkeit in der Welt.«

Das mit dem Wiedervereinigungsgebot eng verknüpfte Selbstbestimmungsrecht des deutschen Volkes zählt zu den grundlegenden Menschenrechten, was schon darin seinen Ausdruck findet, daß die beiden großen UN-Menschenrechtskonventionen das Selbstbestimmungsrecht an die Spitze des Katalogs bürgerlicher, politischer bzw. sozialer Grundrechte gestellt haben.

(2) Art. 79 Abs. 3 sieht weiter im Demokratieprinzip einen unveräußerlichen Grundsatz. Auch die freie Selbstbestimmung des deutschen Volkes ist letztlich Ausdruck demokratischer Willensbildung; die Bindung des deutschen Volkes an die freiheitlich-demokratische Gestaltung wird in Art. 146 besonders unterstrichen. Der notwendige innere Zusammenhang zwischen Selbstbestimmungsrecht und Demokratieprinzip wird heute allgemein in der internationalen Resolutionspraxis anerkannt.

Das Selbstbestimmungsrecht des gesamten deutschen Volkes (3. Präambel-Satz) ist zwar vom Rechtsträger her nicht identisch mit dem Grundsatz demokratischer Willensbildung in der Bundesrepublik (Art. 20 Abs. 2); die Nichtbeachtung des Selbstbestimmungsrechts des deutschen Volkes durch ein Verfassungsorgan der Bundesrepublik verstieße jedoch nicht nur gegen das völkerrechtlich verankerte Selbstbestimmungsrecht, sondern »berührte« zumindest auch den Demokratiegrundsatz in der Bundesrepublik.

b) Aber auch über die konkrete Normierung verfassungsfesten Verfassungsrechts hinaus bleibt der verfassungsändernde Gesetzgeber (»pouvoir constitué«) an die vom Verfassunggeber (»pouvoir constituant«) bereits vorgefundenen und akzeptierten allgemeinen Rahmenbedingungen staatlicher Gestaltung gebunden. Die Väter des Grundgesetzes haben die gesamtdeutschen Vorgaben neuer staatlicher Gestaltung nach dem Zusammenbruch des Nazi-Regimes in der Präambel zum Grundgesetz (gleichsam vor der Klammer, die das Aggregat einzelner Verfassungsbestimmungen enthält) zusammengefaßt und damit der Disposition des verfassungsändernden Gesetzgebers entzogen. Sich vom Wiedervereinigungsgebot der Präambel (das über die Art. 16, 116, 23 und 146 weit in den operativen Teil unserer Verfassung ausstrahlt) zu trennen, bedeutete einen so elementaren Eingriff in die Verfassungssubstanz und das deutsche Staatsverständnis, daß er nur auf revolutionärem Weg erfolgen könnte.

2. Ausgangspunkt für die Reorganisation Deutschlands ist das »Offensein« der ganzen deutschen Frage. Während für die Bundesrepublik Deutschland innerstaatlich die deutsche Frage im Sinne der freiheitlich-demokratischen Grundordnung des Grundgesetzes

zumindest zunächst entschieden ist, ist sie im zwischenstaatlichen Bereich noch offen. Wenn hier vom »Offensein« und »Offenhalten« der deutschen Frage gesprochen wird, sind spezifische deutschlandpolitische und deutschlandrechtliche Elemente gemeint, die über den immer möglichen Wandel zwischenstaatlicher Verhältnisse hinaus den fortbestehenden deutschen Staat absichern. Sie werden von der Erfahrung getragen, daß das Entstehen wie Untergehen eines Staates ein historisches Ereignis ist, das nicht von einer mehr oder minder zufälligen politischen Konstellation mit rechtlicher Bindung für alle künftigen Generationen bestimmt werden kann. Für ein weiteres »Offensein« der deutschen Frage in diesem spezifischen Sinne sprechen die folgenden Gesichtspunkte:

a) Durch die Ostverträge verfügt die Bundesrepublik Deutschland nicht über deutsche Gebiete. Dies ergibt sich eindeutig aus dem Wortlaut der gebietsbezogenen Regelungen der einzelnen Verträge.
   Die Bundesrepublik Deutschland und ihre Vertragspartner »betrachten« lediglich bestehende Grenzen (Art. 3, letzter Satz Moskauer Vertrag), »stellen« einen bestehenden Grenzverlauf »übereinstimmend fest« (Art. I Abs. 1 Warschauer Vertrag), »bekräftigen« die Unverletzlichkeit der zwischen ihnen bestehenden Grenzen (Art. 3 Abs. 2 Grundvertrag). Von Gebietsveränderungen, insbesondere von Gebietsabtretungen ist nicht mehr die Rede. Dies wäre auch nicht im Interesse der östlichen Vertragspartner der Bundesregierung gewesen, die ihre Gebietsansprüche aus dem Potsdamer Übereinkommen und nicht aus Verfügungen der Bundesrepublik Deutschland herleiten wollen.
b) Die Bundesrepublik Deutschland spricht in den erwähnten Bestimmungen auch keine förmliche völkerrechtliche Anerkennung des bestehenden beiderseitigen Besitzstandes aus.
   (1) Deutscherseits wurde das außenpolitisch an sich naheliegende Wort »Anerkennung« bewußt vermieden. Eine derartige Anerkennung kann auch nicht konkludent dem in den Verträgen ausgesprochenen Verzicht auf Gebietsansprüche entnommen werden.
   Die Bundesregierung hat schon in der Phase der Vertragsverhandlungen die Akzente auf den Gewaltverzicht, nicht aber auf die Statusproblematik gelegt. Die Entschließung des Deutschen Bundestages vom 10. Mai 1972 zu den Verträgen von Moskau und Warschau[12], die auch den Vertragspartnern vor der Ratifizierung der Verträge zur Kenntnis gebracht wurde, erklärt eindeutig: »Die Verträge nehmen eine friedensvertragliche Regelung für Deutschland nicht vorweg und schaffen keine Rechtsgrundlage für die heute bestehenden Grenzen.« Vor dem Bundesrat erklärte der seinerzeitige Minister des Auswärtigen, Scheel, der jeweils die entscheidenden Verhandlungen zum Moskauer und Warschauer Vertrag geführt hatte, am 9. Februar 1972[13]: »Manche Kritiker haben dennoch versucht, in die Verträge den Begriff der Grenzanerkennung durch die Bundesrepublik hineinzulegen und die Verträge als Grenzverträge zu apostrophieren. Seltsam ist nur, daß die Verträge nirgendwo von Anerkennung sprechen . . . Einige Kritiker haben sich, meine Damen und Herren, sogar zu der Behauptung verstiegen, mit den Grenzartikeln der beiden Verträge verzichte die Bundesrepublik auf deutsches Gebiet und auf die Wiedervereinigung. Da kann man nur fragen: Wo steht denn das eigentlich in den Verträgen?«

12 Deutscher Bundestag – 6. Wahlperiode – 187. Sitzung, Stenographischer Bericht, S. 10 960, Anlage 6 (Umdruck 287).

13 BT-DS 6/3157.

(2) Auch die östliche Seite hat vor dem Abschluß der Verträge diese für die Bundesrepublik verfassungsrechtlich einzig mögliche Vertragskonzeption zur Kenntnis genommen.
Der sowjetische Außenminister Andrej Gromyko erklärte am 29. Juli 1970 gegenüber Bundesaußenminister Walter Scheel zur Frage der Anerkennung der Grenzen folgendes: »Wir sind Ihnen entgegengekommen in der Grenzfrage, als wir den Begriff Anerkennung fallengelassen haben. Das war für uns ein sehr komplizierter und politisch schmerzhafter Prozeß«[14].

(3) Die sowjetische Erklärung hat die östliche Seite allerdings nicht daran gehindert, auch nach Inkrafttreten der Verträge ihr politisch nie aufgegebenes Konzept, die rechtliche Anerkennung der Grenzen ohne eine friedensvertragliche Regelung durchzusetzen, weiter zu verfolgen. Vor allem die DDR und Polen haben im 5. Absatz der Präambel zum Warschauer Vertrag (»Achtung der territorialen Integrität und Souveränität aller Staaten in Europa in ihren gegenwärtigen Grenzen«) eine geeignete Anknüpfung für ihre Argumentation gesehen und auch in der Bundesrepublik politische Gefolgschaft gefunden.
Diese extensive Auslegung der gebietsbezogenen Regelungen des Warschauer Vertrages verkennt jedoch die für jede Interpretation von Rechtsvorschriften wichtigen näheren Umstände beim Zustandekommen der Vertragsnorm. In den Verhandlungen, die zum Abschluß des Warschauer Vertrags geführt haben, ist von der polnischen Seite mehrfach der Wunsch geäußert worden, die Achtung der Souveränität (als Ergänzung zur territorialen Integrität) in die gebietsbezogenen Regelungen des Vertrages (Art. I) mit einzubeziehen. Dies hat seinerzeit die deutsche Verhandlungsdelegation unter Egon Bahr und v. Duckwitz kategorisch abgelehnt, da eine uneingeschränkte Achtung der Souveränität der Vertragsstaaten in ihren bestehenden Grenzen der Unberührtheitsklausel des Artikels IV Warschauer Vertrag und den fortbestehenden Vier-Mächte-Rechten widersprochen hätte. Rechtlich spielt es nämlich eine entscheidende Rolle, ob ein Gesichtspunkt in der Präambel oder im sogenannten operativen Teil, also im eigentlichen Vertragstext, geregelt wird. In den Präambeln zu völkerrechtlichen Verträgen werden üblicherweise *allgemeine* Grundsätze angesprochen, die nicht in Zeit und Raum näher konkretisiert werden; so verhält es sich auch bei der in Absatz 5 der Präambel getroffenen Feststellung, in der nur von einem »Bewußtsein« (im Gegensatz zur Regelung), von »Achtung« (im Gegensatz zur Anerkennung), von »Bedingung für den Frieden« (im Gegensatz zur konkreten Grenzsituation) gesprochen wird.
Dem erneuten Aufgreifen der Formel in der gemeinsamen Erklärung über das Gespräch des Bundeskanzlers mit dem Staatsratsvorsitzenden der DDR in Moskau am Rande der Trauerfeierlichkeiten für den verstorbenen Generalsekretär des ZK der KPdSU, Tschernenko, vom 12. März 1985: »Die Unverletzlichkeit der Grenzen und die Achtung der territorialen Integrität und der Souveränität aller Staaten in Europa in ihren gegenwärtigen Grenzen sind eine grundlegende Bedingung für den Frieden«[15] kann deshalb auch nur politische, nicht aber rechtliche Bedeutung für die Grenzfrage beigemessen werden. Jede andere Auslegung verstieße gegen die in den Text der Verträge aufgenommene Unberührtheitsklausel, worauf die deutsche Delegation bei den Verhandlungen zum Warschauer Vertrag seinerzeit schon ausdrücklich hingewiesen hat.

[14] AdG 1971, S. 16 756.
[15] Bulletin des Presse- und Informationsamtes der Bundesregierung vom 14. 3. 1985, Nr. 28, S. 230.

Dementsprechend hat Bundeskanzler Kohl 1986 in einer Äußerung gegenüber dem polnischen Außenminister klargestellt, daß es keine für Deutschland schädlichen »Nachbesserungen« der Verträge geben kann.

(4) In jüngster Zeit ist wiederholt versucht worden, die »Unveränderlichkeit« der Grenzen in Mitteleuropa durch eine neben das rechtliche Gebundensein (»pacta sunt servanda«) tretende sog. *»politische«* Bindungswirkung der Ostverträge zu erreichen.[16] Die Überlegungen knüpfen an die Feststellung des CDU-Bundestagsabgeordneten Rühe an, »daß der Warschauer Vertrag mit Polen eine politische Bindungswirkung hat, die auch von einem wiedervereinigten Deutschland nicht ignoriert werden könnte«.

Die Erörterung der Reichweite der Bindungswirkung der Ostverträge erfordert ein *differenziertes* Eingehen auf einen vielschichtigen Fragenkomplex; jedes Pauschalurteil muß deshalb zwangsläufig zu Fehleinschätzungen führen. Die Ausgangsfrage lautet: In welchem Punkt des jeweiligen Vertrages wird (1) die Bundesrepublik Deutschland, (2) das wiedervereinigte Deutschland (a) rechtlich und (b) politisch gebunden.

(a) Die Überprüfung der gebietsbezogenen Regelungen der Ostverträge macht deutlich, daß durch sie weder die Bundesrepublik noch die Vier Mächte, die Verantwortung für Deutschland als Ganzes tragen, noch der »gesamtdeutsche Souverän« gebunden werden. Mit den Ostvertragsbeschlüssen von 1975 hat das Bundesverfassungsgericht eine Konzeption zurückgewiesen, wonach der Warschauer Vertrag eine, wenn auch nur aufschiebend bedingte territoriale Regelung enthält; das Bundesverfassungsgericht ist der These, daß die Ostgebiete zumindest bis zum Abschluß des Friedensvertrags mit Deutschland polnisch seien, mit der Feststellung entgegengetreten, daß diese Gebiete durch den Warschauer Vertrag nicht aus dem deutschen Staatsverband ausgegliedert werden. Bindungswirkungen ergeben sich dagegen in anderen Bereichen, z. B. bei der Achtung des Gewaltanwendungsverbotes und der Menschenrechte.

(b) Politische Bindungen sollten im Zusammenhang mit der Auslegung von Verträgen, die letztlich nur nach *rechtlichen* Kriterien erfolgen kann, nur angesprochen werden, wenn gleichzeitig der grundsätzliche Unterschied zwischen rechtlichen und politischen Verpflichtungen verdeutlicht wird. Die politische Bindung reflektiert immer nur die konkrete außenpolitische Lage, der sie verpflichtet ist (die Besonderheit der rechtlichen Bindung besteht darin, daß sie Verbindlichkeit in den zwischenstaatlichen Beziehungen ohne Rücksicht auf die außenpolitische Lage fordert!). Eine politische Bindung des wiedervereinigten Deutschlands an die Ostvertragspolitik der Bundesrepublik oder gar an gebietsbezogene Regelungen oder Zusagen, die außerhalb des Geltungsbereichs des Grundgesetzes liegende Territorien betreffen, hätte demnach zur Voraussetzung, daß das wiedervereinigte Deutschland politisch schon in das Ostvertragskonzept einbezogen wäre. Dies ist aber schon wegen des Dissenses über die Existenz Gesamtdeutschlands erkennbar nicht der Fall. Sollte der Wiedervereinigungsprozeß tatsächlich in Gang kommen, so dürfte er nach einer politischen Gesetzmäßigkeit ablaufen, die nicht mit der der sozialliberalen Ostpolitik oder der derzeitigen sowjetischen Westpolitik identisch ist, zumindest aber weit über diese hinausführt.

[16] Vgl. z. B. den Leitartikel von Hermann Rudolph »Bindewirkung – Nerv der Ostpolitik« in SZ Nr. 23 vom 29. Januar 1987, S. 4.

(c) Die Wiedervereinigung Deutschlands und der mit ihm abzuschließende Friedensvertrag können deshalb nicht durch die Ostvertragspolitik präjudiziert werden. Aus der Sicht der Ostverträge sind Wiedervereinigung und Friedensvertrag in jeder Hinsicht des Wortes politisch »offen«. Hier können sich Bindungswirkungen für die Bundesregierung nur aus der verfassungsmäßigen Ordnung der Bundesrepublik Deutschland (vgl. Art. 146 GG) und aus den gegenüber den westlichen Alliierten eingegangenen Verpflichtungen (Art. 2, 7 Deutschlandvertrag) ergeben – Bindungen, die von den Ostverträgen nicht berührt werden. Propagiert man politische Bindungen, wo rechtliche Bindungen bewußt vermieden wurden, so setzt man sich dem Vorwurf des widersprüchlichen Verhaltens aus, das schließlich dort zu einer extensiven Vertragsauslegung führt, wo Bundesverfassungsgericht und Parlamentsentschließung (»modus vivendi«) eine restriktive Interpretation festgeschrieben haben.

c) Alle für Deutschland in seinen Grenzen vom 31. 12. 1937 wesentlichen Rechtspositionen werden durch sog. »Unberührtheitsklauseln« abgesichert.

(1) Derartige Unberührtheitsklauseln enthalten die Art. 4 Moskauer Vertrag, IV Warschauer Vertrag, 9 Grundvertrag (eine entsprechende Regelung fehlt dagegen beim Prager Vertrag, da die Nichtigkeit des Münchner Abkommens Deutschland in seinen Grenzen vom 31. Dezember 1937 nicht berührt).

(2) In den Vier-Mächte-Abkommen über Berlin ist die Unberührtheitsklausel im letzten Satz der Präambel (»unbeschadet ihrer Rechtspositionen«) und in Ziff. 3 von I (wonach die »Rechte und Verantwortlichkeiten unverändert bleiben«) enthalten.

(3) Anläßlich des UNO-Beitritts der beiden deutschen Staaten »bekräftigen« die Vier Mächte in einer Erklärung, die als UNO-Dokument zirkulierte, »daß diese Mitgliedschaft die Rechte und Verantwortlichkeiten der Vier Mächte und die entsprechenden diesbezüglichen vierseitigen Vereinbarungen, Beschlüsse und Praxis in keiner Weise berühren darf«[17]. UN-rechtlich wird diese Erklärung durch die sog. Feindstaatenartikel (Art. 53 und 107 UN-Charta) abgesichert, die die Fortexistenz Deutschlands als »Feindstaat« zur Voraussetzung haben.

(4) Schließlich enthält auch das Prinzip X des Prinzipienkatalogs der KSZE-Schlußakte eine Unberührtheitsklausel; sie ist in der Feststellung der Teilnehmerstaaten enthalten, »daß die vorliegende Erklärung weder ihre Rechte und Verpflichtungen noch die diesbezüglichen Verträge und Abkommen und Abmachungen berührt«. Die Unberührtheitsklausel besagt, daß Rechtspositionen der Vertragsparteien aus früheren Verträgen oder auch Abmachungen, die die Vertragsparteien nur betreffen, unberührt bleiben, d. h. im Konfliktfalle praktisch Vorrang gegenüber den neuerlich getroffenen Vereinbarungen haben sollen.

3. Die Unberührtheitsklauseln der Ostverträge haben in erster Linie die Aufgabe, die Vier-Mächte-Rechte – auch über die Entspannungs- und Normalisierungspolitik hinweg – fortzuschreiben. Dies führt – da Deutschland als Ganzes als Bezugsobjekt dieser Verantwortlichkeit mit den Vier-Mächte-Rechten rechtlich untrennbar verbunden ist – zu einer ungewöhnlichen Relativierung des operativen Vertragstextes.

a) Die Vier-Mächte-Rechte und Verantwortlichkeiten werden damit gleichzeitig zu einem wichtigen Element der Reorganisierung Gesamtdeutschlands. Eine konstruktive Deutschlandpolitik gebietet allerdings, daß die verantwortlichen Organe in der Bundesrepublik es nicht beim vermeintlichen »Vorteil, nicht ganz souverän zu sein«,

[17] AdG 1972, S. 17 457.

belassen. Auch muß vor einer romantisierenden Überbewertung der Vier-Mächte-Rechte gewarnt werden; schon die nicht wegzudiskutierende maßgebliche Teilnahme der UdSSR an diesen Rechtspositionen läßt es nicht zu, die Vier-Mächte-Rechte zu etwas wie der Krone im britischen Commonwealth of Nations zu verflechten.

Das Bundesverfassungsgericht hat deshalb auch zu Recht festgestellt, es sei verfassungswidrig, »wenn die Verweisung auf die Vier-Mächte-Verantwortung für Gesamtdeutschland bedeuten würde, künftig sei sie allein noch eine (letzte) rechtliche Klammer für die Fortexistenz Gesamtdeutschlands«. Verfassungskonform ist die Verweisung auf die Vier-Mächte-Verantwortung nur, wenn sie eine weitere Rechtsgrundlage für das Bemühen der Bundesrepublik um Wiedervereinigung bildet, »nämlich eine völkerrechtliche neben der staatsrechtlichen Klammer«[18]. Hieraus ergeben sich politische wie rechtliche Konsequenzen:

Deutschlandpolitik kann und darf nach dem Grundvertragsurteil niemals ausschließlich darin bestehen, die diesbezüglich gestaltenden politischen Verantwortlichkeiten auf die Vier-Mächte-Ebene zu transponieren; die Bundesregierung hat vielmehr die Verpflichtung, auf der Grundlage des Deutschlandvertrages die drei Westmächte zu einem verfassungskonformen Gebrauch ihrer Vorbehaltsrechte in bezug auf Deutschland als Ganzes anzuhalten.

Die Vier-Mächte-Rechte sind nach dem Grundvertragsurteil weder ausschließlich bestimmend für unser Selbstverständnis (das muß immer autochthon bleiben!) noch ein Superverfassungsrecht. Die Bundesregierung leistet ihren Eid auf das Grundgesetz, nicht auf die Vier-Mächte-Rechte. Die Vier-Mächte-Rechte sind Funktion unseres Selbstverständnisses – nicht umgekehrt.

Grundgesetz und Vier-Mächte-Rechte sind – wie innerstaatliches Recht und Völkerrecht – grundsätzlich zwei getrennte Normkomplexe, die – jeweils von ihrem Standpunkt aus – Herrschaft über einen Gegenstand beanspruchen können. Die Vier-Mächte-Rechte überlagern damit als Besatzungsrecht kraft Effektivität das Verfassungsrecht, löschen es aber in seiner innerstaatlich verpflichtenden Existenz nicht aus.

b) Mittel zur Reorganisation Deutschlands sind all die Elemente, die den »friedlichen Wandel« (peaceful change) in Europa gewährleisten.

   (1) Die Ostverträge und die KSZE-Schlußakte enthalten keine Garantie der Grenzen in Mitteleuropa. Insbesondere gibt es für die beiden deutschen Staaten kein »Anschlußverbot«, wie dies aufgrund des österreichischen Staatsvertrages[19] für das wiederhergestellte Österreich gilt.

   In einer Erklärung, die der sowjetische Außenminister am 29. Juli 1970 Bundesaußenminister Scheel gegenüber einer einvernehmlichen Grenzänderung und Wiedervereinigung Deutschlands abgegeben hat, wird dies ausdrücklich bestätigt.[20] Das Prinzip der friedlich-einvernehmlichen Grenzänderung hat auch im Prinzip I des Prinzipienkatalogs der KSZE-Schlußakte seinen Niederschlag gefunden.

   (2) Die wichtigste Institution des friedlichen Wandels ist im geltenden Völkerrecht das Selbstbestimmungsrecht der Völker. Trotz der Fortexistenz des deutschen Gesamtstaates als einer noch bestehenden völkerrechtlichen Klammer kann der

18 BVerfGE 36, 19.
19 Österr. BGBl. Nr. 152/55.
20 AdG 1971, S. 16 756.

Wiedervereinigungsprozeß auch auf das Selbstbestimmungsrecht des deutschen Volkes gestützt werden.[21]

(a) Das Wiedervereinigungsstreben könnte damit an der politischen Dynamik partizipieren, die heute das Selbstbestimmungsrecht der Völker weltweit zu entfalten vermag. Das Selbstbestimmungsrecht der Völker ist dem Prinzip nach in allen Ostverträgen verankert; im Moskauer und Warschauer Vertrag durch die Bezugnahme auf die Ziele und Grundsätze der Charta der Vereinten Nationen (Art. 2 bzw. II), zu denen auch das Selbstbestimmungsrecht zählt; im Grundvertrag wird das Selbstbestimmungsrecht in Art. 2 als ein die Vertragsstaaten leitendes Prinzip expressis verbis angesprochen.
Das Prinzip VII des Prinzipienkatalogs der KSZE-Schlußakte von Helsinki vom 1. August 1975 erwähnt das Selbstbestimmungsrecht der Völker ebenso wie die Art. 1 der 1975 in Kraft getretenen, die Bundesrepublik und alle Ostblockstaaten bindende UN-Menschenrechtspakte.[22] In den UN-Menschenrechtspakten wird das Selbstbestimmungsrecht auch mit den auf das Individuum bezogenen Menschenrechten in Verbindung gebracht und damit klargestellt, daß es auch unabhängig vom staatlich oder staatsähnlich organisierten Willen wirksam ausgedrückt werden kann.

(b) Während das Selbstbestimmungsrecht der Völker dank zahlreicher UNO-Initiativen heute als Prinzip weltweit anerkannt ist[23], stößt seine Durchsetzung im konkreten Einzelfall weiterhin auf Schwierigkeiten, weil die maßgeblichen Tatbestandsmerkmale des Rechtssatzes in der Regel höchst umstritten sind. Dies gilt auch im Hinblick auf die Lage in Deutschland: Im Gegensatz zur Bundesrepublik geht die DDR bekanntlich von zwei Trägern eines Selbstbestimmungsrechts in Deutschland aus. Die Bundesrepublik mußte deshalb klarstellen, daß das von ihr verfolgte Wiedervereinigungskonzept auf der Grundlage eines friedlichen Selbstbestimmungsrechts des deutschen Volkes in Einklang mit ihrer Ostvertragspolitik steht.
Diese Aufgabe sollen die bei der Unterzeichnung des Moskauer Vertrages und des Grundvertrages übergebenen »Briefe zur deutschen Einheit«[24] erfüllen. Auch vor der Generalversammlung der Vereinten Nationen hat der Bundesaußenminister mehrfach darauf hingewiesen, daß die UN-Mitgliedschaft zweier deutscher Staaten »nicht im Widerspruch zu dem politischen Ziel der Bundesrepublik steht, auf einen Zustand des Friedens in Europa hinzuwirken, in dem das deutsche Volk in freier Selbstbestimmung seine Einheit wiedererlangt«.

(3) Ein friedlicher Wandel in dem von der Bundesrepublik Deutschland angestrebten Sinne in Mitteleuropa ist nur möglich, wenn menschliche Erleichterungen und Kontakte auch über die großen Trennungslinien in Deutschland und in Europa hinweg gewährleistet werden. In allen Ostverträgen und auch in der KSZE-

[21] Vgl. hierzu auch die schon erwähnte (o. Anm. 11) »Teso-Entscheidung«, 2. Leitsatz: »Erst wenn eine Trennung der DDR von Deutschland durch freie Ausübung des Selbstbestimmungsrechts besiegelt wäre, ließe sich die in der DDR ausgeübte Hoheitsgewalt aus der Sicht des Grundgesetzes als eine von Deutschland abgelöste fremdstaatliche Gewalt qualifizieren.«

[22] Internationaler Pakt über wirtschaftliche, soziale und kulturelle Rechte, BGBl. 1973 II, S. 1570.

[23] Vgl. »Declaration on the granting of independence to colonial countries and peoples«, Res. 1514 (XV) vom 14. Dezember 1960.

[24] Brief zur deutschen Einheit vom 12. August 1970. Quelle: BGBl. 1972 II, S. 356. Brief zur deutschen Einheit vom 21. Dezember 1972; Quelle: BGBl. 1973 II, S. 425.

Schlußakte hat sich die Bundesregierung deshalb besonders um die Verwirklichung der Menschenrechte und den Ausbau menschlicher Kontakte bemüht.
In diesem Zusammenhang ist besonders die Bezugnahme auf die Ziele und Grundsätze der Charta der Vereinten Nationen, die den Schutz der Menschenrechte mit einbeziehen, von Bedeutung (Art. 2 Moskauer Vertrag, Art. II Warschauer Vertrag, Art. III Prager Vertrag, Art. 2 Grundvertrag); in detaillierten Briefwechseln und einseitigen Informationen zu den Verträgen wird die Menschenrechtsthematik dann nochmals vertieft (vgl. z. B. die »Information der Regierung der Volksrepublik Polen über die Maßnahmen zur Lösung humanitärer Probleme«, das deutsch-polnische Ausreiseprotokoll vom 9. Oktober 1975, den Briefwechsel zwischen der Bundesrepublik und der DDR vom 21. Dezember 1972 zur »Familienzusammenführung, zu Reiseerleichterungen und Verbesserungen des nicht kommerziellen Warenverkehrs«); die KSZE-Schlußakte widmet das Prinzip VII der »Achtung der Menschenrechte und Grundfreiheiten, einschließlich der Gedanken-, Gewissens-, Religions- oder Überzeugungsfreiheit« (Absatz 4 enthält einen für alle Deutschen außerhalb der Bundesrepublik und DDR wichtigen Minderheitenschutz, der letzte Absatz der Bestimmung enthält eine bedeutsame Verweisung auf die internationalen Menschenrechtspakte) und regelt im sog. Korb III einige Spezialfragen.

c) Alle Elemente des Offenhaltens der deutschen Frage (einschließlich der Verbürgung der Menschenrechte), aber auch andere tragende Bestimmungen der Ostverträge unterliegen einem grundlegenden Dissens der Vertragsparteien. Dies bedeutet, daß man sich im Grunde über maßgebliche Gesichtspunkte nicht zu einigen vermochte; der Vertragsschluß war politisch nur möglich, da Begriffe (wie z. B. »Normalisierung«) und Formelkompromisse (wie z. B. die »Unberührtheitsklauseln«) gefunden werden konnten, die so weit gefaßt sind, daß sie den rechtlichen Statusvorstellungen und den politischen Zielen aller Vertragspartner gerecht werden konnten.
Der Dissens zwischen den Vertragsparteien ist naturgemäß beim Grundvertrag am größten; er wird dort vom Vertrag selbst in seiner Präambel offengelegt: Die Vertragschließenden sind sich einig, daß sie sich über grundsätzliche Fragen weiterhin nicht einig sind (wörtlich heißt es: »unbeschadet der unterschiedlichen Auffassungen der Bundesrepublik Deutschland und der DDR zu grundsätzlichen Fragen, darunter zur nationalen Frage«).
Gerade der Dissens in der »nationalen Frage« macht deutlich, daß die Reorganisation Deutschlands nicht nur ein »Reagieren«, sondern ein planvolles »Agieren« verlangt.

Herbert Czaja

Schlußwort

Als Politiker, der an Ihrer wissenschaftlichen Arbeit brennend interessiert ist, sollte ich ein Schlußwort sprechen. Nach den Fragen von Staatssekretär Schreckenberger an die Politiker sollen es nun auch politische Bemerkungen werden. Dennoch möchte ich auch danken für die Anregungen, Hinweise, Aspekte, Vorschläge und Überlegungen zu politischen Möglichkeiten in der Zukunft. Ich will mich bemühen, sie anderen zu vermitteln und bei guter Gelegenheit zu nutzen. Die Vorträge werden wieder veröffentlicht. Politik braucht wissenschaftliche Durchleuchtung der Tatsachen und Tendenzen.

Ich meine: Der Staat, die Staaten der Deutschen werden im Wandel der Geschichte nicht verschwinden. Daß dem in der Geschichte so war, haben Sie dargelegt; daß das Grundgesetz und die Grundregeln unseres Staatsrechts das verlangen, ebenfalls. Der Politiker hat auf dem Fundament des Rechts einen weiten Spielraum. Aber er muß dieses Fundament und die Schranken, die es setzt, beachten. Sonst gerät er auf den Weg des Unrechts, und das führt meist in die Katastrophe.

Deutschland ist aktueller als vor einigen Jahren. Aber auch die Gegenkräfte regen sich. Lassen Sie mich zuerst einige Worte zu den aktuellen Gefahren sagen.

Die Ostverträge werden oft politisch mißverstanden, und die Rechtslage wird nicht beachtet. In der Wahlkampfplattform meiner Partei, und zwar der CDU und der CSU, wird sehr eindeutig gesagt, die Ostverträge seien Gewaltverzichts-, nicht Grenzanerkennungsverträge. Über die Grenzen Deutschlands und also auch die Gebiete Deutschlands und in Deutschland kann erst bei friedensvertraglichen Regelungen entschieden werden. Aber wer hat schon das Wahlkampfprogramm gelesen, und wie wurde es bei den Versammlungen mit den Ziffern 1 bis 3 in fünf bis zehn Kernsätzen kommentiert? Ich fürchte, viel zuwenig.

Dabei macht sich doch auch der Westen Sorgen, daß die deutsche Frage in ihrem nationalen Teil vom Osten aufgegriffen wird, wo man versucht, dies zum Vehikel einer Steigerung des Einflusses des marxistisch-leninistischen Systems in Europa und Deutschland zu nutzen. In der DDR erschienen nicht nur wissenschaftlich sehr beachtliche Ergebnisse der Bismarck-Forschung, sondern sie wurden in einem Fünf-Mark-Band und für breite Schichten popularisiert. Zu »750 Jahre Berlin« wird man in der DDR starke nationale Betonungen setzen.

Bei uns sind die Bestrebungen »Was kümmert uns Ost, was kümmert uns West – wir gehen unseren eigenen Weg«, also die Strömungen zum Sonderweg, zum Neutralismus, stärker und dies nicht nur dort, wo stereotyp alte Platten gespielt werden, sondern auch bei jungen Menschen. Das, was dabei die Freiheit bedroht, sehen die Verfechter dieses Strebens nicht. Es wächst so der Nationalismus von links, und es gibt sogar auch weitblickendere Vertreter berechtigter deutscher Interessen, die meinen, aus der nationalen Strömung in der DDR, aus damit verknüpftem entschiedenen nationalen Verhalten bei uns ließe sich viel für die Deutschen und für Deutschland gewinnen.

Demgegenüber steht die Auffassung, daß wir unsere Zukunft auf dem festen Boden des westlichen Bündnisses und in einem klaren Bekenntnis zur freiheitlich-rechtlichen

Ordnung suchen müssen, mit den Verbündeten in Europa und Nordamerika, nicht nur in Europa allein. Wenn man das will und wenn die DDR sich so wie ausgeführt verhält, dann muß zielstrebige freiheitliche deutsche Politik die Frage um Deutschland und die Rechte der Deutschen *aktualisieren*. Das fordert im übrigen als Inhalt der Entspannung die politische Leitlinie der NATO, der Harmel-Bericht. Nur, wer handelt danach? In der Europäischen Gemeinschaft haben wir viele Ausschüsse für die europäische politische Zusammenarbeit der hochrangigen Diplomaten, die ihre Minister beraten. Wir haben aber keinen Ausschuß für die Kernfragen Deutschlands und Europas, den Abbau der Teilung und für mehr Menschenrechte der Nichtdeutschen und Deutschen, gerade in Europa, im Sinne ihrer schrittweisen Verwirklichung. Natürlich brauchen wir die Geschichte gestaltende Staatsmänner, übrigens nicht nur deutsche.

Es wird eine geschichtsträchtige Frage sein, ob es gelingt, bei der EG die deutsche Ost- und Deutschlandpolitik zu einer wichtigen politischen europäischen Frage zu machen. Der jetzige Bundesaußenminister hat am 22. 1. 1987, drei Tage vor der Wahl, zum erstenmal seit langer Zeit als vorrangige Ziele deutscher Außenpolitik in der nächsten Legislaturperiode die aktive Mitwirkung am Abbau der Teilung Europas und Deutschlands genannt. Offen muß bleiben, wie das zu verstehen ist und ob man in der aktuellen Politik nicht dagegen handelt.

Da gibt es nämlich viele Gegenkräfte. Immer wieder wird von der Nation gesprochen. Ob man dabei die den Staat tragende Nation meint, bleibt meist offen. Die einen verstehen darunter die Kulturnation, andere das Volk, das sich in vielen und verschiedenen Staaten organisieren kann. Ich meine, wenn man Klarheit schaffen will, soll man, so wie das Grundgesetz, einfach und schlicht sagen, es geht um die Interessen des deutschen Volkes und um Deutschland. In diesem Kreise ist wiederholt ebenso die staatsrechtliche Verpflichtung zur Kontinuität Deutschlands betont worden. Für die Kontinuität Deutschlands ist wichtig das Selbstbestimmungsrecht der Deutschen.

Oft sind an Schläue die Führungskräfte des Marxismus-Leninismus denen der freien Welt auf Zeit voraus. Wenn man verspätet schaltet, muß man das oft bitter bezahlen. Das gilt auch heute in der Deutschlandfrage.

Nach der Ratifizierung des Warschauer Vertrages hat der damalige polnische Ministerpräsident eine Grundsatzrede zur Deutschlandpolitik der kommunistischen polnischen Staatsführung gehalten. Sie war systematisch erarbeitet worden. Wenn etwas in Ministerien aktenkundig erarbeitet wurde, dann greift man immer darauf zurück. Wer diese Ausführungen, die im Europa-Archiv 1972 abgedruckt sind, liest, der merkt, daß diese Deutschlandpolitik von damals bis heute konstant betrieben wird. Die Deutschen sollen – ich füge ein, trotz der zahlreichen Dissense – auf die polnische Auslegung des Warschauer Vertrages gebracht werden; unser Volk, die Bevölkerung, soll auf dem Wege über kommunale, menschliche, persönliche und andere Beziehungen zur Anerkennung der endgültigen Abtrennung der Ostgebiete gebracht werden. Es soll Gesetze und Verfassung in der Bundesrepublik Deutschland ändern und alles ausräumen, was der Anerkennung der Ostgebietsabtretung im Wege steht; deutscherseits soll man vor allem viel zahlen und die wirtschaftlichen Beziehungen ausweiten. 1984 hielt der polnische Botschafter im Westdeutschen Rundfunk eine Rede, worin er die Anerkennung der territorialen Souveränität Polens, also der gebietlichen Eigentumsrechte Polens in den Oder-Neiße-Gebieten, forderte. Dies war in den operativen Teil des Warschauer Vertrags nicht aufgenommen worden. Dort ist nur von der Achtung der Unverletzlichkeit der Grenzen und der Integrität, also einem konkretisierten Gewaltverzicht in bezug auf bestimmte Gebiete, die Rede und vom Verzicht, mit Gewalt gegen die Gebietshoheit Polens in den Gebieten bis zu friedensvertraglichen Regelungen vorzugehen. Um klar zu unterscheiden, worum es geht, muß man den Unterschied von territorialer Souveränität und Gebietshoheit, die das Völkerrecht und die Staatenpraxis seit langer Zeit entwickelt haben, kennen, vergleichbar dem Unterschied von Besitz und Eigentum im Zivilrecht. Es gibt kein völkerrechtlich wirksames Dokument, das die territoriale Souveränität Polens in den Gebieten östlich von Oder und Neiße oder eine von Deutschland getrennte, außerhalb Deutschlands existierende territoriale Souveränität der DDR anerkennt.

Kaum hatte das der polnische Botschafter gesagt, begann diese Forderung nach der Anerkennung der territorialen Souveränität auch die DDR zu aktualisieren. Beiden kam entgegen, daß ein – übrigens alter – Satz des Völkerrechts in der Präambel des Grundlagenvertrages und des Warschauer Vertrags von der Unantastbarkeit der Souveränität der Staaten in den gegenwärtigen Grenzen wiederholt und dabei unterstrichen wird, daß im »Bewußtsein« dessen nun die operativen Teile der Verträge folgen. Diese Präambeln enthalten keine Rechtsverpflichtungen, sie unterstreichen einen bestehenden Völkerrechtssatz, und man kann die Präambeln auch auf die Unantastbarkeit der territorialen Souveränität des rechtlich fortbestehenden Deutschlands in seinen gegenwärtigen Grenzen, die nach westlicher Auffassung die von 1937 sind, beziehen. Im operativen Teil der Ostverträge fehlt eine Anerkennung des Gebietseigentums, ein Versprechen zur Achtung der territorialen Souveränität. In dem Buch von Benno Zündorf, dem jetzigen deutschen Botschafter im Libanon, Eitel, der damals engster Mitarbeiter Bahrs war, ist ab Seite 67 seines Werkes »Die Ostverträge« nachzulesen, daß auch für den operativen Teil die polnische Delegation diese Formulierung forderte. Die deutsche Delegation mußte das abweisen. Warum, steht nicht bei Eitel. Ich meine aber, sie mußte es tun wegen der Wahrungs- und Offenhaltegebote des Grundgesetzes, wegen des Friedensvertragsvorbehalts der Siegermächte, wegen des Art. 7, Abs. 1 des Deutschlandvertrages. Jedenfalls stehen keine Rechtsverpflichtungen zur Souveränitätsanerkennung oder zur Achtung der Übertragung von Teilen Deutschlands in den Verträgen.

Es gab im Jahre 1985 einzelne unglückliche deutsche Formulierungen in Briefen und Gesprächen zu dieser Frage. Jetzt zeigt es sich, wie wichtig es wäre, wenn gute Völker- und Staatsrechtler in entscheidenden Phasen die Politiker gut beraten. Später ist einiges korrigiert worden, und vom Wortlaut der Präambel wurde nicht mehr abgewichen.

Aber nunmehr melden sich wieder gefährliche Kräfte. Honecker besteht immer wieder auf der Grundforderung der bundesdeutschen Zustimmung zur Achtung der territorialen Integrität, der Unverletzlichkeit der Grenzen, aber auch der *territorialen Souveränität.* Wenn das der freie Teil Deutschlands tut, leistet er massiven Vorschub der Anerkennung einer außerhalb Deutschlands bestehenden Souveränität der DDR; dann gibt es nicht mehr zwei Staaten in Deutschland, sondern dann gibt es nur noch die Bundesrepublik Deutschland und eine völlig souveräne DDR außerhalb Deutschlands. So weit ist in den Formulierungen nicht einmal Brandt 1969 gegangen. Ob das die westlichen Siegermächte hinzunehmen bereit wären, weiß ich nicht. Dem Friedensvertragsvorbehalt und dem Deutschlandvertrag, Art. 7, Abs. 1 würde das eindeutig widersprechen. Man streitet um Salzgitter und um die Elbgrenze; beides ist wichtig. Aber das wichtigste ist die Frage der Achtung der territorialen Souveränität der DDR und Polens in den Gebieten östlich von Oder und Neiße. Sonderbarerweise lenken zu wenige deutsche Zeitungen die Aufmerksamkeit auf diesen gefährlichen *Kernpunkt.* Sollen wir im Sinne der Lockerung der Beziehungen zum Osten einen fatalen Schritt in die Richtung einer großen Vertiefung der Teilung und Zerschlagung Deutschlands tun? Dürfen wir das? Sieht das unsere Bevölkerung? Sieht das die öffentliche Meinung?

Der Marxismus-Leninismus arbeitet jetzt wieder mit Zuckerbrot und Show, mit Umarmungen für die obersten Führungskräfte und für die öffentliche Meinung. Die einfachen Menschen bemerken noch wenig davon. Es bleibt abzuwarten, ob für mehr Menschenrechte und Entspannung dauerhaft gehandelt oder mit Zuckerbrot und Freundlichkeit die Hegemonie gefestigt werden soll.

Das ist die Seite der Gefahren. Muß man versuchen, entweder Gefährliches so zu interpretieren, daß nicht alles verloren ist, oder, soweit das geht, Widerstand dem entgegenzusetzen? Dies kann ich heute nicht beantworten.

Zurück zur Souveränitätsfrage. Neben der Abwehr der Gefahren steht aber auch die Frage Staatssekretär Schreckenbergers, ob es einen Neubeginn aktiver Deutschlandpolitik geben könne. Ich meine, daß diese ungeheuren inneren Schwierigkeiten des Ostblocks, vor allem die Schwierigkeiten der zentralistischen Planwirtschaft, von Kuba über Osteuropa bis in die Sowjetunion und nach Afrika, das Bedürfnis nach westlicher Hilfe äußerst dringend erscheinen lassen. Sie sollten nicht ohne Schritt um Schritt zu erbringende Gegenleistungen gegeben werden. Die ersten Schritte müßten das Erreichen von mehr Menschenrechten für Nichtdeutsche und Deutsche »unmittelbar vor unserer Tür« zum Ziel haben. Wenn ich sage, »unmittelbar vor unserer Tür«, so meine ich, daß die Menschenrechte für Nichtdeutsche und Deutsche vor unserer Tür ebenso wichtig und von uns noch viel mehr wirksam vertretbar sind als die der Stämme und Völker in Afrika oder in Südafrika und die Sorge um Nicaragua, die auch wichtig sind. Dazu muß auch gehören die Reform, ohne Umsturz, zum Wandel der zentralistischen Planwirtschaft, so daß es sich für die Nachbarn wieder lohnt zu arbeiten. Sonst fließen alle Hilfen in ein Faß ohne Boden.

Schritte hin zum menschenwürdigen Leben könnten Möglichkeiten für enge Zusammenarbeit vor Ort, vorerst auf Zeit, von westlichen und deutschen Fachleuten mit den Fachleuten unserer Nachbarn ergeben, von Kaufleuten, Managern, Technologen und Technikern u. v. a. Das geht nur, wenn man zäh und beständig Schritt um Schritt zu erbringende Gegenleistungen einfordert. Wenn das möglich wäre, könnte man später, nach Lockerungen und Begegnungen auf Zeit, in zähen und langen Verhandlungen um den Abbau der Teilung Europas und Deutschlands in einer freiheitlichen gesamteuropäischen föderalen Ordnung der Staaten und Völker sowie Volksgruppen bemüht sein. Darin darf Deutschland nicht untergehen; die Schwierigkeiten bieten die Ränder der Staaten. Die Idee eines europäisch gewährleisteten Volksgruppenrechts und das Bestreben, möglichst viel von Deutschland zu erhalten, müßten für uns Leitlinie sein.

Ja, die deutsche Frage ist virulent. Werden wir den Zipfel am Mantel der Geschichte rechtzeitig ergreifen? Es wäre zu wünschen, daß wir nicht leichtfertig und blauäugig auf eine gravierende politische, den Rechtswandel stützende Vertiefung der Teilung Deutschlands und Europas setzen, unter der Flagge einer vorerst recht äußerlichen Annäherung an den Osten.

Ich halte es andererseits nicht für ausgeschlossen, bei klarem Standpunkt, bei westlicher Geschlossenheit, bei zähem Agieren, bei Klugheit und Zielstrebigkeit umgekehrt ein Entgegenkommen wenigstens auf Zeit beim Kreml in bezug auf den Abbau der Teilung herauszuverhandeln. Falls das Innere Rußlands nachweislich dadurch nicht bedroht würde und dies nicht zu Umsturz und Gewalt führt, kann es sein, daß trotz allen marxistisch-leninistischen Instrumentariums der Analytiker Gorbatschow doch die Schwierigkeiten und Gefahren besonders wertet, die vor ihm stehen. Zuerst versucht er Hilfe zum Nulltarif zu bekommen. Wenn sie aber dafür nicht gegeben wird, halte ich es nicht für ausgeschlossen, daß er sich wegen der inneren, insbesondere wirtschaftlichen Schwierigkeiten genötigt sieht, entgegenzukommen in den Menschenrechten und vielleicht später entgegenzukommen in der teilweisen Zurücknahme der sowjetischen Hegemonie in Europa, wenigstens auf Zeit. Es ist nicht das erste Mal, daß die Sowjetunion einen Schritt voraus und einen halben zurückgegangen ist.

Es wird von den agierenden politischen Kräften im Westen ebenfalls viel abhängen, vor allem bei uns. Wird dies in der Öffentlichkeit genügend erörtert? Wir brauchen noch mehr Politiker, die dies zu sehen und zu befolgen bereit sind. Hier könnte man schon wie in den Zeiten um 1930 mit Theodor Häcker fragen: »Wie tief sind wir schon in der Nacht?« Andererseits gebietet die Entschlossenheit zu aktiver Politik, gebietet es die Treue zu Deutschland und den Deutschen und gebietet christliches Hoffen, dennoch die konstruktiven Ziele für Deutschland und Europa anzustreben. Ich möchte Sie bitten, daß Sie diese Hoffnung stärken.

Personenregister

Sachregister

Abkürzungsverzeichnis

a. a. O.	an angegebenem Ort
Abl.	Amtsblatt
Abs.	Absatz
Abschn.	Abschnitt
AdG	Archiv der Gegenwart
allg.	allgemein
Anl.	Anlage
Anm.	Anmerkung
AöR	Archiv des öffentlichen Rechts
Art.	Artikel
Aufl.	Auflage
BayVBl.	Bayerische Verwaltungsblätter
Bd.	Band
Beil.	Beilage
BRD	Bundesrepublik Deutschland
BT-Drucks.	Drucksachen des Deutschen Bundestages
BVerfG	Bundesverfassungsgericht
BVerfGE	Bundesverfassungsgerichtsentscheidung
BWahlG	Bundeswahlgesetz
bzw.	beziehungsweise
CDU	Christlich-Demokratische Union Deutschlands
CSU	Christlich-Soziale Union
DBD	Demokratische Bauernpartei Deutschlands
DDR	Deutsche Demokratische Republik
ders.	derselbe
DFD	Demokratischer Frauenbund Deutschlands
d. h.	das heißt
Diss. jur.	juristische Dissertation
DJT	Deutscher Juristentag
DÖV	Die Öffentliche Verwaltung
EG	Europäische Gemeinschaften
ERV	Entwurf Reichsverfassung
EuGRZ	Europäische Grundrechte Zeitschrift
EWG	Europäische Wirtschaftsgemeinschaft
f.	folgende
FAZ	Frankfurter Allgemeine Zeitung
FDGB	Freier Deutscher Gewerkschaftsbund
FDJ	Freie Deutsche Jugend
ff.	fortfolgende
Fn.	Fußnote
GBl.	Gesetzblatt
GG	Grundgesetz
GVG	Gerichtsverfassungsgesetz
Hrsg.	Herausgeber
hrsg.	herausgegeben
insb.	insbesondere
i. S.	im Sinne
i. V. m.	in Verbindung mit

Jb. f. Intern. Recht	Jahrbuch für Internationales Recht
Jg.	Jahrgang
JöR n. F.	Jahrbuch des öffentlichen Rechts neue Fassung
JuS	Juristische Schulung
JZ	Juristenzeitung
KPdSU	Kommunistische Partei der Sowjetunion
KSZE	Konferenz für Sicherheit und Zusammenarbeit in Europa
LDPD	Liberal-Demokratische Partei Deutschlands
m. w. Hinw.	mit weiteren Hinweisen
m. w. Nachw.	mit weiteren Nachweisen
NATO	North Atlantic Treaty Organization
NDPD	National-Demokratische Partei Deutschlands
NF	Neue Fassung
NJ	Neue Justiz
NJW	Neue Juristische Wochenschrift
Nr.	Nummer
NS	Nationalsozialismus
NSDAP	Nationalsozialistische Deutsche Arbeiterpartei
NVwZ	Neue Zeitschrift für Verwaltungsrecht
NWVBl.	Nordrhein-westfälische Verwaltungsblätter
österr.	österreichisch
Rdnr.	Randnummer
Red.	Redaktion
RGW	Rat für Gegenseitige Wirtschaftshilfe
Rn.	Randnummer
RV	Reichsverfassung
S.	Seite
s.	siehe
SBZ	Sowjetisch besetzte Zone
sc.	scilicet
SDAPR	Sozialdemokratische Arbeiterpartei Rußlands
SED	Sozialistische Einheitspartei Deutschlands
SMAD	Sowjetische Militäradministration in Deutschland
sog.	sogenannt
SPD	Sozialdemokratische Partei Deutschlands
StPO	Strafprozeßordnung
st. Rspr.	ständige Rechtsprechung
SZ	Süddeutsche Zeitung
u. a.	und andere
UdSSR	Union der Sozialistischen Sowjetrepubliken
UN	United Nations
UN-Doc.	United Nations Document
UNO	United Nations Organization
UNTS Vol.	United Nations Treaty Series Volume
USA	United States of America
usw.	und so weiter
Verf.	Verfasser
vgl.	vergleiche
VVdStRL	Veröffentlichungen der Vereinigung der Deutschen Staatsrechtslehrer
WRV	Weimarer Reichsverfassung
Ziff.	Ziffer
ZK	Zentralkomitee
ZPO	Zivilprozeßordnung
z. T.	zum Teil